KB022959

Cold Peace
차가운 평화의 시대

차가운 평화의 시대

—우크라이나 전쟁 이후, 미중 기술패권

초판 1쇄 인쇄 2022년 7월 15일
초판 1쇄 발행 2022년 7월 29일

지은이 최계영 **펴낸이** 황윤억
편집 김순미 황인재 **교열** 손정숙 **디자인** 오필민 디자인 **경영지원** 박진주
발행처 인문공간/(주)에이치링크 **등록** 2020년 4월 20일(제2020-000078호)
주소 서울 서초구 남부순환로 333길 36(해원빌딩 4층)
전화 마케팅 02)6120-0259 편집 02)6120-0258 **팩스** 02)6120-0257

• 값은 뒤표지에 있습니다. ISBN 979-11-971735-5-4 03300

• 열린 독자가 인문공간 책을 만듭니다.
• 독자 여러분의 의견에 언제나 귀를 열고 있습니다.

전자우편 gold4271@naver.com **영문명** HAA(Human After All)

Cold Peace
차가운 평화의 시대

우크라이나 전쟁 이후, 미중 기술패권

최계영 지음

저자의 말

바이든은 왜 삼성 공장을 찾았을까?
"반도체는 국가안보자산" 尹대통령
"첫째, 둘째, 셋째도 기술" 이재용 부회장

"We go together."

조 바이든 미국 대통령은 2022년 5월 21일 한·미 정상회담 공식 만찬사를 이 문구로 마쳤다. '같이 갑시다'라는 뜻의 이 말은 한국전쟁에서 함께 피 흘린 혈맹이자 이에 기반한 한·미 동맹을 상징한 것으로 풀이된다. 이번 정상회담에서 한국은 안보를 굳히고 경제와 미래를 챙겼고, 한·미동맹의 판을 새롭게 바꿨다는 평가가 흘러 나왔다.

윤석열 대통령과 바이든 대통령 간 첫 만남의 장소가 삼성전자 평택 반도체 공장이었다는 사실만큼 우리 시대를 잘 보여주는 '기술패권' 사례도 찾기 힘들다. 우리는 오랫동안 잠잠하던 강대국간 지정학적 갈등이 우크라이나 전쟁으로 마침내 폭발하는 시대를 맞이했다. 그 갈등의 연장선상에서 강대국간 기술패권 경쟁이 심화되고 있음을 바이든 대통령의 삼성전자 방문에서 알 수 있었다.

유발 하라리는 세계적인 베스트셀러 《사피엔스-유인원에서 사이보그까지, 인간 역사의 대담하고 위대한 질문》에서 자신들의 시대를 사는 사람들이야말로 그 시대를 가장 모르는 사람들이라고 이야기했다. 사실 우크라이나 전쟁 이전에 큰 규모의 유럽국가 간 전면전을 예상한 사람들은 거의 없었다. 지금 생각해보면 우크라이나 전쟁은 지난 20년간 러시아의 지도부가 지정학적 목표 달성을 위해 장기적으로 준비해 온 것이 마침내 현실화된, 필연적으로 일어날 일이 결국 벌어지고 만 것이다.

미국과 중국의 기술패권 경쟁이 본격화된 지도 벌써 4년여 지났지만, 사람들은 여전히 그 경쟁이 갖는 의미나 전망에 대하여 대체로 잘 알지 못한다. 하지만 기술패권 경쟁은 이미 우리가 알지 못하는 어떤 필연성에 따라서 진행되고 있다. 윤석열 대통령과 바이든 대통령이 한·미 정상회담에서 양국간 전략적 경제·기술 파트너십을 천명한 것도 기술패권 경쟁시대를 이끄는 필연성을 반영한 것이다. 윤 대통령은 지난 6월 7일 국무회의에서 "교육부는 반도체 인재양성에 목숨을 걸어야 한다."고 말했다.

이 책은 그 필연성을 밝히려는 시도이다. 기술패권 경쟁을 초래한 배경에서 시작해서 패권 경쟁국들이 궁극적으로 추구하는 것이 무엇인지, 이들이 목적 달성을 위해 추진하는 장기 전략은 무엇인지를 분석하는 것은 기술패권 경쟁을 이끄는 필연성, 동인(動因)을 밝히는 작업이자 기술패권 경쟁이 가져올 장기적 결과를 예측하고 우리가 나아갈 방향을 정립하는 데 기여할 수 있을 것이다.

지금까지 미·중간 기술패권 경쟁에 대하여 적지 않은 연구가 있었지만, 필자는 이 책이 두 가지 측면에서 새로운 시각을 더해줄 수 있을 것이라고 기대한다.

첫째, 기술패권 경쟁을 4차 산업혁명을 이끄는 범용기술, 즉 반도체에서 네트워크, 클라우드, 인공지능 및 플랫폼 서비스를 망라하는 컴퓨팅 스텍(stack) 기술에 초점을 두고 분석했다. 미래를 결정하는 중요한 기술은 이외에도 환경, 바이오 등이 포함될 수 있겠지만 민간·군수산업을 포함한 모든 산업에 범용적으로 적용되고 경제 전체의 생산성을 결정할 수 있는 컴퓨팅 스텍 기술들이야말로 경쟁국 간의 경제·군사적 우열, 즉 기술패권의 승패를 결정할 것이기 때문이다.

둘째, 단순히 경제·군사적 우위의 추구뿐만 아니라 기술을 이용하는 목적이나 규범에 관한 경쟁, 즉 상이한 체제·가치를 둘러싼 경쟁이라는 관점에서 기술패권 경쟁의 추이를 분석했다. 과학이나 기술은 어떤 이데올로기나 목적과 제휴했을 때, 그 발전의 경로가 좌우될 수 있다. 개인정보에 기반하는 비즈니스 모델이 기업의 혁신 방향성에 영향을 미치고, 통제·감시에 대한 수요가 인공지능 안면인식 기술의 발달을 촉진할 수 있는 것이다.

더 나아가 지금까지 세계화의 상징이었던 인터넷이 컴퓨팅 스텍 기술들을 이용해 작동한다는 점을 생각해보면, 인터넷상의 정보 흐름을 통제·관리하는 컴퓨팅 스텍의 기술규범이 경쟁국간의 신뢰나 불신, 세계화의 미래를 좌우할 수 있다. 민주주의 가치를 전파하는 웹사이트를 차단하고 편협한 국수주의를 지지하는 포스팅이 넘쳐나는 인터넷 세계의 규범은 그렇지 않은 세계와의 분리를 촉진하고 패권경쟁을 심화시킨다. 러시아의 우크라이나 침공에 대한 서구와 권위주의 체제 국민간의 상이한 시각은 컴퓨팅 스텍을 둘러싼 기술규범의 차이, 정보 흐름을 관리하는 규범의 차이에 따르는 결과이기도 한 것이다.

우크라이나 전쟁은 그동안 서서히 진행 중이던 기술패권 경쟁, 체제를 달리하는 강대국간 차가운 평화(Cold Peace) 시대가 바야흐로 본격화될 것임을 알리는 사건으로 기록될 것이다. 이 책의 제목을 '차가운 평화'로 명명한 이유는 어느 정도 필자의 낙관적인 미래전망을 반영한 것이다. 차가운 평화의 시대란 강대국 간 직접적인 열전(熱戰)보다는 지정학적 우위를 차지하기 위한 기술패권 경쟁의 시대, 평화적 대결의 시대를 의미한다. 하지만 인간은 때로는 어리석은 결정을 내리고, 비합리적인 행위를 할 수도 있는 존재이다. 기술패권 경쟁은 분리된 세계에 속한 사람들 간의 불신과 적대감을 증폭시킬 수 있다. 비록 그 가능성은 높지 않더라도, 평화적 대결은 언제라도 실제 충돌로 이어져 비극을 초래할 수도 있는 것이다. 자신이 사는 시대에의 무지를 상기시킨 유발 하라리의 지적처럼, 평화적 대결이라는 전망이 우리가 우리 시대를 이해하지 못하기 때문에 비롯된 착각이 아니기를 기원한다.

2022년 6월 13일

최계영

차례

저자의 말 5

1부 기술패권의 본질

1장 기술패권 경쟁은 경제, 군사·안보, 체제 둘러싼 경쟁 17

2부 기술패권 경쟁

2장 기술패권 경쟁의 배경 33

01 중국 경제의 부상 36

1 경제성장, 글로벌 가치사슬(GVC)과 중국 36

전통적 경제성장 이론의 한계 36 지식기반 경제성장 38 선진국과 개도국 41

ICT의 발전과 GVC 42 불균등한 GVC의 발전과 중국 46

2 중국의 산업육성 및 기술이전 전략 51

중국 제조 2025 52 중국의 기술이전 추진정책 55 중국 경제의 현 위치 60

02 4차 산업혁명과 기술패권 62

지식의 스필오버와 근로자 역량의 강화 66

03 기술패권 경쟁 시대의 군사·안보와 기술규범 69

1 4차 산업혁명기술과 군사·안보 69

핵보유국간의 타격 및 방어능력 경쟁과 첨단기술 70 하이브리드 전쟁 71

하이브리드 전쟁의 한 축, 사이버 전쟁 74 무기화된 소셜 미디어 78

민간기술과 군사기술간의 구분이 사라지는 시대 : 군산복합체로서의 빅테크 80

4차 산업혁명 기술과 군사·안보 : 우크라이나 전쟁이 시사하는 미래상 82

2 기술규범·가치를 대변하는 컴퓨팅 스텍 83

서구 진영의 스텍 87 중국·러시아 스텍 88

분리되는 세계, 분리되는 첨단기술 생태계 89

3장 기술패권 경쟁의 수단 93

04 상호의존성의 무기화 97

우크라이나 전쟁과 SWIFT 99 GVC와 상호의존성의 무기화 101

상호의존성 무기화의 장기적 효과 102

05 산업정책을 통한 자체 역량의 강화와 기술동맹·협력 105

4장 미·중 기술패권 경쟁의 경과 111

06 트럼프 시대의 대중(對中) 전략과 제재 연혁 114

국가안보전략 보고서의 주요 내용 114 미국 국방전략의 對中 인식 116

관세 전쟁 117 투자 제한 118 수출 통제 120

07 바이든 행정부의 전략 124

바이든 행정부의 국가안보전략 잠정 지침 124

3부 이미 시작된 전쟁

5장 반도체 전쟁 131

08 반도체 산업의 구조 134

09 반도체 설계의 다양화와 생산의 소수집중 139

빅테크의 반도체 설계전략과 미래 플랫폼 139

반도체 특화시대의 기술 변화 추세와 파운드리의 소수 집중 143

10 반도체 GVC의 관문들 : TSMC, 인텔, 삼성전자, ASML 147

TSMC의 성장은 어떻게 가능했나 147 인텔의 야심 151

삼성전자, 독특한 위상 152 ASML의 성장은 어떻게 가능했나 154

11 주요국 반도체산업 현황 156

미국 156 유럽과 일본 158 중국 160

12 주요국간 합종연횡과 시사점 163

6장 인공 지능 167

13 4차 산업혁명의 대표적인 범용기술로서의 인공지능 169

14 미국의 인공지능 분야 현황과 전망 174

15 중국의 인공지능 현황과 문제점 181

7장 컴퓨팅 스택의 인프라 및 응용 187

16 통신 네트워크 190

17 클라우드·빅데이터 198

18 양자 컴퓨팅 204

19 인터넷 서비스 플랫폼과 빅테크 : 컴퓨팅 스텍의 핵심 209

1 미국의 빅테크와 서비스 플랫폼의 진화 210

메타버스 211 의료·헬스케어 플랫폼 215 모빌리티/자율주행 서비스 218

빅테크와 미국의 플랫폼 생태계 221

2 중국의 서비스 플랫폼과 BAT 225

중국의 미래 신산업 226

8장 체제의 거울 : 컴퓨팅 스텍의 기술 규범 231

20 미국 컴퓨팅 스텍의 규범과 가치 236

빅테크의 시장 지배와 최적 규제의 문제 236 민주주의와 빅테크의 사회적 책임 243

21 중국 컴퓨팅 스텍의 규범과 국가 249

중국의 빅테크 규제 249 정보의 통제·관리에 대한 중국 스텍의 규범 254

4부 미국과 중국의 전략, 우리의 미래

9장 미국의 전략 : 봉쇄(Containment) 263

22 미국의 첨단기술 분야 산업 정책 267

무한 국경법 268 미국의 미래 확보법 269 중국의 도전에 대한 대응법 270

2021년 전략적 경쟁법 270

23 기술블록을 통한 동맹의 강화 : 강경론과 온건론 274

유럽과의 기술동맹 : 미-EU 교역 및 기술 협의체 278
미국-일본 기술협력 : CoRe 파트너십 285 한·미 기술협력 : 전략적 경제·기술 파트너십 구축 286 봉쇄로 인한 변화 전망 289

10장 중국의 전략 : 방어적 지구전(持久戰) 291

24 중국의 새로운 성장 모델 : 내수를 강화하는 내향적 전략 294

쌍순환 전략과 신형 인프라 투자 295 공동부유론 297

25 서구 세계와의 탈동조화 : 새로운 성장모델의 약점과 중국 컴퓨팅 스텍의 미래 299

11장 기술패권과 우리의 미래 307

26 세계의 분리, 컴퓨팅 스텍의 분리 309

전략 관문 보유한 국가와 관계 강화 315

찾아보기 317

1부

기술패권의 본질

세계를 충격에 빠트린 러시아의 우크라이나 침공은 우리가 알던
세계의 종말, 서로 다른 정치·경제·사회 블록(bloc) 간 경쟁하는
새로운 세계의 시작을 뜻한다.
기술패권 경쟁은 강대국 간 군사적인 충돌 대신에
절대적인 기술적 우위를 위해 다양한 경제적,
비경제적 수단을 동원하는 경쟁(냉전)을 뜻한다.

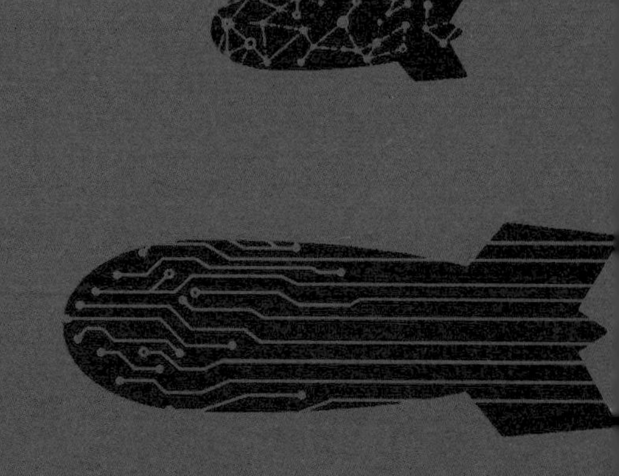

1장

기술패권 경쟁은 경제, 군사·안보, 체제 둘러싼 경쟁

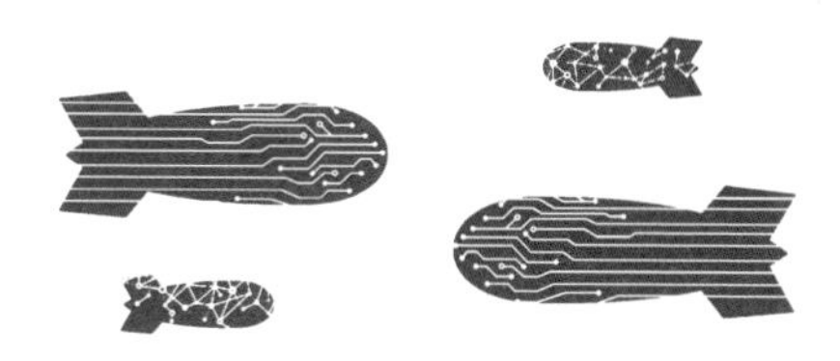

세계를 충격에 빠트린 러시아의 우크라이나 침공은 우리가 알고 있던 세계의 종말, 그리고 상이한 정치·경제·사회 블록(bloc)들이 경쟁하는 새로운 세계의 시작을 의미한다. 이미 미·중 관세 전쟁, 중국 기술기업들에 대한 미국의 제재, 남지나해를 둘러싼 중국과 미국의 갈등으로 양국 간의 경쟁구도가 형성되고 있다. 영국의 EU 탈퇴, 독일의 대(對)러시아 유화정책, 프랑스가 주도하던 유럽의 전략 독자성(Strategic Autonomy) 추구, 트럼프 행정부의 동맹 경시 등 러시아의 지정학적 팽창주의의 배경이 되었던 서구의 분열은 우크라이나 전쟁으로 인해 통합으로 방향을 전환하고 있다. 그리고 중국과 러시아간 전략적 협력관계의 추이를 모두가 주시하고 있다.

이처럼 우리는 상이한 가치·체제를 기반으로 하는 경제-안보 블록들이 대치하는 세계, 강대국간 전면전을 제외한 모든 형태의 대립이 심화되는 '차가운 평화(Cold Peace)'의 시대에 진입하고 있다. 세계의 변화는 그동안 전범국이라는 역사적 원죄로 재무장을 억제하던 독일의 정책 변화에서 명확히 드러난다. 올라프 숄츠 독일 총리는 러시아의 우크라이나 침공을 역사적 전환점이라고 천명하고 독일의 군비를 GDP의 2% 수준으로 증대시키기로 한 것이다.

러시아의 침략에 대한 서구 대응의 핵심이 금융제재와 더불어 반도체 칩의 수출 금지와 같은 기술 분야 제재(technology sanction)임은 블록 간 경쟁의 핵심이 기술패권임을 시사한다. 이미 트럼프 대통령 시기 미국과 중국 간의 무역 분쟁이 미디어의 헤드라인을 장식할 때부터 지정학적 경쟁(geopolitical competition)이나 기술패권이라는 용어가 일상화되었다.

기술패권 경쟁이란 무엇인가? 기술 냉전(Technology Cold War)이라는 표현에서 알 수 있듯이, 기술패권 경쟁이란 직접적인 충돌(열전) 대신에 중요한 분야에서 상대방을 배제시키고 절대적인 기술적 우위를 향유하기 위해 다양한 경제적, 비경제적 수단을 동원하는 경쟁(냉전)으로, 기술패권을 바탕으로 지정학적 우위를 차지하고 글로벌 차원에서 국가적 목적을 달성할 수 있다. 우월한 기술 수준을 갖춘 블록은 경제적 번영은 물론 군사·안보상의 우위를 누릴 수 있고 장기적으로 자신이 추구하는 가치를 강화, 확산시킬 수 있기 때문이다. 그리고 기술패권 경쟁의 주요 수단인 경제적 제재는 비유하자면 우리 시대가 발명한 '직접적인 충돌을 회피하고 상대방에 장기적으로 치명적인 결과를 가져올 수 있는 혁신'이라고 할 수 있다.

특히 반도체나 인공지능과 같이 4차 산업혁명을 뒷받침하는 핵심기술들은 블록 간 경쟁력을 결정할 수 있으며, 해당 기술 분야에 우월한 블록이 상대방에 수출통제와 같은 경제적 무기를 사용함으로써 기술패권 경쟁, 더 나아가 지정학적 경쟁의 우위를 담보할 수 있다. 그리고 그 과정에서 세계의 분리는 더욱 심화된다. 즉, 세계의 분리와 기술의 분리는 서로 간에 상호작용하고 분리를 증폭시키는 것이다.

바이든 대통령이 반도체 웨이퍼를 손에 들고 삼성전자와 TSMC 대표단과 회의하는 장면을 포착한 사진은 기술패권 경쟁 시대를 상징적으로 보여준다.

'차가운 평화(Cold Peace)'의 시대. 세계는 강대국간 가치·체제에 기반한 경제-안보 블록으로 대치하며, 전면전을 제외한 모든 형태의 대립이 심화되는 '차가운 평화(Cold Peace)'의 시대에 진입하고 있다. 조 바이든 미국 대통령이 2021년 4월 12일(현지 시간) 백악관 루즈벨트룸에서 반도체 업체 대표들과 화상회의를 진행하는 도중 실리콘 웨이퍼를 꺼내들고 있다. 삼성전자와 TSMC 등과 회의하는 이 장면은 기술패권 경쟁시대를 상징적으로 보여준다. [AP·연합뉴스]

하지만 기술패권이 정확히 무엇을 의미하는지, 기술패권을 차지하기 위한 수단은 무엇이고 그 수단을 동원함으로써 초래될 결과가 무엇인지에 대한 깊이 있는 논의는 부족한 것이 현실이다. 이 책은 바로 이러한 질문에 대한 답을 찾아 나가면서 우리가 나아갈 방향을 제시하고자 한다.

기술패권 경쟁은 경제, 군사·안보, 체제를 둘러싼 경쟁

오커스(AUKUS)의 결성, 그리고 중국의 차량공유 플랫폼인 디디추잉의 미국 IPO 취소라는 두 가지 에피소드는 서로 상관이 없어 보이지만 사실은 지정학적 경쟁의 일환으로 서로 연관되어 있다. 2021년 9월 15일에 출범한 오커스는 국방 및 외교정책의 교류는 물론 첨단기술협력도 추진하는 미국, 영국, 호주간의 외교안보 협의체로서, 사실상 중국의 팽창에 대비하기 위한 것임은 공공연한 비밀이다. 반면에 디디추잉의 미국 IPO 취소는 자국 플랫폼 기업의 미국 자본시장에의 의존도를 낮추려는 중국 국가전략의 일환으로, 미국과 중국 간의 지정학적 갈등 심화를 염두에 둔 것이다. 우리는 이제 군사·안보 협력체 추진과 경제 의존도 탈피라는 상반된 정책 영역이 지정학적 경쟁, 기술패권 경쟁이라는 측면에서는 서로 구분할 수 없는 시대에 살고 있는 것이다.

기술패권 경쟁은 단순히 기술적 우위를 점하기 위한 것이라는 차원을 넘어서는, 정치·경제·군사적 우위, 체제간 경쟁에서의 우위를 점하기 위한 경쟁이다. 과거에도 기술경쟁은 언제나 존재해 왔다. 기업은 기술경쟁에서 패배하면 도산할 수도 있지만 국가는 그렇지 않으며 기술경쟁을 국가차원에서 완곡하게 표현하면 더 높은 생산성을 추구하는, 즉 더 나은 생활수준, 삶의 질을 향한 경쟁이었다. 물론 국제적인 영향력 확대·유지를 위한 군사기술 개발 경쟁도 존재해 왔지만 미국 중심의 질서가 유지된다는 전망아래 큰 주목을 받지 못해온 것이 사실이다. 하지만 세 가지 변화가 이러한 양상을 근본적으로 변화시키고 있다.

첫째는 강대국간 힘의 균형이 변화하고 있다는 점이다. 중국이 경제적으로 부상하면서 냉전해체 이후의 국제 질서에 도전하고 있는 것이다.

둘째, 지정학적 경쟁에서 4차 산업혁명을 가능하게 해주는 첨단기술의 중요성이 증대하고 있다. 4차 산업혁명을 단순화해 표현하면 '컴퓨팅 혁명'이라 할 수 있는데, 네트워크로 연결된 컴퓨터가 할 수 있는 일이 증가할수록 모든 산업의 디지털 전환이 가속화되고 우리의 일상과 삶의 질도 컴퓨팅 혁명의 영향에 좌우될 것이다. 더 나아가 4차 산업혁명 기술들이 전체 경제의 혁신, 생산성, 경쟁력은 물론 군사·안보상의 우열을 좌우하면서 이미 변화하고 있는 강대국간 세력 균형의 장기적 모습과 우리의 미래도 결정하게 될 것이다.

셋째, 새롭게 부상하는 중국, 그리고 군사강국 러시아가 냉전이후의 세계질서를 대변하는 미국과 상이한 가치·체제를 추구한다는 사실은 기술우위를 둘러싼 경쟁에 군사·안보는 물론 체제경쟁이라는 성격을 추가로 부여하게 된다. 컴퓨팅 혁명은 경제뿐만 아니라 국가의 군사·안보능력에도 결정적인 의미를 갖는다. 또한 컴퓨팅 혁명이 우리의 경제활동과 일상에 침투하면서 그 기술을 어떤 목적을 위해, 어떻게 이용하는지에 관한 규범과 제도는 우리의 정치·사회·경제체제와 상호간에 영향을 주고 받게 된다.

예를 들어 소수 기업이 정보를 독점할 수 있는지, 중앙정부가 모든 정보를 통제·관리하는 것이 가능한지의 여부는 우리가 사는 세계의 개방성과 민주주의 가치의 유지·확산에도 중요하며, 따라서 기술패권 경쟁은 상이한 기술규범·가치간의 경쟁이라는 성격도 띄게 된다. 1980년대 일본과 미국 간의 경쟁은 어디까지나 경제적 차원에서의 경쟁에 국한되었는데, 그 이유는 양국이 민주주의라는 가치를 공유하고 있었기 때문이었다. 하지만 상이한 가치·체제 간 경쟁은 필연적으로 군사·안보 및 체제의 영향력 확대를 둘러싼 제로섬(Zero Sum) 경쟁의 양상을 띌 수밖에 없는 것이다.

미래의 기술패권 경쟁의 승자는 경제적 번영, 군사·안보 우위, 가치·체재경쟁의 우위라는 세 가지 목적을 달성하게 된다. 지금까지도 그렇게 해 왔지만, 특히 기술혁신의 시대에는 지식과 기술이 성장을 좌우한다. 세계 경제는 혁신적인 기업과 산업이 주도하며, 기술패권 열위국가는 낙오하고 지정학적 경쟁에서 동원할 수 있는 인적·물적 자원에서 열위에 놓이게 된다.

한편, 기술패권은 군사·안보에서 언제나 중요한 요소였지만

4차 산업혁명의 시대에서 더욱 그러할 것이다. 러시아의 우크라이나 침공에서 드러났듯이, 미래의 전쟁은 하이브리드 전쟁의 성격을 갖게 된다. 하이브리드 전쟁은 다양한 유형이 혼재된 전쟁의 형태로서, 군사력과 기술력, 정치력, 경제력을 총망라한 개념이다. 하이브리드 전쟁에서는 재래전, 비정규전, 사이버전, 전자전 및 미디어전 등 여러 가지 형태의 전쟁이 혼재되어 나타나며 이를 가능하게 하는 것은 결국 첨단기술이다. 지금까지도 그래왔지만 앞으로 더욱 첨단 민간기술이 안보와 직결되고, 지정학적 경쟁의 승패를 좌우하는 요소로 부각될 것이다.

기술에는 선악이 없지만 미래 기술이 영향력을 확대할수록 그 기술의 목적과 결과가 중요해진다. 즉 기술패권 경쟁은 기술을 어떤 목적으로 어떻게 쓰느냐를 둘러싼, 그리고 그 이용의 결과물간의 경쟁이기도 하다. 예를 들어 인공지능에 의존하는 자동화 무기에서 인간의 개입을 어디까지 할 것인가는 우리의 미래에 중요한 것이다. 무엇보다도, 기술패권 경쟁의 주요 전장인 4차 산업혁명의 기술들은 정보의 흐름, 통제를 좌우할 것이므로 가치·체제 경쟁에서 중요하다. 기술을 어떤 목적으로 어떻게 사용하는지는 유토피아와 디스토피아 체제 가운데 어느 것이 우위를 차지할 것이지도, 각 정치체제가 얼마나 확산되고 영향력을 확대할 것인지에도 영향을 미친다. 즉 기술의 이용에 대한 규범은 가치·체제 경쟁과도 연계되고 장기적 기술발전의 경로에도 영향을 미친다.

아래 그림은 경제, 군사, 가치라는 기술패권의 세 가지 영역을 보여주는데, 경제와 군사영역은 서로 중첩된다. 민간기술과 군사기술의 구분이 모호해질수록 민간 기술기업들이 사실상 군산복합체 기업의 성격도 갖기 때문이다. 기술규범은 정보의 흐름이나 기업의 행동에 영향을 미치기 때문에 기술규범과 경제 영역도 중첩된다. 그리고 정보의 흐름을 누가 통제하느냐에 따라 거짓과 진실을 둘러싼 정보전쟁의 성격도 좌우되기 때문에 군사 영역과 기술규범 영역 간에도 교집합이 형성된다.

결국, 이러한 세 가지 영역에서 강대국 간의 기술패권 추구가 심화될수록 세계는 상이한 기술영향권역(techno-sphere) 내지는 기술 블록으로 분리되어 경쟁하는 세계로 변모할 가능성이 높아지게 된다.

그림 1 **기술패권의 세 가지 영역**

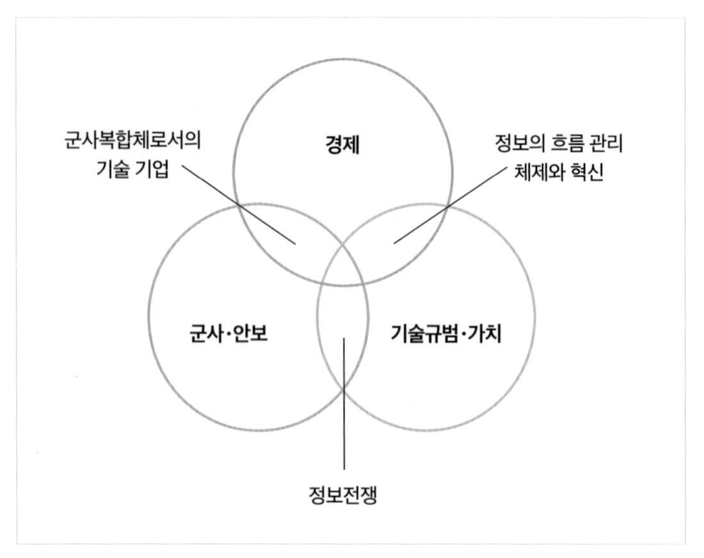

기술패권 시대, 경제정책은 제로섬 게임

지금까지 국가 간의 경쟁은 기업의 경쟁과 같은 제로섬 게임보다는 글로벌화에 따르는 경제적 협력을 바탕으로 경제성장, 더 나은 삶의 질을 추구하는 윈윈게임이었다. 하지만 타국에 대한 기술측면에서의 우위를 유지하기 위한 제로섬 경제정책은 지정학적 경쟁의 측면에서는 정당화될 수 있다. 비록 내가 경제적 교류의 단절로 피해를 입더라도 상대방의 피해가 더 크다면 지정학적으로는 이익이 되기 때문이다. 그리고 그 정책도 단순한 무역 제한보다는 금융, 투자, 인적 교류 제한 등 경제교류 전반에 걸친 것이 될 수 있고 이를 통해 상호간의 군사·안보 역량, 체제·가치 경쟁에도 영향을 미칠 수 있다.

즉 기술패권 시대의 경제정책은 단순히 경제의 영역에 국한되는 것이 아니고 사실상 정치, 외교, 국방 정책이기도 하며 윈윈게임이 아니고 상대방에 대한 우위를 점하기 위해 경제적 손실도 감수할 수 있는 제로섬 게임이다. 트럼프 행정부 시절 화웨이에 대한 제재, 우크라이나 전쟁 발발 직후 취해진 러시아 중앙은행 외환 자산의 동결이나 스위프트(SWIFT, 은행 간 국제결제 통신을 위한 비영리 법인) 퇴출은 경제 정책이 군사·안보정책과 구분되지 않음을 보여준다. 그리고 공통의 가치 추구라는 요소가 제로섬 게임의 중요한 동기이자 그 지속성을 지탱하게 해 준다는 점도 중요하다.

미·중 갈등, 우크라이나 전쟁과 중·러 간 밀착, 서방과 중·러 간 새로운 대립구조의 형성은 모두 자신의 영향력 증대와 상대방의 영향력 축소를 추구하는 제로섬 게임이고 따라서 미래 세계는 분열과 갈등이 심화되는 세계로 변모하는 것이다. 그리고 그 승패를 결정하는 핵심은 바로 기술패권을 누가 차지하느냐가 될 것이고 세계가 어떤 가치·체제에 의해 작동되느냐에 장기적인 영향을 미칠 것이다.

따라서 우리가 기술패권 시대 강대국 간의 갈등을 단순히 경제적 이해득실의 차원에서 저울질하면서 대처하고자 한다면 기술패권, 나아가 지정학적 경쟁의 본질을 제대로 이해하지 못하고 있음에 다름이 없다. 기술블록으로 나뉜 미래 세계, 차가운 평화 세계의 경계는 단순히 상이한 기술·경제블록간의 경계를 넘어서는, 정치·군사적 영향력의 경계이자 정치·사회체제간의 경계이기도 한 것이다.

서로 경쟁하는 기술블록들의 중심은 미국과 중국이다. 우크라이나 전쟁으로 러시아의 지정학적 공세가 주목받고 있지만 블록을 이끄는 힘은 전체적인 국력에서 세계 1, 2위를 차지하는 미국과 중국에서 나올 수밖에 없으며, 이 두 나라가 우크라이나 전쟁 이후의 세계에 어떻게 반응할 것인가가 '차가운 평화' 시대 기술패권 경쟁의 전개과정을 결정하게 될 것이다. 따라서 이 책의 주인공도 미국과 중국이며, 유럽이나 러시아는 중요한 '조연'임을 미리 밝혀 둔다.

이 책은 다음과 같이 구성되어 있다. 제2부에서는 먼저 기술패권 경쟁의 배경을 상세히 분석하고, 이어서 기술패권 경쟁의 수단과 이 수단들이 지금까지 어떻게 동원되어 왔는지를 차례로 살펴본다. 제3부에서는 기술패권 경쟁의 대상인 4차 산업혁명의 핵심 기술들, 즉 반도체, 인공지능에서부터 플랫폼 서비스에 이르는 주요 기술들의 현주소와 미래 전망을 미국과 중국을 중심으로 알아본다. 미국 및 서구세계와 중국과 같은 권위주의 체제의 기술 규범 간 차이점과 의의도 살펴본다. 마지막으로 제4부에서는 기술패권을 둘러싼 미국과 중국의 장기 전략을 분석하고, 우리가 앞으로 대비하고 나아갈 방향은 무엇인지를 모색한다.

2부

기술패권 경쟁

중국의 경제적 부상은 세계사적 사건이다.

인류의 1/5을 차지하는 국가가 가난에서 벗어나고,

19세기 아편전쟁 당시 영국의 일개 함대 규모의 군대에

유린당하던 국가가 다시 세계의 강대국으로 재등장한 것이다.

중국의 지정학적 부상을 가져온 고성장의 요인에 대한 근본적인 이해가

필요한 대목이다.

2장

기술패권 경쟁의 배경

인류의 역사가 시작된 이래, 지식·기술은 경제성장과 더 나은 삶을 위한 필요조건이었다. 글로벌화 된 시대에서 기업들은 평화적인 경제교류라는 환경에서 때로는 협력하고 때로는 경쟁하면서 기술적 우위를 차지하기 위해 경쟁해 왔다. 하지만 중국의 경제적 부상과 4차 산업혁명, 군사·안보, 체제를 둘러싼 국제질서의 변화, 이로 인한 지정학적 경쟁은 이윤추구라는 단순한 기술경쟁을 상대방을 배제시키는 절대적 우위 추구, 즉 '기술패권'이라는 차원으로 변모시키고 있다. 이제 기술패권 경쟁의 배경인 중국 경제의 부상, 4차 산업혁명, 군사·안보 및 체제·가치 경쟁을 차례로 살펴보기로 한다.

01
중국 경제의 부상

1
경제성장, 글로벌 가치사슬(Global Value Chain : GVC)과 중국

중국의 경제적 부상은 세계사적 사건이다. 인류의 1/5을 차지하는 국가가 가난에서 벗어나고, 아편전쟁 당시 영국의 일개 함대 규모의 군대에 유린당하던 국가가 다시 세계의 강대국으로 재등장한 것이다. 이를 가능하게 한 이유로 흔히 중국의 개혁·개방 정책과 세계화 추세를 이야기한다. 하지만 중국만 개방한 것도 아니고 글로벌화 추세에서도 상대적으로 높은 성장률을 기록한 국가와 그렇지 못한 국가가 나뉜다. 중국의 지정학적 부상을 가져온 고성장의 요인들에 대한 근본적인 이해가 없이는 중국의 지정학적 부상을 저지하고자 하는 상대방 국가의 전략도 이해할 수 없다.

전통적 경제성장 이론의 한계

한 국가의 경제는 어떻게 성장하는가? 왜 어떤 국가는 부유하고 어떤 국가는 가난한가? 독자들에게는 놀라운 사실이겠지만, 경제학자들은 이처럼 기초적인 질문에 대한 답을 제시하는데 상당히 오랜 시간 논쟁해 왔다. 직관적으로 생각해 보면, 한 국가의 경제는 생산적인 일에 자본과 노동을 더 많이 투입하면서 성장하게 된다. 하지만 동일한 방법이나 기술을 사용하면 추가적으로 투입된 자본이나 노동의 생산 기여도는 감소하게 된다. 우리가 뷔페에서 식사를 할 때 배가 부르면서 음식이 주는 효용이 줄어들 듯이, 한정된 농토에 아무리 많은 인력과 돈을 투입해도 산출량 증가는 둔화되기 마련이다. 이런 현상을 경제학에서는 수확체감의 법칙이라 부르는데, 수확체감은 획기적인 품종이나 농기구가 개발되면 돌파될 수 있다.

즉, 지식이나 기술이 진보하면 지속적인 경제 성장이 가능하고, 성장률도 정체되지 않을 것이다. 문제는 지식이나 기술을 우아한 경제 모형에 포함시키고 지식과 기술이 경제모형 안에서 내생적으로 결정되는 이론을 개발하기가 어렵다는 점이다. 전통적인 경제성장 이론은 솔로우가 제시한 성장이론에 기반하고 있는데, 솔로우의 경제성장 모델은 노동과 자본이 수확체감의 법칙에 따르고, 기술 혁신은 경제모형의 외부에서 주어지는, 즉 모세와 유대인들의 출애굽기에 기록된 하늘에서 떨어지는 식량과 같은 것으로 간주된다. 그리고 기술 수준이 주어진 것이라면 후진국은 노동과 자본의 투입을 통하여 장기적으로는 선진국 경제와 비슷한 수준으로 성장하게 된다. 선진국은 '수확체감의 법칙'이라는 형벌에서 벗어나지 못해 궁극적으로 추격을 허용할 수밖에 없기 때문이다.

하지만 현실의 세계는 그렇지 않다. 여전히 대부분의 개발도상국은 선진국 문턱을 넘지 못하고 있으며, 개발도상국과 선진국 간 소득격차가 뚜렷이 줄어들었다는 증거는 불충분하다. 반면 우리나라를 비롯한 일부 동아시아 국가, 특히 중국의 고성장과 같이 예외적인 경우도 존재한다. 1980년대 이후 대두한 신성장 이론은 이러한 수수께끼에 대한 해답으로 우리를 인도한다.

지식기반 경제성장

노벨 경제학상 수상자 폴 로머(Paul Romer, 1955~) 등이 발전시킨 신성장 이론은 지식·아이디어와 물리적 대상간의 구분을 통하여 경제 성장을 바라보는 관점으로, 이에 따르면 경제는 지식과 아이디어가 물리적 대상을 변형시켜 결과를 산출하는 과정에서 성장한다(지식·아이디어에는 우리가 흔히 산업기술로 지칭하는 지식도 포함된다). 지식·아이디어는 재사용에 추가로 소요되는 비용이 없고 타인이 사용하더라도 소모되지 않는다. 이러한 특성의 재화를 비경쟁재(Non-rival Good)라고 하는데, 지식·아이디어는 지식재산권 보호와 같은 제도를 통하여 타인의 사용을 배제할 수 있다. 이를 지식의 배제성(Excludability)이라고 하는데, 현실 세계에서 지식의 배제성은 다양한 수준에서 결정될 수 있으며 장기적으로는 제3자에 퍼져 나가게 되므로 부분적으로만 배제(partial excludability)된다. 지식재산으로 보호받는 기술도 보호기간이 끝나면 타인이 사용할 수 있고, 특정 기업의 인력이 경쟁기업으로 이직을 하거나 기업 간 협력관계를 통하여 기술이전이 일어나기도 한다. 경영기법과 같이 교육을 통하여 확산되는 지식도 중요하고 오픈소스 소프트웨어와 같이 소스코드가 공공재처럼 공개되는 경우도 있다.

결국, 모든 지식·기술은 부분적으로만 배제성을 갖고, 궁극적으로는 비용의 지불이 없이 외부로 전파되기 때문에 일정 수준 공공재의 성격을 갖는데, 이를 통하여 제3자의 학습과 혁신을 촉진시키는 긍정적인 의미에서의 외부성, 즉 지식의 스필오버(spillover)를 낳게 된다. 특히 모든 구성원들이 연결되고 지식이 공유될수록 지식의 혜택은 증가하고, 이러한 외부효과로 인해 해당 경제는 투입보다 더 높은 비율로 성장할 수 있다. 비용의 지불이 없는 지식의 전파, 즉 외부성의 존재로 인하여 전체 경제는 수확체감이 아니라 수확체증 성장도 가능해진다.•

인공지능이 활용되는 경우를 생각해 보면 지식의 확산에 따르는 수확체증을 이해하기 쉽다. 인공지능의 기반이 되는 정보나 데이터가 네트워크로 연결될수록, 그리고 이를 이용하는 인공지능이 네트워크에 연결되어 동일한 네트워크에 연결된 사람이나 사물에 적용되는 세상을 상상해보자. 하나의 로봇이 물체를 적당히 집어 올릴 수 있는 능력을 학습을 통해 얻는다면 네트워크에 연결된 100만대의 로봇도 동일한 능력을 갖추게 된다. 기계

• 폴 로머의 내생적 성장이론에 따르면, 공공재 성격을 가진 지식 저량(stock)의 증가는 미래 지식 생산의 한계비용을 낮추어 경제는 수확체감에 좌우되지 않고 성장이 지속된다.

가 데이터를 생성하고—알파고가 바둑 기보를 생성하듯이—그 데이터를 모든 사람과 컴퓨터가 접하고 학습하여 결과를 생성하는 세계, 그러한 세계야말로 수확체증의 세계이며 혁신은 폭발적, 지수적(exponential) 양상을 띠게 된다. 그리고 인간은 기계(즉, 컴퓨팅 능력을 갖춘 어떤 것, 로봇일 수도 있고 자동차일수도 있다)와 공존하게 된다. 사람과 사람, 사물과 사물간의 연결이 확대되는 초연결 사회에서 이러한 현상이 일반화될수록, 미래의 혁신은 선형적, 비례적 발전경로가 아니라 지수적 경로를 따르게 되는 것이다.

이러한 현상은 특히 첨단 하이테크 산업에서 두드러지는데, 마이크로소프트의 윈도우와 같은 소프트웨어 제품은 초기 연구개발 비용이 높더라도 추가 생산에 소요되는 한계비용이 거의 없어 수확체증 효과를 누리기에 용이하다. 그리고 수확체증 효과를 누리면서 기술혁신을 주도하는 기업으로 인하여 슘페터가 이야기한 '창조적 파괴'가 일어나고 산업 지평이 변화하게 되는 것이다. 첨단 지식기반 산업 클러스터內에서는 기술을 보유한 기업들 간의 다양한 교류·협력과정에서 지식·기술의 스필오버도 촉진된다. 오늘날 우리에게 익숙한 인터넷 플랫폼 생태계가 바로 그러한 예이며, 창조적 파괴를 통하여 새로운 산업이 등장하고 경제는 수확체감의 한계를 벗어나 지속적으로 성장하게 된다. 그리고 새로운 아이디어에 승부를 걸고 위험한 프로젝트에 투자할 수 있도록 자금을 수혈해 주는, 벤처캐피탈 제도와 같은 '아이디어에 대한 아이디어'도 경제의 성장에 중요한 요소가 된다.

선진국과 개도국

지식기반 경제성장 이론은 개도국에는 적용하기 어려운 이론이라고 생각할 수도 있다. 일반적으로 지식과 아이디어 창출을 주도하는 선진국의 성장은 창조적 혁신에 주로 의존하지만 개도국은 이미 축적된 기술을 학습해 사용하면서 성장하게 되는데, 이는 지식과 아이디어, 기술을 창출할 수 있는 역량에 한계가 있기 때문이다.

결국, 지식을 통한 성장 메커니즘이 글로벌한 차원에서 작동하려면 지식의 국제적 흐름이 원활하게 이루어져 개도국도 학습을 통해 지식 축적 기회를 얻을 수 있어야 한다. 지식이 소수 선진국에 독점되어 있다면 선진국과 개도국간의 격차는 좁혀지기 어렵다. 반면에 자체 R&D나 교육을 해외투자 유치나 교역, 인적 교류 등 세계화 노력과 결합하는 개도국은 지식·기술을 축적하여 선진국과의 격차를 빠르게 좁히는 것이 가능하고, 그렇지 못한 개도국은 오히려 선진국과의 격차가 더 벌어질 수 있다.

이처럼 지식기반 경제성장 이론은 선진국, 도약에 성공해 선진국과의 격차를 축소시키는 개도국, 격차를 줄이는데 한계를 보이는 개도국이 모두 공존하는 현실 세계를 잘 설명해 준다. 도약에 성공한 개도국의 대표적인 사례는 역시 중국이다. 하지만 중국 경제의 부상을 이해하기 위해서는 글로벌한 차원에서의 지식과 아이디어의 확산, 축적에 대한 보다 자세한 설명이 필요하다.

ICT의 발전과 GVC : 지식의 확산을 촉진시켜 일부 개도국 도약 가능

코로나로 글로벌 공급망이 제대로 작동하지 않는 현상을 지켜보면서 사람들은 세계 경제가 얼마나 분업화되어 있는지를 새삼 깨닫게 되었다. 글로벌화와 GVC의 발전은 일반적으로 모든 국가에 이익을 가져다준다고 알려져 있지만 글로벌화가 본격적으로 촉진되기 위해서는 크게 세 가지 조건이 충족되어야 한다.

첫째 조건은 상품의 이동에 수반되는 비용(trade cost)이 저렴해야 한다는 것이다. 20세기 각종 운송수단의 발전은 이러한 비용을 꾸준히 낮추는 추세에 기여하였다. 두 번째 조건은 지식과 아이디어의 흐름에 수반되는 비용, 즉 커뮤니케이션 비용(communication cost)이 낮아야 한다는 것으로, 이 조건이 충족되지 않으면 국제적 차원에서의 생산 분업이나 협력이 제한될 수밖에 없다. 세 번째 조건은 인적자원의 이동 비용(face-to-face cost)으로써, 아직까지도 글로벌화에 대한 가장 큰 제약 조건으로 남아 있다. 우리나라의 수준 높은 의료서비스를 이용하려면 외국인은 직접 우리나라에 와야 하는 것이다.

20세기 중반까지의 글로벌화는 교역의 증가현상을 나타내기는 하였지만 사실상 G7 국가들이 여전히 지식과 아이디어를 독점하고 높은 기술수준을 필요로 하는 산업생산을 주도하는 현상이 유지되었다. 국가 간 지식의 흐름에 수반되는 비용이 아직 높은 환경에서는 혁신이 특정 국가, 즉 G7에 집중되고 지식, 노하우의 선진국 우위라는 불균형이 오히려 강화되고 선진국 중심의 산업 클러스터의 위상이 지속될 수밖에 없는 것이다. 교역은 전통적인 비교우위론에 입각하여 이루어지고 특정 상품은 특정 국가에서 주로 수출(또는 수입)되게 된다. 1990년대까지 주요 산업생산이 G7국가에 집중되어 있었던 것도 이 때문이라고 할 수 있다. 즉, 지식·아이디어와 인적자원이 함께하는 비용을 최소화하기 위하여 산업 집중(industrial agglomeration)이 G7을 중심으로 유지되고 이는 다시 더 많은 혁신과 지식, 경쟁력 우위로 이어진 것이다.

크루그먼과 베너블스는 상품교역 중심의 글로벌화에도 불구하고 국가 간 소득 수준이 수렴하지 않는 현상을 분석하면서 산업화, 글로벌 교역을 통한 시장 확대, 소득증대, 산업화 심화로 이어지는 선순환 관계가 북반구에만 형성되었음에 주목하였다. 반면에 남반구 국가들은 혁신 친화적인 환경을 갖추지 못해서 북반구의 선순환 관계를 형성하지 못했기 때문에 두 지역 간의 소득 격차가 오히려 심화되었음을 지적하였는데,• 이러한 현상은 G7 국가가 지식을 독과점한 결과라고 해석할 수 있다.

하지만 ICT 혁신은 이러한 환경에 큰 변화를 가져온다. ICT의 발전은 지식의 흐름에 수반되는 커뮤니케이션 비용을 감소시켜 지식의 확산, 습득에 기여하고 여러 지역에 분산된 경제활동 간의 조율(coordination)도 용이하게 한다. 가치 사슬상의 각 단계별 활동이 저비용으로 국제적인 차원에서 관리, 감독되고 가치사

• Paul Krugman and Anthony Venables, "Globalization and the Inequality of Nations", QJE 110. no. 4 (1995)

슬상의 제품 흐름(flow)이 최적화되는 등 미시적 차원에서의 생산 클러스터링이 ICT로 인하여 가능해지기 때문이다. 공급망 관리(supply chain management)와 같은 ICT의 발전은 시공간적으로 분리된 경제 주체들이 저렴한 비용으로 신속하고 안전하게 협업이 가능하게 하며, 이에 따라 생산 활동의 글로벌화가 전례 없는 수준으로 진행되고, 그 과정에서 해외투자 및 이에 수반되는 지식과 기술의 이동도 활발히 이루어지게 된다. 이에 따라, 오늘날의 글로벌 경제는 산업이나 상품 차원이 아니라, 특정 재화의 각 세부 생산 단계(stage)별로 분업화가 이루어져 있다.

즉, ICT의 발전으로 아이디어, 지식, 기술의 독점이 약화하고 각 지역으로 확산하며 가치사슬(value chain)의 세부 생산단계(production stage)가 국제적 분업을 통하여 이루어지면서 글로벌 가치사슬(Global Value Chain: GVC)이 발전하게 된다. G7 중심의 생산 클러스터는 개도국이 참여하는 GVC로 변화하게 되고 그 과정에서 중간재 및 부품의 오프쇼어링(off-shoring, 기업 업무 일부를 해외 기업에 맡겨서 처리)은 물론, 선진국과 GVC에 참여하고 있는 개도국 간의 교역이 활성화되고 최종재를 한 국가內에서 모두 생산해 수출하는 구조는 점차 약화 된다.•

• 과거에는 G7 클러스터內 상품, 아이디어, 노하우, 투자, 인적자원 교육훈련 등이 클러스터 내부에서 이루어진 반면, 1990년대 이후에는 ICT 혁명으로 이들이 선진국과 개도국간의 국제적인 교류로 전환되고 생산의 각 단계도 여러 국가에서 수행됨. 그로스만과 로시-한스버그는 이러한 현상을 'trade in tasks'로 지칭함. 즉, 생산의 전 과정을 구성하는 각 생산 과업단위(task)로도 분업, 교역이 가능해진다는 점을 강조함. Gene M. Grossman & Esteban Rossi-Hansberg, 2006. "Trading Tasks: A Simple Theory of Offshoring", NBER Working Papers 12721, National Bureau of Economic Research, Inc.

오늘날의 교역은 i) 부분품(parts) 및 부품 교역, ii) 생산 설비, 인력 및 노하우의 국제적 이동, iii) 국제적으로 분산된(dispersed) 생산을 조율·관리하기 위한 ICT 서비스가 특징이며 GVC 구축, 확산을 촉진하기 위한 해외투자도 활발히 이루어지게 된다. 즉, 재화, 서비스, 지재권, 자본, 인력의 선진국-개도국 간 이동이 전반적으로 증가하게 되는 것이다. 그리고 산업간 경쟁(sector by sector competition)이 GVC로 인하여 생산단계간 경쟁(production stage by stage competition)으로 변화하게 된다. 그리고 가치사슬의 전 과정에서 다양한 혼합·결합(mix · match)을 하는 다국적 기업의 역할이 증대하고 국가는 더 이상 경쟁력의 단위가 아니게 된다.

오히려 GVC가 일반화된 세계에서는 국가 간의 경쟁이 아니라 국경을 넘나드는 생산 네트워크로서의 GVC간 경쟁이 의미를 갖게 되기 때문에, GVC에 참여하고 있는 특정국가간의 무역분쟁도 국가 단위의 일방적인 피해나 이익이 불가능한 것이 오늘날의 국제 경제 관계이다. 미국의 중국제품에 대한 관세부과가 해당 제품 중간재를 제공하는 미국기업에 타격을 줄 수 있는 것이다.

이제 G7 기업들은 생산의 세부 단계를 가장 저비용으로 효율적으로 완수할 수 있는, 즉 저임금, 인프라, 교육인력을 갖춘 국가·지역으로 이전하게 되고 글로벌화는 단순히 상품교역의 확대에 그치는 것이 아니라, 국제적 차원에서의 자본의 이동과 생산의 국제화도 수반하게 된다. 그 결과가 오늘날 우리가 알고 있는 GVC인 것이다. GVC의 대표적인 예로 반도체 산업을 들 수 있는데, 반도체는 소재 정재에서 웨이퍼 생산, 칩 제조, 사후 테스트에 이르는 전 과정이 일부 국가에서 이루어지는 것이 아니라 각 세부 단계가 국제적으로 분업화되어 생산이 완결된다. 그리고 생산의 각 단계는 ICT를 통하여 저렴하고 효율적으로 국제적인 차원에서 조율, 관리된다.

불균등한 GVC의 발전과 중국

GVC가 작동하기 위해서는 모든 생산단계가 전체적으로 호환되거나 상호연계된 기술 프레임워크안에서 이루어지기 때문에 G7 국가의 기업들은 자신들에 특화된 지식(firm-specific knowledge)도 일부를 외부에 이전할 수밖에 없다. 그 결과 지식의 국제적 이동이 심화되고, G7 기업들이 이를 내부적으로 잘 관리하더라도 결국 스필오버(spillover)효과를 통하여 지식과 기술이 GVC 참여 개도국에도 확산된다. 제네바 국제개발연구원의 리처드 볼드윈은 이러한 현상을 거대한 수렴(Great Convergence)이라고 지칭하면서, 기존의 상품교역 중심의 세계화가 선진국에의 산업 집중을 오히려 심화시켰던 반면 오늘날의 세계화는 생산단계가 분할(unbundle)되어 개도국이 본격적으로 분업을 담당하면서 국제적 차원에서의 지식 스필오버가 일어나고 국가간의 소득격차도 축소되고 있음을 강조한다.•

개도국으로의 산업 클로스터 이전이 가능해지는 현상을 지리경제학에서는 확산 효과(Dispersion effect)라 부르는데, 이를 스포츠

• Richard Baldwin, The Great Convergence, Harvard University Press, 2016

에 비유하자면 과거의 세계화가 프로축구 구단 간의 선수 트레이드였다면 GVC 기반의 세계화는 코치 연수가 가능한 세계라고 할 수 있다. 히딩크가 우리 국가대표팀을 맡아 노하우를 전수함으로써 우리나라 전력은 강화된 반면 네덜란드의 전력은 그대로인 것처럼, 오늘날의 세계화는 개도국에게 지식의 흐름이라는 측면에서 상대적으로 유리한 환경을 제공하는 것이다.

하지만 이러한 확산효과, GVC의 대두에도 불구하고 인적자원 이동의 어려움 때문에 개도국 가운데서도 일부 국가에만 산업 클러스터가 형성된다. 산업 인력들이 가까이 있어야 한다면 물리적 거리는 여전히 중요하고, 따라서 모든 개도국에 산업 클러스터가 광범위하게 형성되기보다는 인프라, 교육받은 풍부한 노동력과 내수시장까지 갖춘 일부 국가에서 산업집적 현상이 발생하게 되는 것이다. 즉 GVC는 불균등하게 발전하고 개도국 가운데 일부 국가에만 클러스터가 발생하게 되는데, 이런 현상이 두드러지게 나타난 곳이 바로 중국이다.

WTO에 따르면 2019년 기준으로 세계 교역의 2/3 이상이 GVC를 통하여 이루어지고 있는데, 그 가운데 중국의 역할이 지속적으로 증대하고 있다. 특히 4차 산업혁명의 중심이라 할 수 있는 ICT분야에서 이러한 현상을 뚜렷하게 확인할 수 있다.• 아래 그림에서 알 수 있듯이, 2000년에서 2017년까지의 기간 중 일국內에서 생산되어 수출입이 이루어지는 전통적인 교역, 생산이 두

• WTO, Global Value Chain Development Report 2019: Technological Innovation, Supply Chain Trade and Workers in a Globalized World (2019)

국가에서 이루어지는, 즉 2단계 국제 분업에 의한 단순 GVC 교역, 세 국가 이상 다국적 분업에 의한 복잡한 GVC 교역 등 세 경우 모두 생산기지로서의 중국의 부상이 현저하게 드러나고 있다.

GVC가 전 세계적으로 균일하게 분포되지 않고 중국의 생산 클러스터에 상대적으로 집중되어 온 이유로는 중국의 방대한 인구 및 내수시장, 제조업을 이끌 수 있는 높은 수준의 인적자원 등을 들 수 있다. GVC은 모든 지역, 국가에 균일하게 발전하는 것이 아니다. GVC 내에서 중요한 산업 클러스터를 확보하기 위해서는 해당 생산 프로세스에서 지식·기술 기반(knowledge base) 및 숙련된 저임금 인력과 서로 협력하는 다양한 공급자 기반이 갖추어져야 한다. 일단 지식·기술 기반이 갖추어지면 해당국가內에서도 기업 간, 인적자원 간 교류, 협력을 통하여 지식의 스필오버가 일어나고, 그 긍정적 외부성으로 인하여 자국 클러스터의 경쟁력도 제고되고 내부적 지식기반도 강화된다.

여기에 더해, 거대 내수시장이 존재한다면 그 자체가 자국 클러스터가 요구하는 특화된 인력 및 공급자 시장을 제공하는 기반이 되는데. 이러한 인력 및 공급자 기반은 다시 해당 클러스터의 경쟁력에 기여하게 된다. 그리고 모든 생산단계(stage)가 하나의 종합적인 과정의 일부로 원활하게 이루어지기 위해서는 글로벌 기업의 세부적인 노하우, 기술도 중국 클러스터로 이전하게 된다. 중국은 이러한 자기충족적(self-reinforcing) 성장 메커니즘을 구축할 수 있는 조건에 부합되는 국가이기 때문에 세계의 공장으로 부상하게 된 것이다.

그림 2 **ICT 분야 국제 GVC 네트워크**

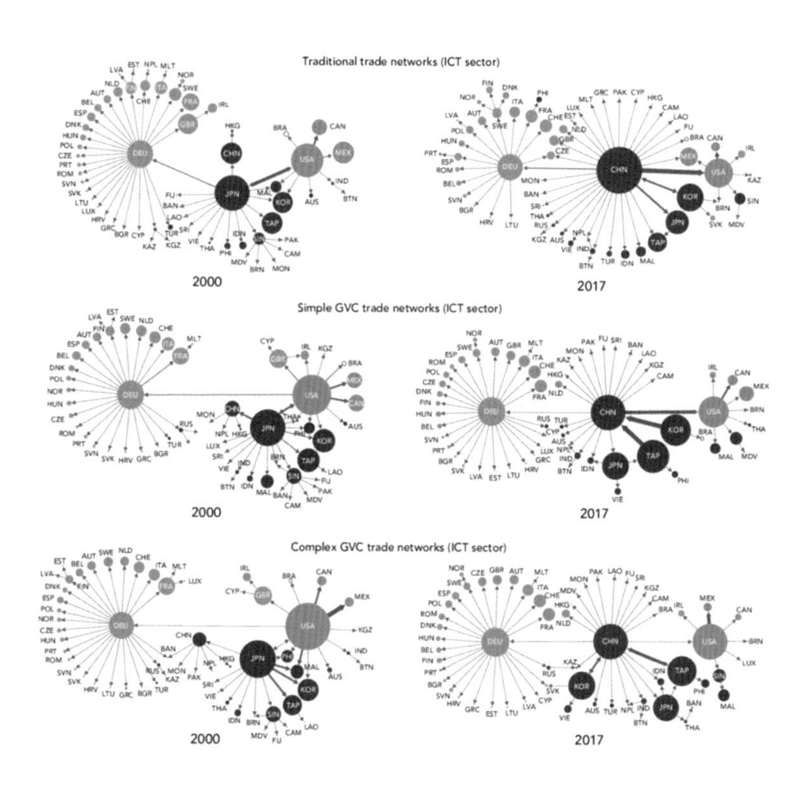

출처: WTO, Global Value Chain Development Report 2019: Technological Innovation, Supply Chain Trade and Workers in a Globalized World (2019. 4)

이러한 메커니즘은 지식기반 및 숙련인력·공급자 기반이 중요한 산업, 즉 ICT산업과 같이 외부 경제 효과가 중요한 산업일수록 강력히 작동하고, 이러한 과정을 거쳐 한번 형성된 경쟁력 우위는 쉽게 뒤집어지기 어렵다.

아직까지도 G7이 GVC 가치사슬상의 최상단을 차지하고 있지만 중국도 그 바로 아래 제조 단계의 핵심 허브로 자리 잡고 있으며, 중국의 방대한 제조 클러스터를 대체하기 위해서는 상당한 비용 및 효율성의 희생이 불가피하다. 특히 ICT 부문은 중국이 전략적으로 육성하는 분야로서, 초기 중국기업들의 기술 역량은 높지 않았지만 GVC內에서 글로벌 호환성과 경쟁력을 꾸준히 향상시켜 범용화되고 모듈화된 핵심기술과 부품, 개방형 협력 등을 통해 기술 확보를 차근차근 실현해 왔다. 그 과정에서 중국은 GVC에서 네트워크 중심성•을 강화하면서 거대 내수시장을 바탕으로 성장을 해 나갔다. 네트워크 중심성을 확보할수록 해외로부터의 투입과 지식확산의 혜택에서 유리한 위치에 서게 되어 기술 내재화 기회가 많다. 이와 관련하여, WTO는 글로벌 기업과의 네트워크, 기술의 범용화와 제조의 모듈화가 중국의 가치사슬 참여 및 고도화를 앞당긴 요인이라 분석하였다.••

이러한 현상이 지속될 경우, 중국의 부상은 더욱 거스를 수 없는 대세로 자리 잡을 가능성이 크다.

이는 GVC를 통한 G7과 중국 간 지식의 흐름이 교역, 투자, 인적교류 강화를 수반하기 때문이다. 앞서 지적되었듯이 경제가 성숙할수록 지식, 아이디어가 경제 성장의 핵심 요인이 되는데, 중국의 GVC에서의 위상 강화, 특히 ICT부문에서의 위상이 커질수록 단순 교역의 이익을 넘어서는 성장 효과를 일으키게 될 것

• 네트워크 중심성은 직간접적으로 GVC에서 해외 국가들과 높은 빈도로 영향력 있는 네트워크를 형성하는 정도를 의미함.

•• WTO(2019), Global Value Chain Development Report, 2019, WTO

이기 때문이다. 아직까지는 중국이 일본, 한국, 대만 등에서 수입한 핵심 부품을 조립, 가공하여 GVC의 최종 목적지에 보내는 역할에 머물고 있지만 점차 중간재의 자국화가 진행되면서 중국內에서 창출되는 부가가치가 상승하고 있는 추세이다.•

요약하면, 중국은 방대한 내수 시장, 자체 인적자원, 적극적인 기술이전 전략 등을 결합하여 GVC의 이점을 십분 이용한 국가라 할 수 있다. 그리고 중국이 GVC에서 위상을 강화시킬수록 중국으로의 교역, 투자, 인적교류가 증대하고 그 과정에서 중국으로의 지식 스필오버도 강화되는 선순환이 일어나고 G7에 대한 경쟁자로 부상하게 된다. 대외개방과 교역은 지식과 기술의 유입, GVC에의 참여는 자체 혁신 능력의 향상 및 기술이전으로 연결되고 혁신 및 기술이전은 다시 GVC에서의 위상 강화로 이어지는 선순환 관계를 형성하게 된다. 이러한 메커니즘은 왜 미국의 대중(對中) 전략이 지식·기술의 흐름을 차단하고 첨단기술분야 GVC에서 중국을 배제하는 정책을 중심으로 추진되는지를 설명해 준다. GVC 배제가 곧 중국의 지식기반 성장에 대한 공격이기 때문이다.

2
중국의 산업육성 및 기술이전 전략

지금까지 살펴 본 중국의 GVC 위상 강화, GVC 허브로의 도약

• OECD, Trade in Value Added : China (2018)

메커니즘은 자체 혁신과 해외로부터의 기술이전을 통하여 보완되어야 한다. 글로벌 GVC의 중심은 역시 다른 곳에서 보유하지 못한 핵심 기술에 있으며, 기술 수준 열위 국가는 GVC 내에서 대체 가능한 국가나 기업의 위협으로부터 자유로울 수 없기 때문이다. 중국의 자체 혁신 노력의 집약은 '중국제조 2025(made in China 2025)' 전략이라 할 수 있다. 중국이 대외개방정책을 추진한 이래, 중국은 세계의 공장으로 자리매김하였지만 진정한 경제 강국, 지속 성장을 위해서는 산업의 고도화와 기술 수준 제고가 장기적인 목표가 될 수밖에 없다. 그리고 이런 목표가 달성되어야만 GVC에서도 흔들리지 않는 위상을 정립할 수 있는 것이다.

중국제조 2025

중국제조 2025는 바로 이러한 중국의 장기 경제 전략을 대표한다. '중국제조 2025'의 공식적인 목표는 단순한 제조업 대국에서 진정한 의미에서의 제조업 강국으로의 전환, 즉, 기술력을 기반으로하는 제조업 주도국이 되겠다는 것으로, 이를 위해 3단계의 전략목표가 제시되었다. 1단계(2015년~2025년)에서는 혁신 능력 및 전반적인 노동생산성 향상을 통하여 제조업의 수준을 향상시키는 것이, 2단계(2025년~2035년)에서는 세계 제조업 강국 중에서도 중등 수준으로 도약하는 것이, 3단계(2035년~2045년)에서는 신중국 수립 100주년에 세계 제조업 강국 중에서 선두적 지위를 확보하는 것이 단계별 목표로 제시되었다.

중국제조 2025의 10대 전략산업을 살펴보면 4차 산업혁명에 직접적인 관련이 깊은 분야들을 망라하고 있음을 알 수 있다. 진정한 의미에서의 제조업 강국이라는 목표 달성에 필요한 전략산업은 기본적으로 컴퓨팅 혁명인 4차 산업혁명과 모두 직간접적으로 관련이 있기 때문이다. 차세대 IT 기술이나 항공우주, 로봇과 같은 분야는 직접적으로 컴퓨팅과 연계된 산업이고 선박이나 자동차와 같은 이동체도 사실상 움직이는 컴퓨터로 발전할 가능성이 높다. 바이오 분야도 신약개발에 인공지능을 이용한다거나 의료 관련 빅데이터의 처리에 클라우드가 활용되어야

표 1 **중국제조 2025의 9대 과제, 10대 전략산업, 5대 중점 프로젝트**

9대 과제	10대 전략산업	5대 중점 프로젝트
제조업 혁신력 제고	고급 NC(수치제어) 공작기계 및 로봇	국가 제조업 혁신센터 구축
제조업 기초역량 강화	해양장비 및 첨단기술 선박	스마트 제조업 육성
제조업 국제화 수준 제고	항공우주장비	공업 기초역량 강화
IT기술과 제조업 융합	신소재	첨단장비의 혁신
서비스형 제조업 및 생산형 서비스업 육성	에너지 절약 및 신에너지 자동차	친환경 제조업 육성
친환경 제조업 육성	차세대 IT 기술	
품질향상 및 브렌드 제고	선진궤도 교통설비	
10대 전략산업 육성	바이오의약 및 고성능 의료기기	
	농업기계장비	

출처 : '중국제조 2025' 추진 배경과 중점분야, 대외경제정책연구원 (2015. 6. 11)

한다. 다양한 기계, 설비, 장비들도 스마트 제조업의 틀 안에서 네트워크로 연결되어 이용될 가능성이 높다. 그리고 이 기술들은 군사·안보에서 점차 중요해질 분야이기도 하다.

결국 10대 전략산업은 모두 컴퓨팅의 활용에 기반하고 있는 것으로, '중국제조 2025'는 신기술 혁명에 대한 대응으로 장기적 성장을 모색함과 동시에 궁극적으로 중국을 기술 패권국으로 도약시키기 위한 국가전략임을 알 수 있다.

주목해야 하는 것은 이러한 목표를 달성하기 위한 전략이다. 중국 정부는 인력 양성, 자체 R&D 그리고 해외로부터의 기술이전, 특히 해외 기업 인수합병을 통한 기술이전 등 다양한 방법을 동원한다.

2000년대 들어 중국 R&D의 비약적 증대는 〈표 2〉에서 알 수 있다. 중국의 GDP 대비 R&D 비중은 2000년 0.9%에서 2.23%로 확대되어 절대액 기준으로 미국에 이어 두 번째 R&D 국가가 되었다.

표 2 주요국 R&D 투자 추이

십억불, %, ( )는 GDP 대비 비중

국가	1981	2000	2019	연평균 증가율(%)
미국	72.7(2.27)	269.5(2.63)	657.5(3.07)	4.8
일본	25.0(2.05)	142.0(2.91)	164.7(3.24)	0.8
독일	16.8(2.35)	46.9(2.41)	122.6(3.18)	5.2
중국	–	12.6(0.89)	320.5(2.23)	18.6
대한민국	–	12.5(2.13)	76.6(4.64)	10.0

출처 : 미·중 기술패권 경쟁 동향과 시사점, KISTEP(2021. 4. 19)

표 3 **주요국 연구인력 현황 비교**(2018년)

(만 명/명)

국가	R&D 종사자	근로자 1만명당 R&D 종사자	R&D 연구자	근로자 1만명당 R&D 연구자
미국	–	–	143.4	92.3
일본	89.7	130.2	67.8	98.4
독일	70.7	157.6	43.3	96.6
중국	438.1	56.5	186.6	24.1
대한민국	50.1	188.1	40.8	153.3

출처 : 미·중 기술패권 경쟁 동향과 시사점, KISTEP(2021. 4. 19)

한편, 중국의 R&D 인력 규모는 세계에서 가장 큰 규모이지만 집약도는 여전히 선진국에 비해 낮은 수준임을 〈표 3〉에서 알 수 있다.

중국의 기술이전 추진정책

중국과 같은 개도국의 지식·아이디어의 축적에는 자체적인 지식창출, GVC 참여에서 발생하는 스필오버와 함께 중국 진출 기업에 대한 기술이전 강제나 해외기업 인수와 같은 의도적인 기술이전 정책도 중요한 역할을 한다. 외국의 특허나 기술 보유자들에게 시장 기준에 비해 낮은 로열티를 지불하거나 합작투자 계약조건으로 기술이전을 요구하는 행태 등은 오래전부터 미국과 중국 간의 통상 마찰 이슈였다. 지적재산, 기술에 대한 물리적 또는 사이버 절도 문제도 자주 지적되었다. 백악관 무역·제조업 정책실의 〈중국의 경제적 침공이 미국과 세계의 기술 및 지식재산권을 어떻게 위협하는가?〉[•]라는 보고서는 기술/지적재산 물리적/사이버상 절도, R&D 현지화 등 기술이전 강제, 첨단기술 보유 미국 기업 인수합병 등을 중국의 불공정 행위로 지적하였다.

미국 국방부 국방혁신실험과(Defense Innovation Unit Experimenta: DIUx)가 분석한 보고서 '중국의 기술이전 전략(China's Technology Transfer Strategy)'은 중국의 기술이전 전략의 전모를 잘 보여주고 있다. 이 보고서도 중국으로의 기술이전 전략에서 미국 기업에의 투자 및 인수합병이 무엇보다도 중요한 수단이었음을 지적한다.[••] 특히 보고서는 인공지능과 같이 4차 산업혁명의 핵심기술이자 군사·안보 측면에서도 중요한 분야에 투자가 집중되었음을 강조하고 있다.

이 밖에도, 미국 유학이나 미국 대학과의 협력 연구, 오픈소스 정보 활용, 미국 내 연구센터나 포럼의 적극적인 활용과 같은 다양한 수단이 동원되고 있음도 지적한다. 마지막으로, DIUx는 중국의 기술이전에 있어서 산업 스파이나 사이버 절도와 같은 불법적 수단의 비중이 매우 높음도 지적하고 있다.

중국의 불법적인 기술이전 수단 동원은 DIUx 이외의 다른 보고서에서도 오래전부터 지적되어왔다. National Bureau of Asian Research의 보고서(The Report on the Theft of American Intellectual Property,

• White House Office of Trade and Manufacturing Policy, How China's Economic Aggression Threatens the Technologies and Intellectual Property of the United States and the World, June 2018.

•• 2010~2015 기간 미국 벤처에의 중국 투자는 6%, 2016에는 크게 증가해 16%에 달하였음을 지적

2013. 4)에서 이미 매년 3000억 불에 달하는 지식재산 절도의 대부분이 중국에 의해 수행되어왔음을 강조하였고• 2016년 의회보고서(2016 Report to Congress of the US-China Economic & Security Review Commission)에서도 중국을 자국 기업을 위한 타겟 분야 산업 스파이 활동 주요국으로 적시한 바 있다.•• 특히 The National Bureau of Asian Research의 'IP Commission Report'(2013)에서는 전세계 사이버 스파이 활동의 93%가 중국에 의한 것으로, 매출 손실 약 1천억 불, 매년 약 3천억 불 가치의 지재권 불법 유출이 발생하고, 인민해

그림 3 **중국의 미국으로부터의 기술이전 수단**

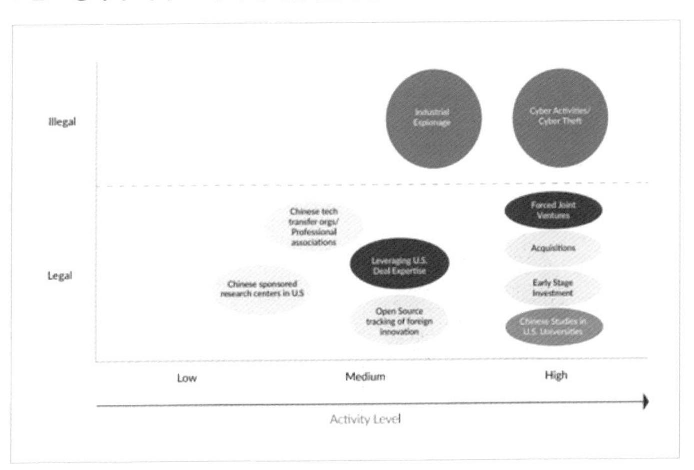

출처: DIUx (2018.1)

• National Bureau of Asian Research, 'The Report on the Theft of American Intellectual Property', 2013. 4. https://www.nbr.org/program/commission-on-the-theft-of-intellectual-property/

•• U.S. Congress, '2016 Report to Congress of the US-China Economic & Security Review Commission' (2016. 11) https://www.uscc.gov/annual-report/2016-annual-report-congress

방군 25만~30만 명이 사이버 스파이 활동에 동원된다고 평가하였다.•

이러한 환경에서, 미국은 민간의 경제적 손실은 물론이고, 미 군수품/서비스에 대한 공급망에서 중국 기업의 참여가 증가하고 군사기술상의 차이도 좁혀지는 문제에 직면하게 된다. 즉, 미국 경제는 물론, 안보에 관련된 분야에서도 GVC에서 중국의 역할이 증대하고 중국 자체의 혁신 능력도 제고되는 것이다.

지금까지의 논의를 모두 정리하면 아래 그림과 같다. 중국의 경제적 부상은 전통적인 G7 집적효과의 약화, GVC 발전과정에

그림 4 **미국 벤처 기업에 대한 국가별 투자**(2015~2017)

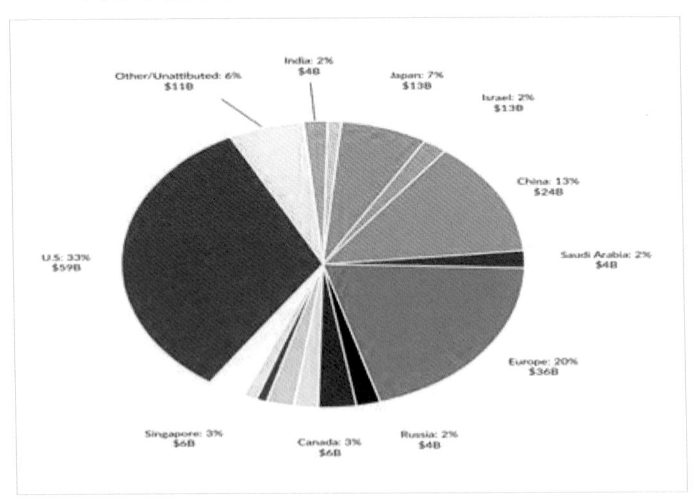

출처: DIUx (2018.1)

• The National Bureau of Asian Research, 'IP Commission Report' (2013. 5) https://www.nbr.org/publication/the-ip-commission-report/

그림 5 **중국 경제의 부상**

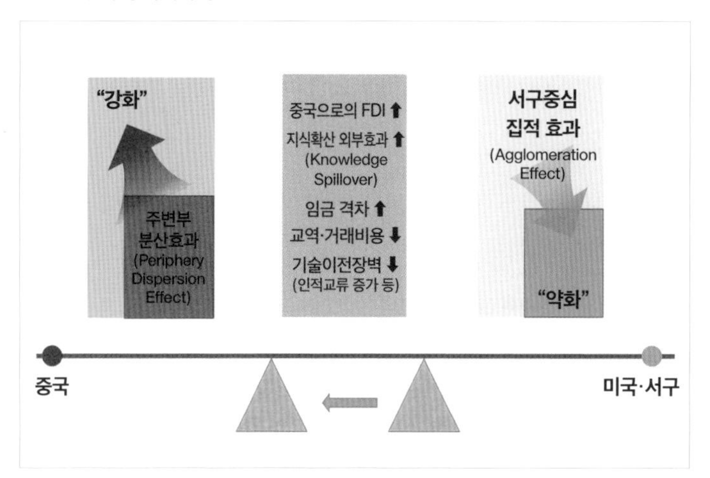

출처: 볼드윈, Great Convergence, 그림 51 (p. 189)을 중국 상황에 맞추어 저자가 재구성

서의 해외자본 유입과 지식의 확산, 주변부 가운데서도 특히 중국으로의 분산 효과 강화, 적극적인 산업 육성 정책과 기술이전 전략으로 가능하였고, 그 결과 글로벌 경제의 무게 중심이 중국으로 일정 수준 이동하게 된 것이다.

이런 메커니즘은 중국에 일방적으로 유리한 것으로, 결국 갈등의 도화선이 된다. 더구나 미·중 간 경제적 격차 축소는 물론이고 군사·안보, 체제 경쟁 측면에서도 미국에 불리한 구도이기 때문에 이를 더 이상 좌시하지 못하는 상황이 온 것이다. 비유하면 선수 트레이드에서 코치 연수로의 변화라는, 일방에만 유리한 상황이 문제가 된 것이다.

중국 경제의 현 위치

중국 경제의 국제적 위상에 대한 미래 전망, 특히 중국의 GDP가 언제 미국을 추월할 것인가에 대한 전망은 학계·연구기관별로 차이가 있다. 미국기업연구소(AEI)는 달러/위안화 환율 및 명목 성장률에 대한 여러 가정 아래 중국 GDP의 미국 추월 시기를 아래의 표와 같이 제시하고 있다.•

두 국가의 경제력 비교에는 주로 GDP가 활용되고 있지만 지정학적 경쟁의 측면에서 중요한 것은 특정 목적을 위해 동원할 수 있는 자원의 규모로서, GDP보다는 부(wealth)의 비교가 더 의미가 있다. 국가 소유 부동산의 가치와 같이 시장 왜곡이 큰 자산을 감안하면 중국 국부에 대한 정확한 추정은 어려우며, 순 가계부(net household wealth)만으로 미국과 중국을 비교할 경우, 2017년 기준 중국은 49.6조 달러로 미국 96.6조 달러의 약 절반 수준에 불과하다.••

표 4 **중국 GDP의 미국 추월 시기**

	중국 9.3% 명목 성장	7.9% 명목 성장	5.3% 명목 성장
6.88위안/달러	2028	2031	2054
6.0위안/달러	2025	2027	2046
7.9 위안/달러	2031	2035	2062

• 주) 미국 명목 성장률은 4.1%로 가정
• 출처 : Derek Scissors, 'US-China: Who is bigger and when'. AEI.(2019. 3)

• Derek Scissors, 'US-China: Who is bigger and when'. AEI. (2019,3)
•• Credit Suisse, Global Wealth Databook 2018

국부의 증대를 가져오는 GDP는 중국의 장기 성장률이 둔화할 것이기 때문에, 국부 측면에서 미국과의 격차는 장기간 이어질 전망이다. 미국이 영국의 GDP를 19세기 말에 이미 추월했음에도 불구하고 전세계적으로 국부를 축적해놓은 영국이 파운드화로 국제금융을 지배하는 시대가 2차 세계대전까지 이어졌다는 사실을 기억해보면, 단순히 GDP만을 비교해 경제력을 평가하는 것에는 무리가 있다. 그럼에도 불구하고 중국경제의 성장은 괄목할 만하며, 이러한 성장은 결국 미국이 상이한 정치체제로서의 중국을 지정학적 경쟁의 대상으로 지목하게 된 배경이 된다. 따라서 미국의 중국에 대한 대응은 중국의 경제적 부상을 가져온 요인들에 부정적인 영향을 끼치는 조치들이 그 핵심이 된다.

02
4차 산업혁명과 기술패권

지금까지 살펴본 중국 성장의 메커니즘은 지식·아이디어의 대내외적 축적과 혁신을 통한 성장이 GVC에서의 위상강화 과정을 통하여 선순환하는 것이었다. 한편, 미래의 지식·아이디어의 축적과 수확체증에는 4차 산업혁명 기술들이 핵심적인 역할을 하기 때문에 4차 산업혁명 본격화는 중국의 부상을 되돌릴 수 없는 추세로 만들 것이다. 따라서 4차 산업혁명을 이끄는 기술들이 기술패권 경쟁의 전장(戰場)이 된다. 영국이 최초의 산업혁명에서 앞서나가면서 패권국가가 되었듯이, 4차 산업혁명 기술에서의 우위가 궁극적으로 지정학적 경쟁의 승패를 좌우할 것이기 때문이다.

4차 산업혁명의 기술들의 중요성을 이해하려면, 먼저 4차 산업혁명에 대한 이해가 필요하다. 2016년 다보스포럼에 따르면 4차 산업혁명은 '인간과 기계의 잠재력을 획기적으로 향상시키는 사이버-물리 시스템'으로 정의된다.• 사이버 물리 시스템은 실재와 가상이 초연결 환경에서 통합되어 사물도 자동적·지능적

• Nicholas Davis, "What is the fourth industrial revolution?". www.weforum.org/agenda/20 에서 인용 16/01/what-is-the-fourth-industrial-revolution/

으로 제어할 수 있는 시스템을 의미하며 이를 가능하게 하는 구체적인 혁신으로 인공지능, IoT, 3D 프린터, 로봇, 신소재, 블록체인, 유전자 편집(genome editing) 등이 지목되고 있다. 이에 더하여, 인공지능과 같은 혁신 기술의 발전을 뒷받침하는 빅데이터·클라우드 기술이나 초연결 환경의 기반인 첨단 네트워크 기술도 빼놓을 수 없다.

달리 표현하자면, 4차 산업혁명은 '네트워크로 연결된 컴퓨팅 혁명'이며 부품에서 네트워크, 컴퓨팅 자원 동원 인프라인 클라우드, 그 위에서 작동하는 수많은 응용 서비스들을 총망라하는 '컴퓨팅 스텍'(computing stack) 기술들이 그 핵심이 된다. 컴퓨팅 스텍은 일반적으로 컴퓨팅의 이용을 가능하게 하는 부품·소재, 네트워킹, 클라우드와 같은 컴퓨팅 자원 인프라, 실제 응용 서비스, 이용자 인터페이스 기술 및 이들이 따르는 표준이나 프로토콜 등 상호의존적 계층(layer)들로 이루어진 시스템을 의미하며, 이 기술들을 어떤 목적으로 어떻게 이용하는지에 대한 기술규범까지 포괄하는 의미로도 쓰인다. 이 책에서 스텍이라는 용어를 사용할 때는 이처럼 규범적인 의미까지도 포괄할 것이다.

컴퓨팅 스텍을 중심으로 하는 4차 산업혁명 기술들의 대두는 우연이 아니며, 기술발전 과정에서 시장의 요구에 따라 자연스럽게 발전한 것이라는 인식이 4차 산업혁명을 이해하는 데 도움이 될 것이다. 4차 산업혁명은 무엇보다도 인터넷의 비즈니스적 이용이 근본 동인(動因)이라고 할 수 있다. 인터넷의 첫 번째 단계인 PC 시대가 본격적으로 도래하고 월드와이드웹(world wide web)이 인터넷의 킬러 애플리케이션으로 자리 잡으면서 다양한 인터넷 비즈니스가 등장하게 되는데, 클라우드도 인터넷 비즈니스를 가능하게 하는 컴퓨팅 인프라로 대두하게 된다.

두 번째 단계로 언제 어디서나 접속이 가능한 모바일 시대가 자리 잡으면서 거대한 양의 빅데이터가 축적되는데, 세 번째 단계로 빅데이터를 해석하고 응용하는 인공지능도 발전하게 된다. 이러한 단계를 거치면서 빅데이터·인공지능 기술을 통하여 전 산업이 알고리즘이 지배하는 세상으로 변화되고 디지털 전환도 본격화되게 되는데 그것이 바로 4차 산업혁명이며 이 모든 변화의 중심에는 컴퓨팅 스텍 기술이 자리 잡고 있는 것이다.

컴퓨팅 스텍 기술의 발전으로 4차 산업혁명이 본격화되면 자율주행 자동차와 같이 네트워크로 연결된 수많은 사물들이 주위 환경을 인지하게 되고 프로그래밍의 대상이 되어 다양한 서비스를 제공할 수 있게 된다. 그리고 축적된 데이터에 기반한 인공지능이 컴퓨팅의 핵심 기능이 되면서 새로운 비즈니스와 산업을 창출하고 기존의 산업도 창조적 파괴의 과정을 겪게 된다. 교육, 의료, 금융 등 사실상 모든 종류의 서비스는 축적된 데이터를 기반으로 개인 맞춤형 서비스로 발전하게 되고 인간의 지적 노동도 일정 수준 대체가 가능하게 될 것이다. 즉, 4차 산업혁명의 핵심 기술들인 컴퓨팅 스텍 기술들은 모든 산업에 적용되고 혁신을 촉진시키는 범용기술(GPT: General Purpose Technology)의 특성을 가지기 때문에 다양한 분야의 비즈니스 모델과 결합해 전혀 새로운 수요의 충족이 가능하다는 것이 중요하다. 예를 들어 로봇과 인공지능이 결합되면 특정 산업에서 지능형 로봇이 해결할 수 있는 일의 범위가 크게 확장될 수 있다. 이것이 바로 우리가 이야기하는 '디지털 전환'이고 '혁신 경제'임과 동시에 '데이터 경제'이기도 한 것이며 이들 용어는 모두 4차 산업혁명의 다른 이름인 것이다.

4차 산업혁명의 기술들은 '혁신을 혁신'하는 기술들이기도 하다. 그 이유는 과학 기술이 컴퓨팅의 발전으로 ICT와 융합하여 새로운 형태의 지식을 창출하기 때문이다. 오늘날 물리학의 공식이나 우주 이론 등은 대부분 프로그램 형태의 계산형(computational) 지식이라고 부를 수 있다. 생물학의 경우에도 휴먼 지놈의 판독 자체가 컴퓨터 없이는 불가능하였고 단백질 구조의 시뮬레이션 등 많은 분야의 과학지식이 컴퓨팅 과정을 거친 지식인 것이다. 과학지식의 창출에 컴퓨터의 역할이 증대함과 동시에, 서로 연결된 컴퓨터 네트워크의 확장으로 과학에의 참여와 공유, 집단지성에 의한 발견도 가속화되고 있다.

그리고 새로운 정보 및 지식의 창출이 가속화될수록 인간이 이를 이해하고 활용하는 것을 보조해주는 컴퓨터의 활용이 더욱 증대할 수밖에 없고, 컴퓨터의 활용 증대는 다시 과학 지식의 발견을 더욱 촉진하는 선순환 관계를 형성하게 된다. 무엇보다도 인공지능, 빅데이터 분석 기술은 과학자가 데이터로부터 가설을 추출하거나 검증하는데 유용해 과학의 진보와 산업 혁신을 가져올 수 있다. 다시 말해, 4차 산업혁명의 기술은 혁신을 혁신하는 기술인 것이다.

지식의 스필오버와 근로자 역량의 강화

4차 산업혁명 시대에는 오픈소스나 개방형 혁신이 일반화되어 지식의 비(非)배제성이 더욱 강화되고, 그 결과로 지식의 스필오버 효과도 광범위해진다. 그리고 이러한 현상은 인공지능, 빅데이터, 클라우드와 같은 컴퓨팅 스텍 기술의 발전으로 이어진다. 알파벳(구글)의 안드로이드 OS는 오픈소스 아파치 라이센스이므로 아마존이나 화웨이와 같은 제3자가 자체 버전을 만들어 활용할 수 있으며 오픈소스 빅데이터 기술인 하둡(Hadoop)은 구글이 기본 프레임을 제공하고 야후와 같은 기업이 기술발전에 기여하였다.

이러한 개방형 혁신은 사회 전체에 이익이지만 개방하는 기업에게도 이익이기 때문에 가능한데, 두 사례 모두 스마트폰 및 빅데이터 생태계의 활성화에 기여해 궁극적으로 알파벳의 플랫폼을 강화시키고 있는 것이다. 참여개발자들에게 라이브러리, 개발 도구, 학습데이터, 컴퓨팅 파워를 제공하는 오픈 인공지능 플랫폼을 미국의 빅테크들이 적극적으로 육성하고 있는 것도 이러한 맥락에서 이해할 수 있다.

즉, 4차 산업혁명의 시대에는 비트, 코드에 기반한 소프트웨어, 지식, 정보, 기술들이 비(非)경쟁재로서 용이하게 확산되고 플랫폼 기업들은 경쟁에서 승리하기 위해 이들 비(非)경쟁재들을 배제하지 않고 개방하는 전략을 추진하게 된다. 그 과정에서 지식의 스필오버, 전체 경제의 혁신이 가속화되고 수확체증 성장이 가능해지는 것이다.

한편, 4차 산업혁명 시대의 근로자는 과거보다 더 능력이 향상된 근로자일 것이다. 이미 컴퓨터 코딩 진입장벽이 점차 낮아지고 직관적인 인터페이스(interface, 사물과 사물 사이 또는 사물과 인간 사이 소통을 위해 만들어진 물리적 매개체나 프로토콜)를 이용해 코딩 전문가가 아니더라도 현장 근로자가 다른 근로자 실무를 지원하는 앱을 만들어 줄 수 있는 시대가 도래하고 있다. 2021년에 이미 LC/NC(low code/no code)•를 활용할 수 있는 근로자가 전세계적으로 260만 명에 달하여 실무 차원에서 유용한 프로그래밍이 활발히 이루어지고 있기 때문이다.

이 모든 움직임은 컴퓨팅 스텍 기술들로 인적자본의 확충 내지는 지식 아이디어 창출 확산, 생산성이 강화되는 시대를 시사한다. 4차 산업혁명의 시대에는 컴퓨팅 혁명으로 지식 아이디어 창출·확산, 생산성 향상이라는 경제성장의 근본 메커니즘, 즉 기존 일에 투입되는 시간을 줄이고 새로운 일에 참여해 발전하는 메커니즘이 더욱 강화되는 것이다.

지금까지의 논의에서 우리가 알 수 있는 사실은 전체 경제의 혁신과 경제성장을 이끄는 범용기술로서의 컴퓨팅 스텍 기술들이 곧 경제적 측면에서 기술패권의 우위를 결정할 것이라는 점이다. 중국이 컴퓨팅 스텍 기술들에서 선진국의 수준에 도달한다면 지금까지의 성장 메커니즘을 더욱 강화시킬 뿐만 아니라

• 별다른 코딩작업 없이 마우스 작업과 유사하게 드래그 앤 드롭(drag and drop)으로 개인 또는 팀이 응용프로그램들을 개발하도록 도와주는 컴퓨팅 환경

미래 신산업 GVC나 메타버스, 자율주행과 같은 미래 서비스에서도 주도권을 잡을 수 있다. 이는 지정학적 경쟁에서 동원할 수 있는 인적, 물적 자원이 증대함을 의미한다.

반면에, 컴퓨팅 스텍 기술들을 미국과 서방세계가 계속 독과점할 수 있다면 경제 경쟁에서 우위를 유지할 수 있을 것이다. 하지만 컴퓨팅 스텍 기술들이 경제적 측면에서의 우위만을 보장하는 것은 아니다. 이제부터는 기술패권의 나머지 두 영역, 즉 컴퓨팅 스텍 기술들이 군사·안보와 가치·체제경쟁에서 갖는 의의를 살펴보기로 하자.

03
기술패권 경쟁 시대의 군사·안보와 기술규범

1
4차 산업혁명 기술과 군사·안보

'전쟁은 정치의 연속'임을 갈파한 클라우제비츠(Clausewitz, Carl von, 1780~1831)의 통찰은 여전히 유효하지만, 이를 달성할 수단은 끊임없이 변화를 겪어왔다. 기술패권 경쟁은 국가의 군사·안보 목적을 달성하기 위하여 첨단기술에의 의존이 더욱 심화되는 세계를 반영한다. 군사·안보상의 첨단기술은 대부분 4차 산업혁명의 핵심기술이기도 하는 까닭에 민간기술과 군사기술간의 경계가 더욱 모호해지고, 경제적 우위와 군사·안보상의 우위를 동시에 충족시키기 위한 기술패권 경쟁이 불가피한 것이다.

더 나아가, 미래 전쟁은 여러 가지 측면에서 전통적인 전쟁과는 구분된다. 첨단 무기 시스템은 점차 기계의 의사결정에 의존하는 자동화 시스템으로 진화하고 있으며, 핵보유국간의 타격 및 방어능력 경쟁은 물론이고, 국지적 차원에서의 정규군간 무력 충돌과 사이버 공격, 프로파간다, 위협 등 다양한직·간접 수단을 총동원하는 하이브리드 전쟁도 앞으로 우리가 목도하게 될 전쟁의 모습이 될 전망이다.• 그리고 기술패권 경쟁은 거짓과 진실을 둘러싼 정보전쟁에서 우위를 점하기 위한 경쟁이라는 성격도 띄게 된다.

핵보유국간의 타격 및 방어능력 경쟁과 첨단기술

지금까지의 군사적 우위는 궁극적으로 핵전력을 기반으로 하는 것이었지만, 핵을 통한 상호 억제력은 지역적 차원의 충돌까지 막지는 못한다. 군사용어로 흔히 반 접근 지역거부(A2/AD, Anti-Access, Area Denial)라 불리는 전략은 중국, 러시아 등 군사강국들이 지상이나 해상에 공수 미사일 전력 등을 갖추어 미국의 지역분쟁 개입을 억제하고 이를 바탕으로 특정 지역에 직접 개입하거나 하이브리드 전쟁을 수행할 수 있도록 하는 전략이다.

이러한 도전에의 대응은 역시 ICT에 기반한 첨단 군사기술의 절대적 우위가 기반이 될 수밖에 없다. 미국이 추구하는 CPGS(Conventional Prompt Global Strike)는 적성국의 위성 시스템이나 A2/AD 네트워크에 대하여 초스피드와 정밀도를 갖추어 타격을 가하는 개념으로, 여기에 자국을 방어할 강력한 미사일 방어 시스템까지 결합되면 궁극적으로는 핵보유국에 대한 공격까지도 가능하게 할 수 있다.

펜타곤이 2014년에 발표한 "세 번째 상쇄 전략"(Third Offset Strategy)

• 이미 조지아, 우크라이나 등 주변국들에 대한 러시아의 직간접 공세 사례나 중동지역 분쟁에서 우리는 하이브리드 전쟁, 네트워크 전쟁의 양상을 지켜볼 수 있음

은 기술력의 절대적 우위를 바탕으로 글로벌 차원에서 A2/AD, 하이브리드 전쟁을 추구하는 적성국의 영향력 확대 시도를 상쇄하는 것을 추구한다. 그리고 세 번째 상쇄 전략을 가능하게 하는 기술들은 자율학습 시스템(autonomous learning systems), 인간-기계 간의 협력 의사결정(human-machine collaborative decision-making), 네트워크 기반 자동무기(networked autonomous weapons)와 같은 컴퓨팅·ICT 관련기술들이다.

첨단 공군기는 이미 외부세계 인식 센서 및 데이터 수집에 기반하는 미사일 발사 플랫폼 기능을 수행하고 있으며 군사용 이동체는 하늘을 나는 드론뿐만 아니라 각종 센서를 장착하여 해양에도 사용되고 있고 군사용 로봇의 중요성도 증대하고 있다.

이러한 각종 무기체제는 네트워크 시스템을 통해 주위 환경을 인지·학습하고 기계의 자율적 결정으로 작동한다. 즉, 컴퓨팅 스텍 기술들은 전장에서 무엇에 우선순위를 두고 타격을 가할지에 관한 정보를 산출하고 작전을 통제, 관리하고 소통하는 '네트워크 전쟁'의 바탕이 되는 것이다. 먼 미래에 전쟁의 승패는 알고리즘이 결정하고 전쟁에서 중요했던 인간 의지(contest of wills)의 역할은 축소될지도 모른다.

하이브리드 전쟁

세계는 점차 전쟁과 평화간의 경계나 민간인과 군인의 구분조차 모호해지는 시대로 이행하고 있다. 전쟁은 첨단·재래식 무기를 동원한 열전뿐만 아니라 군사적 충돌의 경계선상에서 행해지는 모든 행위, 즉 군사적 위협이나 프로파간다, 허위정보, 사이버 공격 등 모든 형태의 적대행위를 동원한 '회색지대' 공략, 더 나아가 직접적인 무력 충돌로 이어지는 '하이브리드 전쟁'도 포괄하고 있다. 그리고 그 주요 수단이 바로 컴퓨팅 스텍 기술이며, 이는 세계가 서로 연결된 초연결 시대의 산물이기도 하다.

A2/AD로 미국의 개입이 어려울수록 하이브리드 전쟁의 동원에 좋은 환경이 조성된다. 우크라이나 돈바스 지역이나 이라크와 같이 전쟁과 평화간의 구분이 모호한 '회색지대'는 자신의 영향력 확대 시도를 하기에 적합하다. 이런 지역에서는 자신의 지정학적 목적을 달성하기 위해 군사적, 경제적, 외교적, 정보

'우크라이나 하이브리드 전쟁'. 세계는 전쟁과 평화 간의 경계나 민간인과 군인의 구분조차 모호한 시대로 이행 중이다. 첨단·재래식 무기 전쟁 뿐 아니라 군사적 위협이나 프로파간다, 허위 정보, 사이버 공격 등 적대 행위의 '하이브리드 전쟁'도 포함된다. 컴퓨팅 스텍 기술이 그 중심에 있다.

(intelligence), 범죄 수단을 혼용한 하이브리드 전쟁을 수행하게 되는데, 갈등이 심화되면 우크라이나 전쟁이나 대만 침공과 같은 전면적인 열전으로 발전할 수도 있다.

하이브리드 전쟁 개념은 애초에 프랭크 호프만(Frank Hoffman)과 같은 미국 군사전략가에서 비롯되었다. 하지만 영국에서 비롯된 전격전의 개념이 정작 나치 독일에 의해 실행된 것처럼, 하이브리드 전쟁을 본격적으로 수행한 국가는 러시아이다. 우크라이나 전쟁에서 그 명성이 퇴색되기는 했지만 러시아 게라시모프 참모장의 게라시모프 독트린은 21세기의 중요한 군사전략 개념으로 주목받고 있다. 게라시모프 독트린에 따르면 현대전쟁의 수단, 방법은 정보와 정보공간의 지배에 의해 근본적으로 변화되었으며 현대전의 핵심은 정보공간에서의 우세(dominance)를 점하는 것이다. 러시아는 이미 체제 전복, 사보타주, 암살이 전문인 '29155' 특수부대와 대외정보국(SVR)의 해커 집단 ATP-29와 같이 하이브리드 전쟁에 특화된 조직을 운용하고 있다.

새로운 전쟁·전략개념과 이를 수행할 조직을 바탕으로 러시아는 이미 2008년 조지아 침공 당시 지상군 파견과 별도로 조지아 대통령실, 국방부, 외교부, 의회, 주요 언론 등에 무차별 디도스 공격을 가한 바 있다. 2014년 초 우크라이나 크림반도의 강제 병합 때도 2000여 명의 러시아군이 소속 부대, 계급, 명찰 식별이 어려운 국적 불명의 군복을 착용한 후 크림반도에 투입됨과 동시에 다양한 하이브리드 전술이 동원되었다. 러시아와 같은 권위주의 체제에서는 자국민도 하이브리드 전쟁의 대상이다.

2005년 설립된 러시아의 국영방송 RT와 같은 선전 매체는 전쟁 시 정부에 유리하도록 왜곡된 정보를 국민들에 주입시키는 역할을 담당한다. 우크라이나 전쟁에서 푸틴의 지지율이 상승한 것은 정보의 흐름을 통제하는 시스템이 일정 수준 효과를 거두고 있기 때문이기도 한 것이다.

하이브리드 전쟁의 한 축, 사이버 전쟁

사이버 전쟁은 정부기능은 물론 민간기업·산업에 직접적인 데미지(damage)를 줄 수 있다. 국가 차원의 사이버 공격은 상대국의 IXP(Internet Exchange Point)를 공격해 인터넷을 마비시킬 수도 있고 전파 교란으로 모바일 시스템을 무력화시킬 수도 있다. 더 나아가 에너지. 운송, 금융, 공급망 인프라에 데미지를 입혀 사실상 '저강도 전쟁' 또는 실제 전쟁의 보완수단으로 활용될 수도 있다.

경제·사회가 더욱 네트워크로 연결되고 기업들이 GVC를 통한 글로벌 분업관계에 의존할수록 사이버 전쟁의 잠재력은 더욱 증대할 수밖에 없다. 전쟁의 한 수단으로 사이버 전쟁을 수행하면 상대방의 초연결 경제·사회에 막대한 피해를 입힐 수 있는 것이다. 이미 그 전조는 2017년 러시아가 우크라이나에 대하여 수행한 것으로 의심되는 낫페트야(Notpetya) 바이러스 공격에서 나타났다. 낫페트야 바이러스는 우크라이나 회계 소프트웨어 시스템을 통해 정부는 물론 운송 및 현금인출 시스템에 피해를 입혔고 우크라이나 기업과 동일한 기업 네트워크 시스템을 이용하는 해외기업에까지 총 100억불에 달하는 피해를 입혔다.

문제는 특정국에 대한 사이버 공격이 민간의 GVC를 통하여 글로벌 차원의 데미지로 확대되고, 공급자 소프트웨어나 하드

우크라 전쟁의 사이버 공격. 러시아의 우크라이나 침공은 사이버 공격이 대규모의 전면전에서 선제 타격의 수단으로 사용된 역사상 최초의 사례이다. 러시아는 침공 수 주(週) 전 우크라이나 정부의 70개 웹사이트 공격(WhisperGate), 침공 하루 전 정부기관과 금융기관의 디도스 공격, 데이터 삭제 멀웨어 공격 등을 감행했다. 컴퓨팅 스택 기술패권을 장악한 국가는 디지털 팬데믹을 직·간접 전쟁의 수단으로 활용 가능하고, 민간과 군의 구분도 없어진다는 것을 보여준다. 사진은 볼로디미르 젤렌스키 우크라이나 대통령(위)과 블라디미르 푸틴 러시아 대통령(아래) [외신]

웨어에 침투된 악성 소프트웨어(malware)는 추적이 거의 불가능해 책임 규명도 어려울 뿐만 아니라 이를 보상해 줄 수 있는 민간 보험 시스템도 아직 미비하다는 점이다. 세계가 서로 연결되어 있어서 팬데믹이 발생하였듯이, 초연결에 기반한 미래 세계는 '디지털 팬데믹'의 위험에서 자유롭지 못하다.

러시아의 우크라이나 침공은 사이버 공격이 대규모의 전면전에서 선제 타격의 수단으로 동원된 역사상 최초의 사례라 할 수 있다. 침공 수 주(週) 전에 발생한 우크라이나 정부 70개 웹사이트에 대한 공격과• 침공 하루 전 우크라이나 주요 정부기관과 금융기관에 대한 디도스 공격, 데이터 삭제 멀웨어 공격은 글로벌 해킹 작전 등 정보전쟁 기능을 담당하는 러시아 군사정보국(GRU)의 소행으로 추정된다. 우리의 일상과 경제·사회 활동의 공간인 인터넷에 대한 공격은 공격과 방어의 대상에서도 군과 민간의 구분이 없어지고 있음을 새삼 상기시켜 준다. 심지어 사이버 전쟁으로 인한 디지털 팬데믹은 참전국과 비참전국의 구분도 모호하게 한다, 이미 미국, 영국 등 러시아 경제제제에 참여한 많은 국가들이 정부기관 및 주요 기업들에 사이버 공격 주의경보를 내렸다.

이러한 사태의 진전이 우리에게 일깨워 주는 교훈은 디지털 기술, 컴퓨팅 스텍에의 의존이 높아질수록 기술패권을 장악한 국가는 디지털 팬데믹을 직·간접 전쟁의 수단으로 활용할 수 있고 민간과 군의 구분도 없어진다는 사실일 것이다. 사이버 전쟁

• WhisperGate라고 명명됨

이나 관련 산업의 역량을 종합적으로 평가한 하버드 벨퍼 센터(Belfer Center)의 사이버 파워랭킹에 따르면• 조사 대상 30개국 가운데 중국이 미국에 이어 세계 2위에 자리를 잡고 있는데, 장기적으로도 디지털 인프라나 핵심 애플리케이션에서 수준이 높아 미국의 위상에 도전할 수 있는 유일한 국가로 평가받고 있다. 우크라이나 사태로 글로벌 차원에서 지정학적 긴장이 심화되고 사이버 역량의 중요성이 부각될수록 미국과 중국 간의 기술패권 경쟁도 더욱 치열해질 수밖에 없을 것이고 디지털 팬데믹의 위협은 기술블록 간 분리를 심화시키는 요인 가운데 하나로 작용할 것이다.

표 4 **10대 사이버 파워 랭킹**

Belfer Center National Cyber Power Index 2020 "Top 10"			Specific Rankings	
#	Country	Overall score	Capability	Intent
1	United States	50.24	1	2
2	China	41.47	2	1
3	United Kingdom	35.57	3	3
4	Russia	28.38	10	4
5	Netherlands	24.18	9	5
6	France	23.43	5	11
7	Germany	22.42	4	12
8	Canada	21.50	11	9
9	Japan	21.03	8	14
10	Australia	20.04	16	8

출처: Belfer Center, Harvard, 'National Cyber Power Index 2020', (2020. 9)

• Belfer Center, Harvard, 'National Cyber Power Index 2020', (2020. 9)

무기화된 소셜 미디어

네트워크화 된, 서로 연결된 세상에서 소셜미디어는 정치는 물론 하이브리드 전쟁의 일부인 정보전쟁(information-warfare)의 장이 될 수 있다. 예를 들어, 딥페이크(Deep fake)• 기술로 정보유통을 혼탁하게 하면 사회적 신뢰의 약화나 편향적 소수 그룹의 활성화가 가능하다. 허위정보로 사회가 분열될수록 프로파간다 효과도 증대하고, 정보전쟁이 사이버 공격과 병행하여 격화될 수도 있다. 이를 방지하는 기술이 없다면 유튜브나 인스타그램도 악용이 가능하기 때문에 알파벳(구글), 메타(페이스북)와 같은 빅테크도 군사·국방기업이자 체제가치 수호 의무를 지게 된다.

정보전쟁은 평화로운 일상에서는 물론이고 러시아의 우크라이나 침공과 같은 심각한 사태에서도 벌어진다. 그리고 그 과정에서 진실과 거짓간의 싸움이 일어나게 된다. 우리 시대는 이미 맥사(Maxar)와 같은 민간기업의 상업위성 사진을 틱톡과 같은 소셜 미디어 포스트나 항로추적 웹사이트 정보와 결합하여 일반인이 군대의 위치나 이동상황을 판단할 수 있는 오픈소스 정보(Open-Source Intelligence: OSINT)의 시대이기도 하다. 어떤 의미에서는 전쟁의 진실이 투명하게 공개되는 시대이기도 한 것이다.

진실의 승리, 정보전쟁에서의 승리는 결정적인 성과를 가져올 수 있다. 우크라이나의 참상과 영웅적 저항의 모습이 소셜미디어를 통해 외부세계에 알려지고 바이러스가 퍼지는 것과 같은

• 인공지능을 이용해 제작된 허위 동영상

군사 정보 공개되는 '오픈소스' 전쟁. 미국의 민간상업위성 회사인 맥사(Maxar)의 위성 사진이 소셜 미디어 포스트나 항로추적 웹사이트 정보와 결합돼 일반인도 군대 위치나 이동상황을 판단할 수 있다. 전쟁의 진실이 투명하게 공개되는 오픈소스 정보(Open-Source Intelligence: OSINT)의 시대이다. 맥사 테크놀로지가 2022년 2월 24일 촬영한 우크라이나 국경 인근 러시아 야전병원 시설(위 사진)과 우크라이나와 국경을 접한 러시아 벨고로트 인근 숲 부근의 러시아군 배치 모습. [외신]

(viral) 효과를 통해 외부세계의 여론을 움직인 것은 서방의 지원 차원을 넘어 유럽의 단합과 독일의 재무장과 같은 정치·외교 지평의 근본적인 변화까지 가능하게 하였으며 이 모든 사태에 컴퓨팅 스택 기술이 관련되어 있는 것이다.

민간기술과 군사기술 간의 구분이 사라지는 시대 : 군산복합체로서의 빅테크

컴퓨팅 스택 기술들, 즉 4차 산업혁명의 대표적인 기술들은 민간은 물론 군사용으로도 얼마든지 전용이 가능하다. 인공지능이나 빅데이터와 같이 이미 민간에서 활용되는 기술들이 그대로 미래 전쟁에 핵심적으로 필요한 기술들이라는 점이야말로 기술패권 경쟁이 경제와 군사적 측면을 모두 내포한다는 사실을 명확히 해 준다.

수많은 센서 네트워크가 데이터를 수집하고 인공지능이 작동하는 거대 클라우드가 데이터를 통합, 분석하여 유용한 정보를 산출해 작전을 수행하는 것이 미래 전쟁의 거대 추세이다. 예를 들어, 드론이 인지한 외부 환경 데이터가 분석되고 위성 통신을 통하여 공격자에 타겟을 알려주는 방식이 미래의 전쟁인 것이다. 그리고 이처럼 센서에서 공격자까지 연결되는 '킬 체인'(kill chain) 전쟁의 수행에 필요한 기술은 대부분 민간에서 이용되는 기술을 적용하는 것에 불과하다.

우리가 일상에서 사용하는 스마트폰은 카메라, 빛의 세기를 측정하는 광도계, 기압계, 가속도계, 습도계, 자기장 측정계, 평형상태 측정계, 위성신호 감지, 근거리 블루투스 등을 통하여 외부환경이나 대상의 상태, 움직임까지 포착하는 기능을 모두 갖추고 있다. 센서 네트워크를 통해 이러한 기능이 구현되면 다시 그 데이터가 통합, 분석되는 클라우드 기반의 인공지능 시스템이 작동하는데, 이러한 기술은 민간 플랫폼 서비스는 물론이고 네트워크 전쟁에서도 그대로 활용될 수 있는 것이다.

앤듀릴(Anduril), 팔란티어(Palantir)와 같은 기업들이 제공하는 데이터 기반 인공지능 시스템은 그 자체로 기술 플랫폼이라 할 수 있고 이를 개발하는 민간기업들의 전략적 중요성은 점차 증대할 것이다. 특히 주목해야 하는 것은 인공지능 및 클라우드 기술에서 앞서가는 거대 플랫폼 기업들이다. 마이크로소프트는 미 국방부와 100억불 규모의 인공지능-클라우드 시스템(Joint Enterprise Defense Infrastructure: JEDI) 계약을 체결하였고 아마존은 2013년 이래 유사 서비스를 CIA에 제공해온 것으로 알려져 있다.

미국 인공지능 국가안보위원회(National Security Commission on AI)의 의장이 전 구글 CEO 에릭 슈미트임은 시사하는 바가 크다. 빅테크는 이미 군산복합의 핵심이자 기술혁신의 최선봉에 자리잡은 기술패권 경쟁의 주연인 것이다.

4차 산업혁명 기술과 군사·안보 : 우크라이나 전쟁이 시사하는 미래상

우크라이나 전쟁은 모든 것이 연결된 초연결 환경에서 4차 산업혁명의 기술들을 둘러싼 기술패권 경쟁이 군사·안보에 갖는 의의를 뚜렷하게 보여준다.

전쟁이란 목적의 달성을 위해 기본적으로 국가의 모든 자원과 역량을 가리지 않고 동원하는 것이다. 4차 산업혁명의 기술들은 첨단무기 시스템의 운용은 물론 하이브리드 전쟁, 정보전쟁의 모든 차원에서 동원된다. 러시아에 대한 경제제재에서 알 수 있듯이 오늘날의 전쟁은 군사적 충돌이 경제적 충돌과 병행해서 진행되며, 네트워크로 연결된 세계에서 전쟁은 민간과 군의 구분도, 참전국과 비참전국의 구분도 모호해진다.

KFC와 에어비엔비, 제약 회사 로슈(Roche AG), 사노피(Sanofi) 등 글로벌 기업들의 의식주 지원, 노보 노디스크(Novo Nordisk) 재단과 같은 다양한 NGO들의 난민 기금 조성, 스페이스X의 우주통신 인터넷 지원, 마이크로소프트와 같은 빅테크의 기술지원• 사례들에서 알 수 있듯이 우크라이나 전쟁은 우리 시대의 공공-민간 협력에 대한 시험이다. 그리고 어나니머스와 같은 해커조직의 참여도 전쟁이 모든 자원과 역량의 동원이라는 차원에서 불가피한 현상이라 할 수 있다.

• 마이크로소프트는 러시아의 우크라이나 정부 웹사이트를 공격한 WhisperGate를 기술적으로 분석해 대응방안을 우크라이나 정부에 제공하였음

특히 우크라이나 전쟁은 암호화폐가 전쟁에 본격적으로 동원된 역사상 최초의 사례라 할 수 있다. 우크라이나 정부에 대한 민간의 암호화폐 기부•는 군사와 경제 간의 불가분의 관계를 보여줌과 동시에 암호화폐가 법정화폐에 비해 낮은 거래비용으로 신속하게 글로벌 차원에서 전달이 가능하다는 장점이 발휘된 기술혁신의 승리이기도 하다.

암호화폐의 전쟁 참여는 암호화폐의 태생, 가치에 대한 논쟁도 불러일으킬 전망이다. 원래 탈중앙화 된 화폐인 암호화폐가 이유야 어찌되었든 정치, 전쟁에 간여하는 존재가 되었기 때문이다. 아무리 우크라이나 전쟁이 선악이 명백한 전쟁이라고 하더라도 하나의 선례가 만들어지면 암호화폐가 미래에 정치적으로 나쁜 의도로 활용될 가능성도 열어놓은 것이 아닐까? 결국 우크라이나 전쟁은 기술패권에서의 우위가 군사·안보에 얼마나 중대한 의미를 갖는지를 보여줄 뿐만 아니라 기술패권이 '가치'의 문제에서 자유롭지 않다는 것도 시사한다.

2
기술규범·가치를 대변하는 컴퓨팅 스텍

기술패권 경쟁은 더 나은 삶, 경제뿐만 아니라 군사·안보에서

• 암호 화폐 분석 업체 엘립틱(Elliptic)에 따르면 러시아 침공 후 2주 만에 102,000개 이상의 주소로부터 약 5,500만 달러의 암호화폐가 우크라이나에 기부되었다고 함. 한국일보, '비트코인 이더리움, 우크라이나 위한 '평화의 무기'가 되다'(2022. 3. 5)

우위를 차지하기 위한 제로섬 경쟁이자, '가치', '체제'를 둘러싼 경쟁이기도 하다. 4차 산업혁명 기술은 기본적으로 클라우드와 네트워크 인프라, 그리고 그 위에서 작동하는 각종 플랫폼 서비스를 가능하게 해 주는 기술들이고 이들 상호의존적 기술계층(layer)들의 총체인 스텍이라는 개념으로 총칭할 수 있다. 흔히 컴퓨팅 스텍이라는 용어는 부품에서 네트워크, 클라우드, 최종 서비스에 이르는 각 기술계층의 집합이라는 의미로 쓰여 왔지만, 최근에는 컴퓨팅 스텍이 지식·정보 흐름의 관장(governance)을 통해 정치와 경제의 작동에 미치는 영향력이 증대하면서 국가 체제의 특성이나 기능과 같은 주권(sovereignty) 차원의 역할을 설명하기 위한 개념으로도 받아들여지고 있다.•

즉, 컴퓨팅 스텍은 순수 기술적인 관점에서는 최종 서비스를 가능하게 해주는 부품, OS에서 네트워크에 이르는 모든 기술을 총칭하지만 국제정치나 지정학적인 맥락에서는 국가의 디지털 공간으로의 확대라는 의미를 갖는다. 그 이유는 스텍이 정부 행정이나 금융결제와 같이 한 국가의 경제·사회의 작동에 필수적인 서비스를 가능하게 하면서 정치나 사회에 영향을 미치는 정보, 데이터의 흐름도 스텍의 기술규범에 따라 관리하기 때문이다.

만약 어떤 권위주의 체제의 국가가 자신의 스텍을 국민을 감시하고 통제하는 도구로 활용한다면 그 스텍은 유사한 체제의 국가

• UC 샌디에고 정치철학자 Benjamin Bratton은 'The Stack'(MIT Press, 2015)에서 컴퓨팅 인프라에서부터 이용자 인터페이스, 거대 플랫폼들로 구성된 '스텍'이 그 자체로 일종의 국가 기능을 갖추기 시작하였음을 강조하고 있음. 스텍이 내부적으로 자체 거버넌스, 화폐/브랜드, 미디어, 추구하는 가치, 참여자의 소속이나 국적에 해당하는 신원(identity)을 갖추고 있기 때문임.

들에게 확산될 것이고, 민주적인 체제하에서 스텍이 모든 이들의 정보 창출과 교류의 장으로 활용된다면 그 또한 유사한 국가들의 모델이 될 수 있다. 즉, 기술규범으로서의 스텍은 체제·가치의 거울이라고 할 수 있고 이러한 맥락에서 컴퓨팅 스텍은 각 국가를 대표하고 기술블록 간 경쟁은 '규범을 달리하는 컴퓨팅 스텍 간의 대결'로 심화될 수 있는 것이다.

이러한 시각은 미국과 중국 간의 기술냉전을 21세기에 우리가 당면한 최대의 도전과제로 제시한 이안 브레머(Ian Bremmer)와 클리프 커프찬(Cliff Kupchan)에게서도 찾아볼 수 있다.• 이들에 따르면 마치 전쟁무기의 거래가 주로 신뢰하는 우방국간에 이루어지듯이 네트워크와 클라우드, 정부조달 컴퓨팅 장비와 소비자 디바이스, 관련 표준이나 프로토콜로 구성되는 기술 생태계(technology ecosystem)가 기술냉전 국가들 간에 분리되면서 동일한 기술 생태계에 속한 국가들은 상호간의 기술 의존성과 함께 정치적으로도 긴밀한 유대관계를 형성하게 된다. 즉, 기술 블록은 정치체제·가치블록이기도 한 것이다.

스텍은 기술패권 경쟁의 대상 기술의 범위 및 가치·체제적 성격을 설명하는데 유용한 개념이다. 이 책에서는 허용되는 비즈니스 모델의 범위나 특성, 이와 연계되는 개인정보보호나 콘텐츠 규제, 인공지능 윤리, 독점 규제, 군사기술 이용의 범위 등을 스텍의 기술규범에 포함시키고자 한다. 이러한 규범은 민간이

• Ian Bremmer and Cliff Kupchan, 'Global tech cold war', (Eurasia Group, 2018. 1. 2nd) www.eurasiagroup.net/live-post/risk-3-global-tech-cold-war

자율적으로 형성하는 것일 수도 있고 정부가 완전한 통제를 위해 규정하는 것일 수도 있다. 그리고 이러한 규범의 차이는 순수 기술수준의 차이를 넘어서는 가치·체제 차원에서의 스텍의 차이이며 그 자체가 성장 경로, 혁신 경로에도 영향을 미칠 수 있다. 예를 들어 기술기업에 대한 반독점 규제가 혁신을 활성화할 수도 있고 스텍 주요 기업의 정부와의 유착관계가 혁신을 저해할 수도 있는 것이다.

스텍은 경제나 군사·안보적 이용뿐만 아니라 사회적 인프라로서의 안전성, 정보나 미디어 유통·관리체제, 더 나아가 인권이나 시민의 권리 등 국가와 공동체가 추구하는 가치에 따라 그 활용이 결정됨과 동시에 이들이 추구하는 가치에도 영향을 주고받는, 체제·가치와 대응하는 기술 계층의 총체이기도 하다. 스텍의 거버넌스(governance)가 개방적인 사회체제를 반영하여 자유로운 정보의 유통·거래를 허용한다면 공공 담론의 형성을 촉진하고 정치·경제·사회체제의 진화에도 긍정적인 역할을 할 수 있다.

반면에 스텍이 정보의 통제 및 검열기구로서의 중국의 '만리방화벽(GFW, Great Firewall of China. 중국 정부의 인터넷 감시·검열 시스템. 만리장성(Great Wall)과 컴퓨터 방화벽(Firewall)의 합성어로, 1998년 황금방패 프로젝트로 추진해 2003년 완성)처럼 폐쇄적인 정치·사회 체제를 반영할 수도 있다. 정보 흐름의 통제는 외부정보의 차단과 내부적 통제를 위한 것으로, 폐쇄적 스텍은 정부에 복종하는 기업, 법정(court), 기술이라는 세 가지 수단을 통해서 그 목적을 달성한다.

지정학적 경쟁이 심화될수록 각 경쟁 진영의 스텍이 규정하는 특정 기술의 이용 목적(예를 들면 인권 탄압)이나 활용(안면인식 기술로 인권운동가를 식별)이 기술패권 경쟁의 성격이나 수단에도 영향을 미치게 된다. 중국이 신장·위구르 지역 감시 시스템을 자신의 스텍에 포함시키는 것이나, 이에 활용되는 중국의 인공지능 시스템 제공 기업을 미국 정부가 제재하는 것은 기술패권 경쟁 블록간의 '가치 경쟁'을 반영하는 것이다. 첨단기술 경쟁이 기술을 어떤 목적에서 어떻게 사용해야 하느냐를 둘러싼 이데올로기 경쟁의 맥락 속에서 진행되는 것이다. 어떤 스텍 거버넌스가 우월한지, 더 많이 채택되는지는 각 스텍에 대응하는 사회의 특성은 물론 경제성장이나 글로벌 시장 비중에 영향을 미치고 기술블록의 영향력이나 범위도 결정하게 된다. 즉 경제, 군사, 기술규범은 기술패권 경쟁과정에서 상호작용하고 분리될 수 없는 세 가지 얼굴인 것이다.

서구 진영의 스텍

미국·서구진영 스텍의 기술규범, 가치는 인터넷의 진화과정에 대응한다. 컴퓨팅 스텍은 인터넷을 작동하게 하는 모든 물리적, 비물리적인 것들이 이루는 시스템이라고도 볼 수 있기 때문이다. 월드와이드웹으로 대표되는 초기 인터넷은 공통의 프로토콜과 개방적 기술표준으로 모두가 정보에 용이하게 접근함으로써 중앙집권적, 권위적 체제을 약화시키는, 민주주의 구현의 도구로 기대되었다. 하지만 시장의 급격한 변화는 거대 플랫폼 기업들, 즉 빅테크의 등장을 초래하게 되고, 이들이 서구 진영의 기술 규범에 큰 영향력을 행사하게 된다. 빅테크들이 추구하는 개인 정보는 프라이버시를 위협하고, 빅테크들의 알고리즘은 우리가 접하는 정보와 콘텐츠의 편향성을 강화시키면서 민주주의에 부정적인 영향을 초래한다는 비판이 점증하고 있다. 또한, 빅테크들의 시장 지배력 강화는 경쟁을 질식시키고 혁신을 저해함으로써 기술패권에서도 불리한 환경을 초래할 수 있다. 바이든 행정부 출범 이후 이러한 문제들에 대한 적절 수준의 규제, 즉 최적의 기술규범을 둘러싼 논의가 활발하게 이루어지고 있는데, 이에 대해서는 8장에서 후술하기로 한다. 미국·서구 진영의 스텍은 혁신과 민주주의의 양립이라는 과제의 실현 여부에 그 미래가 좌우되고, 이것에 성공할 경우 기술패권 경쟁에서도 우위에 설 수 있을 것이다.

중국·러시아 스텍

권위주의 체제에 매력적인 모델이 바로 중앙집권적 중국·러시아 스텍이다. 중국의 스텍 거버넌스를 극명하게 보여주는 것은 만리방화벽(GFW)이다. 만리방화벽은 인터넷 관리를 위한 일련의 법·제도 및 기술적 제한을 통칭하며 국경간 트래픽 속도 제약, 외부 정보에의 접근 제한, 앱 차단, 외국 기업의 중국 규제 준수 요구 등으로 정부의 통제 권한을 강화시켜주고, 외국 기업과의 경쟁에서도 중국 기업에 유리한 환경을 제공해 준다. 중국 스텍의 특징은 무엇보다도 검열과 같은 국가체제 운영을 거대 플랫폼 기업에 위탁한다는 점이다. 그 협조의 대가로 중국의 스텍을 대표하는 BAT(바이두, 알리바바, 텐센트)는 지금까지 사업적 자유를 누리면서 거대 플랫폼 기업으로 성장하였지만 최근 정부 규제가 강화되면서 점차 준(準)국영 기업화되고 있는데, 이러한 현상이 기술패권 경쟁에서 어떤 결과를 낳을지 지켜볼 필요가 있다.

러시아도 트래픽 라우팅(routing) 등에 대한 통제로 외부정보 필터링·차단을 언제라도 가능하게 해주는 독자적 인프라 루넷(Runet)을 추진하고 있으며, 2019년에는 사이버 공격 등 다양한 상황에의 대응을 위해 외부와 단절된 상황에서도 자국 인터넷 서비스를 작동할 수 있도록 하는 실험에 성공한 것으로 알려져 있다.• 우크라이나 전쟁 이후 외부정보 차단, 내부 단속이 필요한 러시아는 중국적 스텍의 특성을 더욱 강하게 갖출 가능성이 높다고 판단된다. 미국·서구 스텍이 혁신과 민주주의 양립이라는 과제의 실현을 추구한다면 권위주의 스텍은 혁신과 독재의 양립을 추구하는 것이다.

분리되는 세계, 분리되는 첨단기술 생태계

지정학적 제로섬 경쟁은 경제, 군사·안보, 가치·체제 경쟁이라는 세 가지 측면에서 중요한 첨단기술에서의 패권경쟁이 될 수

• Technology, "Russia successfully tests its unplugged internet", Jane Wakefield, 2019. 12. 24

밖에 없다. 서로 깊이 연결되고 윈윈하는 경제 관계를 모두 단절시킬 수는 없기에 차가운 평화시대에는 지정학적으로 중요해질 분야, 즉 컴퓨팅 스텍 기술들에 한정해서 상대방의 발전을 차단하는 것이 중요해진다.

이상을 종합하면, 주요국들이 구체적으로 역점을 두고 있는 핵심 기술 분야가 무엇일지도 짐작이 갈 것이다. 아래 표는 주요국이 각종 법안이나 경제 계획에서 지원하고자 하는 첨단기술

표 5 주요국의 전략적 육성 기술 분야

미국 (무한 국경법에서 지정한 핵심기술 분야)	중국 (14차 5개년 규획, 2021~2025)	EU (EU 전략적 의존성과 역량, 2021. 5)
인공지능(및 기계학습)	인공지능	원재료
고성능 컴퓨팅 및 반도체	양자정보	배터리
첨단 컴퓨터 HW	집적회로	의약품 원료
양자컴퓨팅 및 정보시스템	뇌과학	수소
로봇공학	유전자바이오	반도체
자동화	임상의학 헬스케어	클라우드·엣지 기술
첨단제조	우주심해·극지탐사	자연재해 및 인재방지
고도통신기술		
바이오 기술 및 게노믹스		
합성생물학		
사이버보안		
데이터 저장장치		
데이터 관리기술		
첨단 에너지		
기타 중요 기술분야 관련 재료과학·공학		

들을 보여주는데, 대부분이 컴퓨팅 스텍 및 이를 이용하는 기술들임을 알 수 있다.

이미 기술패권 경쟁 차원에서 상대방에 대한 공격도 본격화되고 있다. 미국의 중국제조 2025 대응 수출규제 대상 기술들은 바이오, 인공지능, 위치항법 기술, 마이크로프로세서 기술, 첨단 컴퓨팅, 데이터 분석, 양자 정보 및 양자 센싱, 물류 기술, 3D 프린팅, 로봇공학, 뇌-컴퓨터 인터페이스, 극초음속학, 첨단 신소재, 첨단감시 기술들로서, 중국의 핵심 역점 기술이 거의 그대로 수출규제 대상 기술에 포함되어 있다.

이제부터는 기술패권 경쟁을 위한 수단들에 대하여 자세히 알아보도록 하자.

3장

기술패권 경쟁의 수단

패권 경쟁에서 이기기 위해서는 상대방을 약화시키는 수단과 자기 자신을 강화시키는 수단이 모두 필요하다. 그리고 두 가지 수단 모두 함께하는 우군(友軍)이 있을 때 그 효과가 증대하게 된다. 기술패권 경쟁도 예외가 아니다.

상대방 약화의 수단으로 가장 주목받고 있는 것은 '상호의존성의 무기화'이다. 모든 것이 연결되고 경제적으로 상호 의존하는 세계라 할지라도, 비대칭성(assymmetry)은 언제나 존재한다. 국제 거래에는 기축통화가 필요하고, 인터넷에도 더 많은 노드(node, 네트워크 연결 지점, 즉 데이터 전송의 재분배점)를 갖춘 허브가 있고 GVC에도 대체 불가능한 기술이나 공급자가 있기 마련이다.

상호의존성의 무기화는 바로 이러한 비대칭성을 자신에게 유리하게 이용하는 것으로, 전략적으로 중요한 기술 분야에서 비대칭적 우위를 갖는 블록이 경쟁 블록에 수출 통제(export sanction)를 부과하는 것이 한 예이다. 여기에는 상대 블록의 약점 분야에

표 6 **기술패권 경쟁의 주요 수단**

상대방 제약 : 상호의존성의 무기화	**자기 강화 전략** : 자체 혁신, 동맹협력으로 자신의 기술패권 경쟁력을 강화
첨단 기술분야 수출 통제	산업 정책 (첨단 분야 R&D 투자 증대 및 인력양성)
첨단 기술분야 기술이전 금지 및 투자, 인력교류 제한 등 생산요소 이동 제한	이해관계/가치를 공유하는 국가간의 기술동맹, 경제협력 강화

교역뿐만 아니라 자본, 인력 등 모든 생산요소의 이동을 제한하는 조치가 포함될 수 있다. 상호의존성의 무기화는 참여하는 국가가 많을수록 비대칭성이 심화되기 때문에 그 효과도 커진다. 러시아에 대한 금융제재를 미국만 시행하는 것보다는 유럽도 함께 시행하는 것이 훨씬 큰 효과를 가져 오는 것이다.

자기 자신 강화의 대표적인 수단으로는 연구개발이나 고급인력 양성에의 투자를 증대시키는 정책을 통하여 첨단 분야 자국 산업을 육성하는 것을 들 수 있다. 그리고 우방국과의 전략분야 기술·안보 협력은 자강효과(自强效果)를 더욱 크게 해 줄 수 있다. 이제부터는 지금까지 소개된 기술패권 경쟁 수단들을 좀 더 자세히 살펴보기로 하자.

04
상호의존성의 무기화

상호의존성의 무기화(weaponized interdependence)는 패럴과 뉴먼이 한 국가나 블록이 경제, 정보 등 다방면에서 경쟁국을 상호의존관계에서 단절시킴으로써 지정학적 우위를 달성할 수 있음을 이론화한 이래 기술패권 경쟁의 중요한 수단으로 인식되기 시작하였다. 패럴과 뉴먼은 금융, 인터넷, 교역 등에서 국가 간 상호의존이 비대칭적이면 허브 역할을 하는 국가가 상호의존성의 관문 내지는 급소(choke point)에 해당하는 지점을 차단함으로써 자신의 목적을 달성할 수 있으며 이러한 '상호의존성의 무기화'가 지정학적 경쟁국간에 발생할 수 있음을 강조하였다.• 과거에도 적성국에 대한 경제적 제재는 자주 활용되던 수단이었지만 미국의 화웨이(huawei, 华为) 제재는 상호의존성 무기화가 기술패권의 수단으로 본격화된 사실상 최초의 사례라고 할 수 있다. GVC에서 기술적 우위를 갖춘 국가는 언제라도 전략적 가치가 높은

• 패럴과 뉴먼은 글로벌화에 따르는 국가 간 상호의존성을 비대칭적인 네트워크 구조(asymmetric network structure)로 파악하고, 타국보다 많은 연결성을 갖춘 허브(hub)국가가 허브에 연결, 의존하는 노드(node) 위주의 국가에 대하여 연결을 제한함으로써 이러한 비대칭성을 무기화할 수 있음에 주목하였음. Farrell, H. & Newman, A. (2019), Weaponized Interdependence, International Security, (Summer 2019),

재화의 교역이나 관련 기술의 이전을 차단함으로써 상대방에 타격을 줄 수 있다는 것을 보여주었기 때문이다.

상호의존성의 무기화는 역설적이게도 세계화의 진전 때문에 가능하다. 글로벌 네트워크, 반도체와 같은 첨단산업, 전략적 무기체제에 필수적인 기술, 금융 거래 등이 세계화를 통하여 상호의존관계를 형성할 경우 관문을 장악한 특정 국가가 그 연결을 끊음으로써 상대국에 경제, 안보에 큰 영향을 미칠 수 있기 때문이다. 이러한 흐름에 제한을 가하는 정책은 세계화에 역행하는 것이지만 상이한 경제·군사·가치 블록간의 대립이 격화되면 '차가운 평화'를 유지하면서 실제로는 장기적 타격을 줄 수 있는 효과적인 수단이 된다.

패럴과 뉴먼에 따르면 상호의존성의 무기화는 파놉티콘(Panopticon) 효과와 관문 효과를 통하여 실현된다. 네트워크상의 지위를 바탕으로 상대국에 대한 정보 우위를 추구함을 의미하는 파놉티콘 효과는 인터넷에서 뚜렷이 나타날 수 있다. 미국과 같이 인터넷 거버넌스에 영향력이 크고 거대 클라우드 기업에 의한 데이터 센터 통제 능력을 갖춘 미국은 감시·보안 데이터를 독과점 해 전략적 우위를 추구할 수 있기 때문이다. 기술패권의 수단으로써 우리가 특히 주목해야 하는 것은 관문 효과이다. 관문 효과는 네트워크상의 우월한 지위를 바탕으로 상대국의 네트워크 이용을 차단해 특정 목적의 달성을 추구하는 것을 의미하는데, GVC나 국제금융결제가 관문효과를 기대할 수 있는 대표적인 분야이다.

우크라이나 전쟁과 스위프트(SWIFT)

최근 러시아의 우크라이나 침공 사태에 대한 대응 조치 가운데 러시아를 SWIFT 체제에서 퇴출시키는 방안이 시행된 사건은 상호의존성 무기화의 장단점을 이해하는데 도움이 된다. 2020년의 경우 SWIFT를 통한 거래 수는 일평균 무려 3,800만 건, 수조 달러에 달하여, SWIFT는 기축통화인 달러를 중심으로 글로벌 차원의 국제 교역이 원활하게 작동하도록 하는 보이지 않는 기반이다. 만약 우크라이나 사태로 러시아가 SWIFT에서 퇴출된다면 러시아는 보다 열위의 수단, 즉 러시아의 SPFS 결제망이나 중국이 운용하는 CIPS(중국의 국경간 위안화 지급 시스템) 시스템을 이용할 수도 있고 전화, 메시징 앱, 이메일과 같은 초보적인 수단을 이용할 수도 있다. 하지만 이러한 대안적 결제 네트워크는 참여기관이 적어 고비용, 저효율을 감수할 수밖에 없어 퇴출 대상국에 타격을 줄 수 있다. 반면에 퇴출자가 장기적으로 대안 시스템을 발전시키거나 암호화폐의 이용이 증대하면 장기적으로 기축통화인 달러의 위상 약화를 초래할 수도 있다,

즉, 상호의존성의 무기화는 상대방이 궁극적으로 대안을 찾을수록 그 효과가 감소한다는 한계도 갖는 것이다. 그리고 참여국들도 퇴출대상과의 거래가 어려워질수록 피해를 입게 되므로 상호의존성의 무기화는 언제나 양날의 검과 같은 특징을 갖는다, 유럽이 러시아 에너지 공급에 대한 지불이 어려워짐에도 불구하고 SWIFT 퇴출이라는 초강수에 찬성하였다는 사실은 지정

학적 경쟁의 심화로 인하여 경제 정책이 사실상 전쟁의 수단으로 이용되었음을 상징한다. 그리고 SWIFT 퇴출과 더불어 시행된 러시아 중앙은행 보유 외화 자산(reserve) 동결도 적성국에게만 적용할 수 있는 강력한 조치이다. 러시아 중앙은행이 자국 금융기관과 해외 거래 당사자간 거래를 보장해 줄 수 있는 외화자산을 이용할 수 없다는 것은 루블화 가치폭락과 뱅크런 위기를 초래하고, 궁극적으로 전체 러시아 금융 시스템의 신뢰를 무너뜨려 장기적인 전쟁 수행 역량을 훼손시킬 수 있는 것이다.

지금까지 살펴본 바와 같이, 상호의존성의 무기화는 상호의존성이 비대칭적인 네트워크 구조일수록 자신은 큰 피해를 입지 않고도 상대방에 큰 타격을 줄 수 있다. 달러가 기축통화이고, 대부분의 금융기관이 이를 기반으로 하는 결제 시스템을 이용하고, 모든 중앙은행들이 달러표시 자산을 보유해야 하는, 미국과 여타 세계간의 비대칭성이 바로 러시아 경제 제재 조치의 파괴력을 결정하는 것이다. 그리고 비대칭적인 구조일수록 대안을 찾기 어려움을 의미하므로 승자 독식 현상과 지정학적 우위의 공고화를 기대할 수 있는 반면,• 상대방이 대체 네트워크를 확보하거나 참여·협력국이 많지 않을 경우에는 그 효과가 제한적이다.

• 이미 SWIFT 퇴출 정책은 핵개발 프로그램 추진을 이유로 이란 기업들에 적용된 적이 있다. 이란, 러시아의 경우 모두, 공식적으로 제재에 동참하지 않는 국가의 금융기관들조차 제재 대상국 거래 당사자의 채무불이행 위험 때문에 실제 거래를 중단할 수밖에 없는데, 이러한 파급력은 상호의존성의 심각한 불균형에서 비롯되는 것이다.

GVC와 상호의존성의 무기화

특정 산업 GVC도 상호의존성이 무기화될 수 있는 영역이다. 하지만 글로벌 공급망은 비용 절감, 비교 우위의 추구 등 경제적 효율성의 결과이기 때문에 수출 통제와 같이 GVC를 교란시키는 정책은 상호의존성을 무기화하는 국가·기업에게도 손실을 가져온다는 것이 SWIFT의 경우와 같다. 따라서 GVC 무기화, 즉 적성국을 배제하는 글로벌 공급망 재편이 합리적이려면 단기적인 경제적 손실에도 불구하고 정치, 군사력 등 지정학적 경쟁의 우위에 따르는 이익이 커야 한다. 그리고 공급망의 허브라 할 수 있는 첨단 기술력 보유기업이 시장을 지속적으로 장악해야 한다. 무기화로 타격을 주고자 하는 국가가 동등한 기술수준의 GVC를 구축할 수 있다면 공급망 재편의 효과가 사라질 것이기 때문이다.

즉, 글로벌 공급망의 무기화는 기술패권 경쟁력의 우위라는 비대칭성이 그 기반이 될 수 밖에 없으며, 무기화의 장기적 효과가 기술패권을 강화시켜 주고, 이는 다시 상호의존성 무기화의 효과를 더욱 강화시킬 수 있다는 점에서 상호의존성 무기화와 기술패권의 우위는 서로가 서로를 강화시켜주는 상호보완 관계에 있다고 할 수 있다.

글로벌 공급망의 무기화는 상대국의 장기적 성장을 저해할 수 있는 분야, 품목 등에 대한 경제적 제한이 핵심이다. 따라서, 앞서 살펴보았듯이 4차 산업혁명의 핵심 기술분야들이 그 대상이 될 수밖에 없다. 우크라이나 사태 이후 우리나라를 비롯한 서구 세계가 반도체와 같은 전략 물자에 대하여 대(對)러시아 수출금지를 취한 것은 GVC에 대한 상호의존성 무기화가 향후에도 지정학적 경쟁의 핵심 수단이 될 것임을 시사한다. 특히 GVC를 자국 성장과 기술패권국 도약의 수단으로 이용하던 중국은 첨단기술 분야에서 서구가 주도하는 GVC 상호의존성 무기화의 잠재적 대상이 될 수 있다. 첨단 미래기술 분야 GVC에서 중국을 배제함으로써 중국의 경제적 도약을 가능하게 했던 메커니즘 약화를 기대할 수 있기 때문이다.

상호의존성 무기화의 장기적 효과

상호의존성의 무기화로 인한 경제적 교류의 약화는 지식, 아이디어의 흐름을 차단하여 지정학적 경쟁 대상국의 정치·경제·군사적 역량을 약화시킴을 그 목적으로 하며, 경제 정책이 정치, 외교, 국방·안보 정책과 하나의 패키지(package)를 형성하게 된다. 전통적인 경제 전쟁의 수단인 관세정책의 효과는 소비자 후생의 변화와 같은 정태적인 측면이 주로 고려되어왔다. 반면 기술패권을 위해 상대진영의 지식창출, 혁신 능력 잠재력을 장기적으로 약화시킬 수 있는 모든 영역에 상호의존성 무기화 수단을 동원하면 궁극적으로 상대 진영의 성장 역량의 약화를 가져오기 때문에 그 효과가 장기적으로 미치게 된다. 이미 글로벌화가 높은 수준에서 진행된 전통산업의 경우는 미래 성장 잠재력에 미치는 영향이라는 측면에서 상호의존성 무기화의 효과도 크지 않고 자기 자신도 데미지를 각오해야 한다.

반면 4차 산업혁명의 핵심 기반인 반도체나 인공지능은 거의 모든 미래산업에 활용되는 범용 기술(General Purpose Technology: GPT)이고 네트워킹이나 클라우드와 같이 컴퓨팅 스텍의 기반 계층, 그리고 OS 및 첨단 바이오, 미디어, 메타버스, 자율주행과 같은 컴퓨팅 스텍의 최종 응용 계층은 미래 신산업의 핵심이다. 따라서 이 기술들은 자국의 지식기반 수확체증 성장을 촉진할 뿐만 아니라, 상호의존성 무기화를 통해 상대 블록의 기술패권 경쟁력과 장기적 발전을 제약할 수 있다. 상대 진영을 GVC에서 배제하면 공급망 참여 기업 간 지식, 기술 확산의 혜택에서도 배제시킬 수 있기 때문이다. 그 효과가 클수록, 아직 기술패권 우위

그림 6 **첨단기술의 비대칭성에 기반하는 상호의존성의 무기화와 기술블록**

첨단기술 분야 클러스터, 인적자원의 집중 : 지식·기술의 축적과 혁신

⬇

협력국과의 GVC 블록 내 지식·기술 독과점 : 상호의존성 무기화로 지정학적 경쟁블록에는 지식·기술 유입이 제한됨

⬇

수확체증 현상과 블록 내 기업의 글로벌 시장 지배력 강화, 경쟁 블록의 지배력 약화

⬇

창조적 파괴, 생산성 향상으로 경쟁 기술블록에 대하여 상대적 고성장, 군사·안보 및 가치·체제 우위 : 기술패권 우위

⬇

지정학적 우위

를 보유한 서구진영은 4차 산업혁명 신산업에 자신들이 주도하는 GVC를 재구축함으로써 성장과 군사·안보역량의 강화, 가치의 수호·확산이라는 과실을 독점적으로 향유할 수 있다. 비유하자면, 상호의존성의 무기화는 직접적인 충돌은 회피하고자 하는 자가 취할 수 있는 최선이자 장기적 효과를 기대할 수 있는 수단인 것이다.

05
산업정책을 통한 자체 역량의 강화와 기술동맹·협력

폴 로머는 과학 기구(institution)와 시장 기구를 미국의 성공을 이끈 양대 축으로 평가한다.• 로머가 의미하는 '기구'란 목표한 행위가 어떻게 이루어져야 하는지에 대한 합의나 전통·규칙, 이에 따라 행동하는 기관, 조직을 모두 포괄하는 개념이다. 시장기구의 핵심은 재산권인 반면 과학에서는 누구도 아이디어를 전적으로 통제, 소유할 수 없고 확산과 공유가 가능하다는 것이 시장기구와의 차이점이다. 과학기구는 교육서비스 제공, 대학 연구 등을 통해 아이디어·지식, 인적자본을 형성하고 이를 시장기구에 공급한다. 반면에 재산권, 기업조직, 금융 시스템에 기반하는 시장기구는 과학기구의 아이디어·지식을 활용하여 경제적 가치를 창출하고 인적자본을 갖춘 개인을 고용·보상한다. 그리고 개인은 자신의 인적자본을 향상시키기 위해 교육에 투자하고 더 나은 과학기구를 추구하게 된다. 아이디어·지식의 축적이 계속되고, 벤처캐피탈 제도와 같이 아이디어·지식의 생산과 확산

• "Post-Scarcity Prophet", Ronald Baily, Interview with Paul Romer, Reason Magazine, 2001

을 지원하는 방법에 대한 아이디어•도 진화하면서 과학기구의 시장기구에 대한 공급, 시장기구의 과학기구에 대한 보상도 증대하게 된다.

아이디어·지식의 창출과 확산간의 조화를 위해서는 정부나 공공부문이 기초과학 연구를 지원하고 산업 응용분야는 기업이 주도하는 것이 양대 기구간의 이상적인 역할분담이다. 예를 들어 DNA 구조의 발견과 같은 기초과학 연구는 정부 및 대학이, 이에 기초한 신약개발은 민간 기업이 담당하는 것이 이상적인 정부와 민간의 협력관계이자 산업정책이다. 대표적인 사례가 바로 인터넷이다.

반면에 시장의 원리에 벗어나서 무리하게 특정 산업이나 기업을 육성한다거나 비경제적 요인에 따라서 자원 배분의 우선순위를 결정하는 것은 비효율의 초래할 수밖에 없다. 하지만 지정학적 갈등에 따르는 기술패권 경쟁의 심화가 과학기구와 시장기구간의 균형을 깨고 정부의 산업정책에서의 역할을 강화시키는 요인으로 작용하고 있는 것이 오늘의 현실이다. 그림 6에서 제시된 지정학적 우위 메커니즘이 산업정책을 통한 자체 역량의 강화를 통해 더욱 공고화될 수 있기 때문이다. 대표적인 산업정책으로는 연구개발 및 고급인력 양성 투자를 증대시켜 첨단 분야 자국 산업을 육성하는 것을 들 수 있는데, 이미 미국을 비롯한 많은 국가들이 과거보다 강력한 산업정책을 추진하고 있다.

트럼프 행정부의 중국 대응전략의 입안자로 알려진 마이클 필

• 이처럼 아이디어에 대한 아이디어를 메타 아이디어라고 부를 수 있음.

스버리(Michael Pillsbury)는 미국이 자국의 산업 챔피언을 고사시키는 동안 중국은 자국 챔피언을 양육시켜왔다면서 미국의 산업정책 부재를 비판해왔는데, 필스버리와 같은 산업정책 지지자들의 정책 기조는 개별 기업이나 투자자의 이익과 국가의 경제적 이해관계가 서로 상충된다는 믿음에 근거하고 있다. 즉, 과학기구와 시장기구간 역할 분담에서 정부가 보다 적극적으로 자원배분에 관여하고 민간의 경제적 이익을 넘어서는, 제로섬 경쟁에서의 우위를 추구해야 한다는 생각을 그 바탕에 깔고 있는 것이다.

기술패권 경쟁이 심화될수록 정부가 산업정책을 강화할 동기도 강화되는데, 미국 산업정책의 집약이라고 할 수 있는 바이든 행정부의 혁신경쟁법•도 이러한 배경에서 이해할 수 있다. 막대한 연구개발 예산지원안을 담고 있는 혁신경쟁법은 인공지능, 로봇, 바이오 기술에 2500억불, 우주개발에 230억불, 지역 기술허브 구축에 100억불을 투입하는 내용을 담고 있으며 특히 반도체와 5G 분야에 대한 지원방안을 세부 법안에 담고 있다.

유럽도 2022년 2월 8일 'Chips Act'를 발표하고•• 총 430억 유로의 민·관 반도체 투자계획을 추진하고 있다. 이와 더불어 EU는 유럽지역 클라우드 구축 프로젝트인 GAIA-X를 통하여 미·중 클라우드 기업의 시장지배와 이에 따르는 경제, 안보, 보안 문제

• United States Innovation and Competition Act of 2021, (2021. 6. 8) www.congress.gov/bill/117th-congress/senate-bill/1260

•• European Commission, Chips Act (2022. 2. 8) https://ec.europa.eu/commission/presscorner/detail/en/ip_22_729

에 대응하고자 노력하고 있다. 일본 기시다 총리가 경제안전보장성(Ministry of Economic-Security)을 신설하여 사이버보안에서 반도체에 이르기까지 첨단기술분야 산업정책을 관장하도록 한 것도 주목할 만하다.

최근 수년간 미국, EU, 일본의 산업정책 강화는 마치 냉전시대의 군비경쟁을 연상하게 한다. 하지만, 모든 것을 자체적으로 해결할 수 없다는 현실 때문에 이들 간의 다양한 형태의 기술협력, 동맹도 중국과의 기술패권 경쟁의 수단으로 대두하고 있다. 바이든 대통령이 동맹국과의 정상회담에서 언제나 언급하고 있는 '회복력 있는 공급망'(resilient supply chain)은 바로 GVC의 재구축을 위한 동맹국간 교역, 투자 및 기술 협력을 통해서 가능하며, 이 책이 후반부에 자세히 소개할 미국-EU 교역 및 기술 협의회, 미국-일본간의 CoRe 파트너십이 바로 대표적인 기술동맹·협력의 사례들이다.

중국은 오래전부터 강력한 산업정책을 추구해 온 대표적인 국가이다. 과거 우리나라의 경제개발 5개년 계획과 같이 정부가 지도, 지원하는 5개년 경제 규획 정책이 아직까지도 존재한다는 사실 자체가 그 증거이다. 지정학적으로 중요한 첨단기술 분야에서 중국을 GVC에서 배제하는 서방의 노력이 지속될수록 중국도 자체적인 공급망과 기술개발 기반을 마련하기 위해 산업정책을 더욱 강화할 수밖에 없다. 중국의 미래 산업정책방향은 14차 5개년 규획에서 드러나고 있는데, 이에 대해서는 후술한다.

모든 산업정책의 문제는 국가가 일종의 벤처캐피탈의 역할을 하는 데에서 비롯된다. 초기 인터넷과 같이 민간이 시도하지 않은 고위험 분야에 대한 국가의 R&D 지원은 바람직할 수 있지만 이미 민간기업들이 글로벌 차원에서 경쟁하고 있는 분야에 자국의 챔피언을 육성하는 정책은 일반적으로 자원 분배의 왜곡을 초래한다. 흔히 정실 자본주의(Crony Capitalism)라 불리는 정부-기업간의 유착관계는 산업정책이 기업 보조금을 주요 수단으로 활용할 때 발생할 수 있는데, 특히 막대한 지원을 받는 기업이 시장을 자신에게 유리한 방향으로 조정할 가능성도 배제할 수 없다. 특히 중국에서 최근에 당의 이데올로기나 분배정책을 산업정책에 참여하는 자국기업들에 강제하는 추세가 심화되는 현상을 주목할 필요가 있다.

산업정책의 대상 분야는 상호의존성 무기화의 경우와 마찬가지로 컴퓨팅 스텍을 대표하는 분야들이다. 즉 반도체, 퀀텀 컴퓨팅, 인공지능, 클라우드/통신망 인프라가 산업정책 및 블록 내 협력의 대상이 된다. 이제부터는 기술패권의 최전선 분야들에서 그동안 미국이 추진했던 전략과 조치들, 즉 차가운 평화의 현장을 자세히 살펴보기로 하자.

4장

미·중 기술패권 경쟁의 경과

분리되는 세계는 기본적으로 경제규모 1, 2위를 각각 차지하고 가치·체제에서 상이한 두 국가, 즉 미국과 중국을 중심으로 하는 지정학적 경쟁블록을 의미한다. 4장에서는 중국에 대한 미국의 지정학적 경쟁 전략과 그동안의 시행 조치들을 기술패권 경쟁의 프리즘을 통하여 살펴본다.

트럼프 행정부에서 본격화되기 시작한 미국의 대중(對中) 전략은 i) 중국 성장 잠재력의 억제, ii) 자국 성장 잠재력 및 안보 능력 강화라는 두 가지 축(pivot)으로 구분할 수 있다. 문제는 과거의 냉전 시대와는 다르게 GVC에서 중국의 위상이 확고하며 중국과 경제적 이해관계가 큰 국가들이 많다는 점이다. 이러한 환경으로 인해 對中 전략의 수행에 있어서 강경론과 온건론의 대립이 언제라도 가능하기 때문에 그 추이를 지속적으로 지켜볼 필요가 있다.

06
트럼프 시대의 대중(對中) 전략과 제재 연혁

중국을 지정학적 경쟁의 대상으로 간주하고 본격적인 대응을 시작한 것은 트럼프 행정부 출범 이후이다. 많은 사람들이 트럼프 행정부의 중국산 제품에 대한 관세 부과를 중국 견제 정책의 시작으로 인식하고 있지만, 이미 2017년 백악관 '미국국가안보전략'(National Security Strategy of the United States of America)• 과 국방부의 '2018 미국 국가방위전략'(2018 National Defense Strategy of the United States of America)에서 중국에 대한 대응 전략이 제시되고 있었다.

국가안보전략 보고서의 주요 내용

트럼프 행정부의 국가안보전략 기조를 제시하고 있는 '미국국가안보전략'(National Security Strategy, 2017)은 지정학적 경쟁에서 기술패권의 중요성을 강조하고 있으며, 지금까지 논의된 기술패권의 배경과 첨단기술의 중요성, 기술이 갖는 역할, 영향력에 대한

• The White House (2017). National Security Strategy of the United States of America. www.whitehouse.gov/wp-content/uploads/2017/12/NSS-Final-12-18-2017-0905.pdf

인식을 반영하고 있다는 점에서 주목할 필요가 있다. 그 주요 내용은 다음과 같다.

첫째, 경쟁의 대상으로 중국(및 러시아)을 지목하고, 인공지능, 데이터와 같이 ICT 분야가 주요한 정치, 경제, 군사적 경쟁의 영역임을 강조하고 있다. 그리고 해당 기술분야에서 중국에 대한 우위를 유지해야 함을 강조하고 있다. 이러한 입장은 곧 경제안보를 국가안보와 동일시해야 한다는 인식의 강조로 이어져, 기술패권 경쟁의 성격을 명확히 하고 있다.•

둘째, 중국에 투자하고 있는 미국 기업에 대한 기술이전 강요(forced technology transfer), 자국 기업에 대한 정부 보조금 등 중국의 지원 정책이 미국의 장기적 우위를 침해하고 있음을 지적하고, 산업화된 민주국가와 함께 경제적 침탈(aggression)에 대응해야 함을 강조한다.•• ICT를 포함한 첨단 분야 기술혁신을 통한 우위 지속도 강조되고 있다. 구체적으로는 데이터 사이언스, 암호, 자동화 기술, 유전자 편집, 신소재, 나노, 차세대 컴퓨팅 기술 및 인공지능 등이 구체적으로 언급되고 있다.

셋째, 중국의 도전에 대한 정책 수단으로 의회, 정부 및 외국인투자심의위원회(CFIUS)가 국가안보 이슈를 고려하여 외국기업의 활동 및 해외 과학·기술·공학·수학(STEM) 인재의 활동을 제한할 수 있음을 언급해 장기적으로 중국의 對미국 투자 및 인적

• ______, "경제 안보가 곧 국가 안보이다", page 17

•• ______ "…미국은 산업화 민주주의 국가들과 협력함으로써 경제적 침탈을 방어할 것이다…" (page 19)

교류를 제한할 것임을 시사하고 있다.• 이와 동시에, 중요한 물품에 대한 생산 능력 확보, 안전한 공급망, 고급인력 확보의 필요성도 강조한다.••

이러한 정책 기조는 전략적으로 중요한 기술 분야에서 상품, 자본, 노동, 지식 등 사실상 모든 생산요소가 상호의존성 무기화의 대상이 될 수 있음을 보여준다.

미국 국방전략의 대중(對中) 인식

'미국국가안보전략'의 입장은 '2018년 미국 국방전략'••• 에서도 재차 강조되고 있다. 전쟁 개념의 변화, 전략적 경쟁구도의 재등장과 함께 기술의 확산을 국방전략에서 고려해야 할 3대 변화요소로 지적하면서, 중국을 약탈적 경제(predatory economics)를 통해 주변국을 위협하는 전략적 경쟁자라고 명시하고 있다. 국방전략에서 중요시하는 기술들로는 컴퓨팅, 빅데이터 분석, 인공지능, 로봇, 바이오 기술 등이 언급되고 있으며 특히 민간기술이 전쟁의 성격까지도 변화시키고 있기 때문에 경쟁국의 해당기술에의 접근을 경계해야 함을 강조한다. 전략적 경쟁 환경에서는 외교,

• ______ "… 중국군 현대화와 경제적 확장은 미국의 세계 수준의 대학을 포함한 미국 혁신경제에의 접근 때문이다…" (page 22 & 25)

•• ______ "… 국내 제조업, 방위산업 기반, 회복력 있는 공급망 지원이 국가의 우선 과제이다…" (page 30)

••• US Dept of Defense (2018). 2018 National Defense Strategy of the United States of America, https://dod.defense.gov/Portals/1/Documents/pubs/2018-National-Defense-Strategy-Summary.pdf

정보, 경제, 금융, 법의 집행, 군사 등 제 요소가 모두 통합되어 고려되어야 함도 지적되고 있다. 결국 '2018 미국 국가방위전략'의 핵심 메시지는 경제와 안보의 불가분성, 그리고 컴퓨팅 스텍 기술패권을 통한 군사 우위 확보라고 할 수 있다.

관세 전쟁

이러한 전략목표를 달성하기 위해 추진한 첫 번째 정책 수단은 관세부과였다. 전통적인 미국의 무역 제한조치는 주로 통상법 301조에 의거해 이루어져 왔다. 통상법 301조는 특정 제품 수입이 美업계에 심각한 피해를 입히거나 그러한 위험에 직면하게 한다는 사실이 입증되면 해당 품목에 최고 8년까지 수입규제 조치를 취할 수 있도록 해 준다.

하지만 트럼프 행정부는 2017년 4월에 WTO 발족 이후 사문화되었던 무역확장법 232조를 행정명령으로 부활시켜 미국 안보에 위협이 된다고 판단되는 수입제품의 규모를 제한하거나 고율의 관세를 부과할 수 있도록 하였다. 안보에 위협이 된다고 판단되는 품목의 범위는 얼마든지 자의적으로 규정할 수 있다는 점에서, 이러한 조치는 사실상 WTO라는 국제규범의 약화를 감수하면서 경제정책을 지정학적 경쟁의 일환으로 추진하는 시대가 본격화되었음을 시사한다.

하지만 2018년부터 본격화된 미국과 중국 간의 무역 분쟁은 체계적이지도, 효과적이지도 않았다고 보아야 할 것이다. 무역

이란 상호의존적인 관계에서 비롯되는 것이고 관세 부과는 승자와 패자가 뚜렷하게 나타나지도 않는 것이기 때문이다. 앞서 지적되었듯이, 대부분의 교역재가 GVC를 통해 생산되는 환경에서 무역장벽은 자국 기업에도 피해를 입힐 수 있다. 무엇보다도 지정학적 경쟁 우위는 장기적 성장 잠재력과 안보 능력을 강화시켜주는 전략적 기술 분야의 우위를 통하여 이루어지는 것이지 수입억제와 같은 중상주의적 수단을 통하여 가능한 것이 아니기 때문이다. 단, 관세 등 무역 장벽은 장기적으로 GVC 재편이나 자국 기업의 보호에는 일정 수준 기여할 수 있다.

투자 제한

기술패권 경쟁에서 무역 제한보다 더욱 중요한 수단은 상대방의 자국 기업 투자·인수합병을 제한함으로써 기술의 이전 가능성을 차단하는 것이다. 지식과 기술의 자국으로의 국제적 이동을 기반으로 하는 상대방 성장 모델 자체에 대한 공격이야말로 경제적 우위를 지킬 수 있는 전략이며, 투자·인수합병 제한정책은 제재를 통하여 교역 자체를 금지하는 정책과 함께 기술패권 경쟁의 중요한 수단이다.

이미 중국제조 2025 목표달성의 중요한 수단으로 미국 기업의 인수합병이 이용되고 있다는 판단은 미국이 기존의 투자제한제도를 강화하도록 하였다. 전통적으로 미국에서는 국가안보에 미치는 영향을 점검하여 이에 대한 승인 여부를 심의하고 대통령에 특정조치를 권고할 수 있는 외국인투자위원회(CFIUS: Committee on Foreign Investment in the United States)가 투자제한 기능을 수행해 왔지만 외국인투자위험심사현대화법(FIRRMA: Foreign Investment Risk Review Modernization Act)을 도입함으로써 CFIUS의 심의대상 확대, 의

표 6 **FIRRMA 주요 내용**

「FIRRMA」 제정 배경·취지	– 외국의 비지배적 투자, 부동산 거래로부터 야기되는 국가안보 우려(영향)에 효과적으로 대응하기 위해 CFIUS의 권한 확대
「FIRRMA」 제정 과정	– '17년 11월 상·하원의 「FIRRMA」 법안 발의 후, 수정을 거쳐 '19년 「국방수권법(National Defense Authorization Act for Fiscal Year 2019)」의 일부로 포함되어 '18년 6월 의회 통과 – '18년 8월 대통령 서명으로 제정된 후, 시범 프로그램 시행('18년 11월) 및 관련 당사자들의 의견 수렴 과정을 거쳐 '20년 2월 정식 발효
적용 범위·대상 추가 확대	– 핵심기술, 핵심 인프라, 민감 개인정보(데이터)와 관련한 미국 내 사업에 대한 비지배적 투자(기타 투자) 거래 – 외국의 미국 부동산 거래
비지배적 투자의 범위·정의	– 핵심기술의 생산, 디자인, 테스트, 제조·제작, 개발 관련 투자 ※ 핵심기술: 「수출통제개혁법(ECRA2018)」의 적용을 받는 신흥·기반 기술을 비롯한 기타 수출통제 및 기존 관련 규정에 의거한 특정 기술도 포함 – 핵심 인프라의 소유, 운영, 제조, 공급·서비스 관련 투자 ※ 핵심 인프라: 통신, 유틸리티·에너지, 교통 등 – 미국 시민의 민감한 개인정보(데이터) 관리, 수집 관련 투자 ※ 민감한 개인정보: 국방 관련 인사, 국방 관련 연방기관 종사자 대상 정보(금융, 지리 위치, 의료보건 등에 관한 정보 포함)
부동산 거래의 범위·정의	– 외국인의 사적 또는 공적 부동산의 매입, 임대, 양도 거래 ※ 심의 대상 부동산 거래: 항공 또는 항만 내 위치 또는 그 일부 시설, 국방시설 또는 국가안보와 민감한 미국정부 기관 시설·재산 및 인근 소재 부동산
심의 절차 강화 (의무적 신고요건)	– 대부분의 심의는 투자 당사자들의 자발적 신고로 개시 – 핵심기술 관련 투자거래 및 외국 정부와 실질적 이해관계가 있는 투자거래에 대해서는 의무적 신고요건 부과(「FIRRMA」에 의해 신설)

자료: KIEP(2020), 미국의 「외국인투자위험심사현대화법(FIRRMA)」 발효와 미국의 대중 투자규제

무적 신고요건 규정• 신설로 그 권한을 확대하였다. FIRRMA로 인하여 국방, 에너지와 같이 안보와 직접적인 관련이 있는 산업의 인수·합병은 물론 온라인 상거래와 같이 외국의 미국 개인정보 접근 가능성이 있는 분야도 투자의 제재 대상이 되었다. 이처럼 투자 제재의 범위가 확대됨에 따라 개인정보의 접근·축적에 기반하는 대부분의 인터넷 플랫폼 서비스가 제재 범위에 포함될 수 있는 것이다. 이와 더불어, 사이버 보안이나 통신 네트워크 관련 외국 기업의 미국 내 영업 행위도 안보 위협여부를 조사하고 영업을 불허할 수 있게 되었다.

FIRRMA가 조준하고 있는 타겟이 미국에 진출하였거나 진출하고자 하는 중국기업이라는 것은 아래 표에 정리된 규제 사례를 통하여 명확히 알 수 있다.

수출 통제

수출통제개혁법(ECRA••: Export Control Reform Act)이나 수출관리규정(EAR•••: Export Administration Regulations)을 통한 수출통제 대상 기술도 확대되고 있다. 백악관 보고서 "National Strategy for Critical and

• 종전에는 투자당사자의 자발적 통지(신고)에 의해 CFIUS가 심의가 진행되었으나, FIRRMA 제정 이후 외국 정부의 실질적 이해관계가 관련된 투자거래 및 핵심기술 관련 외국인 투자에 대해서는 의무적 신고요건을 부과함

•• ECRA는 군사적 전용이 가능한 민간 기술, 즉 이중용도(dual-use) 기술에 대한 수출 통제를 위해 2018년에 제정되었고 '20년 화웨이 및 화웨이 자회사에 대한 미국 반도체 설계 소프트웨어 및 장비를 사용하는 제품의 수출 통제에 적용된 바 있음.

••• EAR은 미국이 기술 보호를 위해 수출을 통제하는 신기술과 기초기반 기술분야(총 37개)에 적용됨

표 7 트럼프 행정부 이후 중국기업에 대한 규제 주요 사례

시기	인수기업(중국)	피인수기업(미국)	관련 산업(분야)	규제 사유
1. 대통령 인수금지 명령				
'17년 9월	Canyon Bridge Capital (중국계 사모펀드)	Lattice Corp	반도체	중국기업의 첨단기술 접근 우려
'18년 3월	Broadcom (싱가포르 업체)	Qualcom	반도체·무선통신	5G 기술 분야의 중국 시장지배력 확대 우려
2. 대통령 투자철회 명령				
'20년 3월	Beijing Shihi Information Technology	StayNTouch	소프트웨어	미국 시민의 개인정보 수집 우려
3. 투자거래 당사자 투자철회 및 인수 포기				
'17년 7월	HNA Group (하이난항공)	Global Eagle Entertainment	정보통신	와이파이 서비스의 고객 데이터 보호, 미국 기술·정보 유출 우려
'17년 11월	China Energy Company Limited	Cowen Inc.	금융서비스	CFIUS의 투자 승인 지연 및 불확실성으로 인해 양측 기업간 거래 취소 상호 합의
'17년 11월	Orient Hontai Capital	AppLovin Corp	소프트웨어·전자상거래	기업 데이터 유출 우려
'18년 1월	Ant Financial	Moneygram	금융서비스 (온라인 송금 결제)	미국 시민의 금융 데이터 접근·유출 우려
'18년 2월	Hubei Xinyan Equity Investment	Xcerra	반도체	반도체 핵심기술 유출 우려
'18년 3월	China National Heavy Duty Truck Group Co., Ltd.	UQM Technologies, Inc.	전기자동차	기술 유출 우려
'18년 4월	HNA Group (하이난항공)	SkyBridge Capital	금융서비스 (헤지펀드)	민감 기술 및 정보 접근 우려
'19년 4월	iCarbonX	PatientsLikeMe	헬스케어 (의료 플랫폼)	개인 의료 데이터 접근 우려
'19년 5월	Beijing Kunlun Tech	Grindr	소셜미디어 (데이팅 앱)	미국 시민의 개인(민감)정보 수집·유출 우려

자료: KIEP(2020), 미국의 「외국인투자위험심사현대화법(FIRRMA)」 발효와 미국의 대중 투자규제

표 8 2018년 이후 미국의 중국기업 Entity List 추가 상황

일시	사유	산업	대표기업
'18년 10월	국가안보	반도체	JHICC (Fujian Jinhua Integrated Circuit)
'19년 5월	국가안보	5G	Huawei 본사 및 계역사 포함 68개사
'19년 6월	국가안보	슈퍼컴퓨터	Sugon, Higon 등 5개사
'19년 8월	기술탈취, 국가안보	원자력발전	China General Nuclear Power Corporation과 그 자회사 등 4개사
'19년 8월	국가안보	5G, 반도체	HiSilicon 등 Huawei 국내외 계열사 46개사
'19년 10월	신장위구르 인권	인공지능	Hikvision, Dahua Tech, iFLYTEK, SenseTime, Megvii 등 28개사
'20년 5월	신장위구르 인권	인공지능, 로봇, 사이버보안, 슈퍼컴퓨팅	Qihoo 360, CloudMinds Inc. 등 24개사
'20년 7월	신장위구르 인권	바이오, 고속철도	Xinjiang Silk Road BGI, Beijing Liuhe BGI, KTK Group 등 11개사
'20년 8월	국가안보	반도체, 5G	Huawei 해외 계열사 38개사
'20년 8월	남중국해	ICT, 해저케이블, 건설	CETC-7, Shanghai Cable Offshore Engineering 등 24개사
'20년 12월	국가안보, 인권	드론, 반도체, 우주항공	DJI, SMIC, NucTech를 포함한 60개사
'21년 1월	남중국해	에너지	CNOOC
'21년 4월	국가안보	슈퍼컴퓨팅	Tianjin Phytium을 비롯한 7개 슈퍼컴퓨팅 관련 반도체 설계 회사

자료: KIEP(2021), 미국 바이든 행정부의 대중국 정책 전망과 시사점

Emerging Technologies"는 미국이 육성하고 보호해야 할 20개 기술을 명시*하고 있는데, 대부분의 중국 첨단기술 기업들이 2018년 이래 지속적으로 안보나 인권과 같은 이유를 근거로 수출통

제 대상 목록(Entity List)에 등재되고 있다.

2021년 말 기준으로 미국 정부(백악관, 미국상무부) 블랙리스트에 오른 주요 중국 기업은 통신·통신장비 분야에서 화웨이, 차이나 모바일, 차이나 유니콤, 차이나 텔레콤이, 반도체 분야에서 SMIC, 감시장비 분야 항저우하이크비전, 방위산업에서 중국북방공업그룹, 중국항공공업그룹, 장시홍두항공공업, 중항전자측정기, 에너지·인프라분야에서 중국해양석유, 중국핵공업그룹, 중국철도건설공사 등으로, 모두 실질적으로 민간시장은 물론 군사 분야에서도 중요한 역할을 수행하는 군산복합체적 성격을 가진 기업들이다. 바이든 행정부는 경제 제재 대상 기업의 확대와 자국 산업 육성을 위한 법안 발의를 통하여 트럼프 행정부 시절보다 지정학적 경쟁, 기술패권 추구를 더욱 본격화하고 있다고 판단된다. 그리고 이러한 정책 기조는 우크라이나 사태 이후 더욱 심화될 전망이다.

- 백악관, National Strategy for Critical and Emerging Technologies, (2020. 10)가 선정한 아래 20개 기술은 사실상 4차 산업혁명 관련 기술들, 컴퓨팅 스텍을 구성하는 모든 기술들을 총망라하고 있음 : 첨단 컴퓨팅, 첨단 무기 기술, 첨단 공학 소재, 첨단 제조업, 센싱 기술, 항공엔진 기술, 농업 기술, 인공지능, 자동화 시스템, 바이오 기술, 화학/바이오/레디오/핵 이전 기술, 통신네트워크, 에너지, 인간-기계 인터페이스, 데이터 과학 및 저장 기술, 분산원장 기술, 의학 및 공공의료, 퀀텀 기술, 반도체, 우주 기술 등

07
바이든 행정부의 전략

바이든 행정부의 국가안보전략 잠정 지침

'국가안보전략 잠정 지침(Interim National Security Strategic Guidance)'•은 바이든 행정부의 안보전략을 개관하고 있다. 지침이 지목하는 안보환경 변화는 내셔널리즘의 부상과 민주주의의 후퇴, 중국과의 경쟁 심화, 그리고 기술 혁명(technological revolution)이다. 잠정 지침은 세계의 힘의 균형이 변화하면서 새로운 위협이 대두하고 있고 특히 중국이 보다 적극적(assertive)으로 변화하고 있음을 강조한다. 이러한 변화는 기존 국제질서의 불안정을 초래하고 있는데, 그 변화의 근저에 기술혁명이 자리 잡고 있음을 지적한다. 이어서 인공지능, 퀀텀 컴퓨팅과 같은 혁신적 기술들이 경제·군사적 균형을 변화시키고 있기 때문에 해당 분야 자체역량 제고와 파트너 국가와의 협력 강화가 필요함을 강조한다.

잠정 지침은 이러한 인식에 기반하여, 다음과 같은 세 가지 전략 목표를 설정하고 있다. 미국 국력의 방어/강화(defend & nurture), 유리한 힘의 균형(favorable distribution of power), 동맹·국제기구·규범

• White House, 'Interim National Security Strategic Guidance', (2021. 3)

에 입각한 개방적이고 안정적인 국제 질서(open & stable international systems, underwritten by alliances, partnerships, multilateral institutions & rules)라는 세 가지 전략 목표는 지정학적 우위라는 단어로 요약될 수 있다.

잠정 지침의 전략 목표를 달성하기 위한 정책들로는 미국 중심의 글로벌 공급망 확보, 전략분야 기술 선도를 위한 STEM(과학 Science, 기술 Tecnology, 공학 Engineering, 수학 Mathematics 의 약자로 4차 산업혁명에 필수적인 이공계 분야) 교육, 디지털 인프라 확충, 사이버안전 확보 등이 제시되었다. 그리고 잠정 지침의 정책 아젠다 들은 모두 중국에 대한 전략적 우위를 가져오기 위한 것임도 명확히 하고 있다.

잠정 지침에서 드러난 바이든 행정부와 트럼프 행정부 전략 간의 명백한 차이는 다음 세 가지라고 할 수 있다.

첫째, 동맹의 강조이다. 동맹의 강조는 기술패권 맥락에서는 기술동맹의 형태로 나타나게 된다.

둘째, 자국의 역량 강화를 강조한다. 하지만 자국 산업역량의 강화는 일종의 보호주의 정책으로 볼 수 있어, 기술동맹 내에서도 미국과 우방국간 경쟁이 심화될 수도 있다.

셋째, 민주주의 가치의 강조이다. 가치·체제라는 요소가 강조되는 것은 상이한 체제 국가인 중국과의 갈등이 더욱 심화될 것임을 암시한다. 그리고 중요 분야에서의 안전한 공급망 확보도 언급되고 있는데, 이는 기존 글로벌 공급망에 대한 재편, 즉 상호의존성의 무기화가 더욱 강화될 것임을 의미한다. 지금까지의 미·중 무역패턴은 미국 혁신 기업이 중국의 생산기지에 의존하는 구조로, 전형적인 첨단기술 분야 국제 분업의 형태를 취해 왔다.

즉, 현재의 글로벌 공급망은 미국 기업의 혁신이 중국의 생산기지를 통하여 실현되는 상호 윈윈의 구조이므로 이러한 구조의 파괴는 단기적으로 미국 기업에게도 바람직하지 않은 것이다. 하지만 국가안보 전략기조가 첨단기술 분야 글로벌 공급망에서 중국을 배제함으로써 기술 확산을 막고 미국의 기술 우위를 유지하는 것에 초점을 둔다면 새로운 생산기지의 발굴, 투자로 글로벌 공급망의 재편이 일어날 가능성이 높고 첨단기술 분야를 둘러싼 기술패권 경쟁이 심화될 수밖에 없다.

제2부를 마치며 마지막으로 언급할 점은, 미국의 다양한 대중(對中) 조치에도 불구하고 상호의존성의 비대칭성 때문에 보복관세와 같은 일부 상쇄 조치를 제외하면 중국이 별다른 대응조치를 취하지 못하였다는 사실이다. 이에 따르는 위기의식은 14차 경제 규획의 내향적 성장모델이라는 대응전략을 낳게 되는데, 여기에 대해서는 제10장에서 살펴보기로 한다.

이제 3부에서는 4차 산업혁명의 핵심인 컴퓨팅 스택 기술들을 미국과 중국 간의 경쟁을 중심으로 살펴보되, i) 반도체에서 플랫폼 서비스에 이르기까지 각 분야 패러다임 전환이 누구에게 유리한 방향으로 움직이고 있는지, 그리고 무엇이 관문인지, ii) 우세한 측, 즉 미국의 상호의존성 무기화 조치들이 각 분야에 어떻게 적용되고 있는지, iii) 주요 분야별 플레이어들이 경제, 군사·안보 및 기술규범 측면에서 어떤 역할을 하고 있는지, 그리고 그 결과로서 어떠한 양상이 전망되는지를 자세히 살펴보기로 하자.

3부

이미 시작된 전쟁

반도체는 지금 이 순간에도, 미래에도 핵심 기술이다.

기술패권을 결정하는 가장 큰 전략 분야이다.

미국과 중국 간 반도체를 둘러싼 갈등에 앞서,

반도체 산업의 구조와 변화 추세에 대한 이해가 필요하다.

반도체 산업은 현재 거대한 변화의 물결에 직면하고 있으며,

반도체는 기술패권 경쟁을 이해하는 가장 중요한 키워드다.

5장

반도체 전쟁

핵심 분야가 왜 핵심 분야인지, 관련 기술·산업구조의 현재 및 미래상은 무엇인지를 알아야 기술패권 경쟁의 이해가 가능하다. 지금 이 순간, 그리고 미래에도 핵심은 반도체이다. 반도체를 둘러싼 미·중 간 갈등을 이야기하기에 앞서, 반도체 산업의 구조와 변화 추세에 대하여 먼저 이야기하는 것이 올바른 순서일 것이다. 반도체 산업은 현재 거대한 변화의 물결에 직면하고 있으며, 이에 대한 이해 없이는 반도체를 둘러싼 기술패권 경쟁을 이해할 수 없기 때문이다.

08
반도체 산업의 구조

오늘날 사람들의 관심은 대부분 애플이나 페이스북과 같은 거대 플랫폼 기업에 집중되어 있지만, 금융이나 상거래, 미디어 접근 등 이 기업들의 서비스를 가능하게 하는 것은 컴퓨터 칩, 즉 반도체이다. 그리고 우리 시대의 반도체는 사실 자동차에서부터 세탁기와 같은 가전제품, 전투기에 이르기까지 거의 모든 전자제품의 작동을 가능하게 해 주는 엔진이기도 하다.

4차 산업혁명 유망 신산업도 반도체가 없이는 발전이 불가능하다. 로봇이나 자율주행에서부터 수만 명의 다중이용 메타버스 게임을 가능하게 하는 클라우드와 디바이스, 신약 개발이나 유전자 분석, 개인 맞춤형 의료에 이르기까지 미래 신산업이 모두 반도체에 의존하고 있다고 해도 과언이 아니다.

반도체는 산업용도는 물론이고, 전략무기 시스템의 작동에도 불수불가결한 요소이다. 반도체는 첨단무기 시스템의 개발, 제어에 활용됨은 물론 국가의 핵심 인프라와 군사 시스템에도 활용되며 사이버 보안, 우주 및 극초음속 기술도 반도체에 의존한다. 즉, 반도체는 현재는 물론 국가의 미래 경쟁력, 더 나아가 지정학적 경쟁에서의 우위를 결정할 수 있는 '급소(choke point)'인 것이다.

현재 중국 반도체 수요의 자국 충당 수준이 약 1/3인 것에 비추어, '중국제조 2025'에 자국 내 반도체 생산이 주요 목표 가운데 하나인 것도 이해가 가는 대목이다. 반도체는 20세기 석유가 차지했던 가장 중요한 '관문' 또는 '급소'의 위상을 대체하고 있는 것이다. 반도체 산업의 GVC을 살펴보면 석유에서 비롯된 중동지역의 지정학적 중요성만큼이나 우리나라와 대만이 지정학적 전략지역으로 자리 잡고 있음도 알 수 있다.

반도체는 최첨단 설비를 갖춘 공장을 필요로 하며, 특정 국가·지역·기업이 모든 것을 스스로 해결할 수 없기 때문에 글로벌한 차원에서의 특화가 불가피하다. 수많은 기업이 참여하는 반도체 글로벌 공급망이 성장한 이유도 여기에 있다.

하지만 현재의 글로벌 반도체 GVC 체제는 두 가지 환경변화를 맞이하고 있다. 첫째는 역시 미·중 갈등이다. 양국간 갈등은 반도체 GVC의 재구축 가능성을 증대시키기 때문이다. 두 번째는 무어의 법칙(Moore's Law)이 더 이상 유효하지 않다는 점이다. 컴퓨팅 파워가 2년마다 2배 증가하는 기존 법칙이 더 이상 실현되기 어렵기 때문에 그 한계를 돌파하기 위한 다양한 혁신이 시도되고, 그 과정에서 기존기업의 위상에 변화가 일어나고 있으며 신규진입도 활발히 이루어지고 있다. 그리고 이 두 가지 환경변화가 반도체 GVC의 미래를 불확실하게 하고 있다.

기술패권 경쟁과 기술혁신이 반도체 GVC에 충격을 주는 것은 불가피하다. 그 추세를 전망하고 대응하기 위해서는 반도체 산업의 구조와 GVC, 그리고 GVC에서 전략적인 세부 분야나 기업들을 파악할 필요가 있다.

반도체 산업구조는 단순화하면 설계, 제조, 패키징의 세 단계로 구분할 수 있다. 물론 각각의 단계에는 또다시 복잡한 공급망 구조가 존재한다. 예를 들어 초미세 반도체 공정에 사용되는 ASML의 노광장비(EUV)는 단가가 3000억원을 상회하는데, 이 장비를 만드는데 필요한 부품분야도 별도로 존재한다.

반도체 제품도 다양한데, 우리에게 익숙한 메모리 반도체는 단기기억 기능을 담당하는 D램, 장기기억 기능을 담당하는 낸드가 대표적인 제품이다. 반도체 시장의 약 70%를 차지하는 비메모리 반도체, 즉 시스템 반도체는 연산, 추론과 같은 정보 처리를 수행하는데. 기능이나 용도에 따라 수많은 제품이 존재한다. 모바일 기기 중앙처리장치인 AP, 컴퓨터 중앙처리장치인 CPU, 그래픽 처리에 특화된 GPU 등이 대표적인 비메모리 반도체이다. 비메모리 반도체는 상대적으로 설계가 복잡하고 다품종이라는 특성을 갖는다.

이 가운데 최근 가장 주목받고 있는 것은 인공지능 특화 반도체인데, 인공지능 서비스의 구현에 필요한 대규모 연산을 높은 성능과 전력 효율로 실행함으로써 인공지능·데이터 생태계의 핵심적인 기반이 될 전망이다.

2020년 기준 세계 반도체 시장 규모는 4,662억 불에 달하며, 이 가운데 메모리 반도체는 1,245억 불(우리나라가 713억불로 전체의 57.3% 차지), 시스템 반도체는 2,724억불(우리나라는 92억 불로 전체의 3.4% 차지)에 달하였다.

표 9 **반도체 시장 현황**(2020년)

단위: 억불

구분	시장규모(세계/국내(점유율))
전체 반도체 시장	**4,662 / 861**(18.5%)
메모리 반도체(전체 시장의 27.1%)	1,245 / 713(57.3%)
DRAM(메모리 반도체 시장의 52.9%)	659 / 466(70.7%)
– 삼성전자(41.9%), SK하이닉스(28.8%), 마이크론(23.5%)	
NAND(메모리 반도체 시장의 42.9%)	534 / 247(46.3%)
– 삼성전자(34.9%), 키옥시아(19.2%), WDC(14.3%), 마이크론(11.7%), SK하이닉스(11.4%)	
시스템 반도체(전체 시장의 58.4%)	2,724/92(3.4%)
파운드리 시장규모 : 775	
인공지능 반도체 시장규모 : 230('30년 1,282억$ 규모 신시장 창출 전망)	

출처: Gartner

좀 더 자세히 살펴보자. 반도체라는 제품은 다음과 같은 복잡한 단계를 거쳐 완결된다. 우선 세계 각지의 실리콘 채취에서 시작해 실리콘 정제, 이를 지름 300mm 안팎의 웨이퍼로 제조하는 과정을 거친다. 반도체 설계는 애플과 같은 빅테크 기업이나 퀄컴과 같이 설계, 유통만 담당하는 팹리스 기업 또는 설계와 제조를 모두 담당하는 종합반도체기업이 담당하지만 이들도 설계의 배경이 되는 아키텍처(architecture)를 ARM과 같은 기업의 라이센스에 의존한다.•

설계된 이후 반도체 칩 제조는 삼성전자나 대만의 TSMC와 같은 제조전문기업(파운드리)이 담당하게 되는데, 네덜란드 ASML의

• 이처럼 설계 라이선스로 수익을 올리는 기업을 칩리스 기업이라 하며, ARM은 주로 모바일 AP 시장을 주도

그림 7 **반도체 산업의 구조**

설계(design) : 애플, 인텔, 엔비디아, 화웨이, 퀄컴, 삼성전자, 테슬라

기반(architecture) **제공자** : ARM, Xilinx, Synopsys

⬇

제조(manufacturing) : 삼성전자, 인텔, 마이크론, TSMC

장비·소재 제공자 : ASML, Lam Research, SUMCO, Tokyo Electron

⬇

패키징/어셈블리 : Amkor, JCET, ASE, King Yuan

장비·소재 제공자 : Applied Materials, KMG Chemicals, Tokyo Electron

노광장비 등을 이용해 반도체 설계를 식각(imprint)한다. 이러한 과정을 거친 후, 반도체 패키징/어셈블리 그리고 중국, 베트남, 필리핀과 같은 국가들이 주로 담당하는, 제품의 시험(testing)을 거쳐 회로기판(circuit board)으로 통합되어 디바이스, 자동차와 같은 실제 제품에 내장되는 것이다.

이처럼 복잡한 반도체 GVC 구조 아래서 누가 대체가 불가능한 관문을 보유하느냐는 분리된 세계, 기술패권의 시대에 대단히 중요한데, 4차 산업혁명의 시대가 요구하는 컴퓨팅 기능제공을 뒷받침할 첨단설계 및 이 설계를 식각해 생산해 주는 파운드리가 미래의 관문, 급소로 주목받고 있다.

09
반도체 설계의 다양화와 생산의 소수집중

빅테크의 반도체 설계전략과 미래 플랫폼

우리가 기술패권 경쟁을 이야기할 때 해당 분야의 미래 발전 경로에 대한 이해는 아무리 강조해도 지나치지 않다. 4차 산업혁명 과정에서 모든 산업이 디지털 전환의 물결에 참여하면서 반도체 수요는 지속적으로 증가할 것이다. 특히 시스템 반도체 분야는 단순히 시장이 확대된다는 차원을 넘어서서, 산업구조 자체에 근본적인 변화가 올 것으로 전망된다는 것이 중요하다.

4차 산업혁명은 현재 '빅테크'라 불리는 기업들, 즉 애플, 알파벳, 메타, 아마존, 마이크로소프트나 중국의 거대 인터넷 기업들에 의해 주도될 가능성이 높다. 이들의 최대 관심사는 자신들만의 하드웨어/소프트웨어 생태계를 구축하고 서비스 영역을 확대하는 것이다. 이들이 미래에 추구하는 생태계는 모바일 생태계는 물론이고 일정 수준의 자율주행 기능을 갖춘 모빌리티 생태계와 메타버스를 아우르는 거대 생태계이다. 그리고 이런 미래의 생태계 구축을 뒷받침하는, 거대한 반도체 미래 시장이 기다리고 있다. 거대 규모의 인공지능 학습모델과 이를 뒷받침하는 데이터 센터, 자율주행, 사물인터넷 등 새로운 생태계가 형성 중이고 여기에 필요한 반도체 수요도 크게 증가할 것이다. 향후 5년을 기준으로 봐도, 반도체 시장은 1조 달러 규모에 달할 전망이다.

이미 유수의 글로벌 반도체 기업들 간에 미래에 대비하기 위한 경쟁이 심화되고 있고 새로운 기술로 무장한 스타트업도 대두하고 있다. 기업 간 경쟁은 단순히 기술개발에만 국한되지 않고, 반도체 가치사슬상의 다양한 이종업체간 수직혼합 인수합병이나 자신들의 생태계 강화를 위한 개방 전략 등 다양한 형태로 벌어지고 있는데, 그 과정에서 벌어지는 시장 주도자, 시장 경쟁 구조의 변화는 GVC이나 국가간 지정학적 경쟁에도 영향을 미치게 될 것이다.

이와 관련하여 주목할 점은, 빅테크들이 자신만의 생태계에 특화된 시스템 반도체를 외부에 의존하지 않고 스스로 설계해 확보하려는 전략이 이미 나타나고 있다는 점이다. 자신의 디바이스나 클라우드와 가장 잘 상호작용하는, 즉 발열 문제가 적고 더 빠른 연산처리 능력을 보유한, 배터리 수명도 연장시키는 칩은 자신이 가장 잘 설계할 수 있기 때문이다.

거대 테크 기업들의 칩 디자인 경쟁은 반도체 설계부문에도 지각변동을 초래할 수 밖에 없는데, 그 극명한 예가 바로 GPU 시장을 선도하고 있는 엔비디아의 ARM 인수 시도이다. ARM은 전문용어로 ISA(명령어 집합 구조: instruction-set architectures)라고 불리는 칩 설계의 근본 틀(fundamental design)을 애플이나 퀄컴과 같은 칩 설계자에게 라이센스로 제공하는데, 이를 바탕으로 칩 설계기

Apple, M1칩. 업계 최고 수준의 성능, 강력한 기능 및 놀라운 효율성을 내세우는 M1은 Apple에서 처음으로 오직 Mac을 위해 설계한 칩이다. [Apple]

업은 자신에 맞는 칩을 설계할 수 있다. 즉, ARM은 스마트폰에서 자동차, 사물인터넷에 이르기까지 수많은 디바이스의 작동을 가능하게 하는 일종의 공공재 제공 기업이라고 할 수 있다. 이를 자체 칩을 설계해 판매하는 엔비디아가 인수한다는 것은 엔비디아 칩에의 우대를 통하여 경쟁기업에게는 위협이 될 수 있고, 특히 엔비디아가 미국 기업이라는 점에서 중국에 위협이 될 수 있었다.• 결국 실패로 끝난 ARM 인수 시도는 향후 국제적 차원의 인수합병이 과거와는 다르게 기술패권, 지정학적 경쟁이라는 요소에 크게 좌우될 것임을 시사한다.

빅테크의 자체 칩 설계 전략은 경제 논리에도 부합하는데, 자

• 엔비디아가 칩 설계의 상부구조를 차지한다는 것은 미래의 기술 로드맵을 미국 기업이 좌우할 수 있음을 의미함.

신들의 생태계가 거대할수록 독자적인 특화칩들도 규모의 경제가 가능하므로 외부의 칩에 의존할 필요가 없기 때문이다. 결국 시스템 반도체 수요는, 가장 중요한 수요자인 빅테크들의 생태계 진화전략에 좌우될 것이며, 파운드리 제조기업들의 운명은 이들의 특화된 수요를 만족시킬 수 있는 능력에 좌우될 것이다. 빅테크들의 반도체에 대한 기술적 수요도 다양하지만, 특히 빅데이터·인공지능 연산처리에 특화된 인공지능 반도체에 대한 수요가 증대할 전망이다. 전통적인 CPU보다는 병렬 컴퓨팅*에 장점이 있는 GPU와 같은 특화 반도체는 무어의 법칙이 더 이상 유효하지 않는 시대에 컴퓨팅 수요를 만족시키기 위한 대안으로, 이미 그 수요가 폭발적으로 증가하고 있다. 기존에 게임 등 다양한 분야에 사용되던 엔비디아의 GPU, 자일링스(Xilinx)의 FPGAs(field-programmable gate arrays) 칩이 인공지능 데이터 처리에 특화되도록 개선되어 광범위하게 활용되고 있으며 알파벳의 TPU(Tensor Processing Unit)와 같이 오직 인공지능 연산속도를 증대시키기 위해 특화된 주문형반도체(ASICs: application-specific Integrated circuits)도 주목받고 있다.

미래 신산업의 대표주자로 각광을 받고 있는 자율주행차도 애플, 알파벳과 같은 빅테크가 반도체 분야에 진입하는 중요한 요인이다. 자율주행은 데이터 신경망 학습에 최적인 반도체 개발

* 하나의 문제 해결을 위한 연산 작업을 여러 개로 나누어 각각의 작업을 다수의 프로세서(GPU 등)에 분담해 처리하도록 하는 방식. 병렬 컴퓨팅은 연산량이 클 경우 프로그램 실행 시간을 단축시킬 수 있음

이 필수적이기 때문이다. 자율주행과 같은 특정 목표 달성에 요구되는 거대 데이터(수십만 대의 자동차에서 산출되는 주행 데이터를 상상해 보자), 다양한 긴급 상황 시뮬레이션, 이를 학습시키는 거대 클라우드에 더해, 자율주행을 가능하게 해주는 인공지능 학습모델은 한번 학습하면 끝나는 것이 아니라 지속적으로 업데이트, 지속 학습이 필요하다. 따라서 칩 자체에도 혁신이 요구되고 그 수요도 무한대로 증가할 전망이다. 즉, 미국 빅테크의 맞춤생산 수요가 촉발한 반도체 혁신은 빅테크 생태계의 발전으로 이어지고 미국 중심의 기술권역(techno-sphere)이 강화된다는 것을 의미한다.

반도체 특화시대의 기술변화 추세와 파운드리의 소수 집중

미래 생태계 발전과 여기에 특화된 반도체 수요 증가는 관련 생산기술의 변화와 동시에 진행 중이다. 시스템 반도체 설계란 기본적으로 다수의 이종 칩들을 연결하는 그림을 그리는 것에 비유할 수 있다. 최근의 기술발전은 여러 칩들이 최고의 효율을 올릴 수 있도록 하는 기본적 설계가 점차 표준화되는 방향으로 진화하고 있다.* 즉, 설계의 기본 단위는 점차 누구나 활용할 수 있는 레고블록 같은 것이 되고, 빅테크는 이 블록들을 자신의 목적에 맞게 연결·조합하여 설계를 하고,** 여기에 가장 잘 대응할

- 이를 이종집적(Heterogeneous Integration) 기술, 또는 칩릿(Chiplet) 기술이라 부른다.

** 아마존은 AWS 위한 'Graviton' 디자인 칩, 애플은 맥 등 자신의 디바이스를 위한 M1, U1 칩, 구글은 AI 구동에 특화설계된 TPU 칩을 개발하였고 Cerebras, Graphcore, Nuvia 등 많은 스타트업이 빅테크와 협업하거나 인수되었음

수 있는 파운드리 기업이 규모의 경제 이점을 살려 생산 시장에서 독점적인 위상을 누릴 가능성도 높아진다. 미세 첨단 칩 제조는 점점 더 어려워지는 반면 팹(fab) 건설비용은 천문학적으로 증가해 소수만이 이를 감당할 수 있기 때문이다. 그 결과 애플과 같은 빅테크는 물론 도요다, 현대자동차, 테슬라와 같은 글로벌 자동차 기업도 모두 TSMC, 삼성전자 등 소수의 파운드리 기업들에 의존하게 될 것이다. 그리고 이러한 추세는 파운드리가 지정학적 경쟁자에게 강력한 관문으로 작용할 가능성을 높여준다.•

첨단 팹 공장 하나가 30억 불(한화 약 3조 7,000억 원) 이상의 투자를 요구하는 시대에 생산의 소수 기업 집중은 불가피한 현상이다. TSMC의 3나노 칩 공장은 195억불이 소요되었고 2나노의 경우에는 더 많이 필요할 것이다. 이는 거대한 진입장벽을 의미한다. 첨단 제품 설계가 발전할수록 팹 투자 필요액은 더욱 증가하며, 첨단 제조에 필요한 ASML의 노광장비 가격은 무려 3억불을 상회한다. 결국 미래 거대 생태계가 요구하는 첨단 칩 생산은 '규모의 경제'에 따르는 승자독식을 초래할 것이고, 첨단 파운드리 산업을 갖춘 국가 그리고 노광장비와 같은 필수 장비나 첨단 설계 아키텍처를 장악한 국가의 전략적 가치는 핵보유국의 가치에 버금갈 수도 있다. 그리고 TSMC의 아리조나 투자, 삼성의 텍사스주 투자와 같은 뉴스에서 알 수 있듯이 반도체 GVC도 재편될 가능성이 높다.

• 물론 이는 데이터센터, 스마트폰 등 하이엔드 칩 시장에 적용되는 이야기이고, 내연기관 자동차/기계 등에 쓰이는 로우엔드 칩은 GlobalFoundries와 같은 기업의 몫이 됨.

이제, 현재 진행되고 있는 사태에 대하여 감이 잡힐 것이다. 왜 TSMC가, 파운드리가 언론에 자주 거론되는지, 바이든 대통령이 왜 TSMC와 삼성을 미국 기업인 인텔과 함께 회의에 부르는 것인지 말이다. 모든 산업이 플랫폼화되고 반도체가 핵심 요소가 되면서 모바일, 모빌리티, IoT 생태계가 통합되어 발전한다는 것은 사실상 모든 산업이 이 거대 생태계에 포함된다는 것을 의미한다.

따라서 미래 거대 생태계와 지정학적 위상을 뒷받침하는 존재로서의 반도체 산업 GVC을 장악하는 것이 국가전략의 우선순위가 될 수밖에 없고 미국의 대중(對中) 압박이 점차 심화되는 것도 필연적이라고 판단된다. 이미 미국의 중국기업에 대한 제재조치 사례를 많이 확인할 수 있는데, 〈표 10〉은 2018년 이래 미국의 반도체 관련 중국기업 제재 리스트의 현황을 보여준다. 이

표 10 **미국의 반도체 관련 중국기업 제재 리스트**

일시	사유	산업	대표기업
2018. 10. 30	국가안보	반도체(DRAM)	JHICC (福建省晋華集成電路有限公司)
2019. 8. 19	국가안보	반도체(반도체 설계), 5G	Huawei 해외 계열사 46개사
2020. 8. 17	국가안보	반도체(반도체 설계), 5G	Huawei 해외 계열사 38개사
2020. 12. 18	국가안보, 인권	반도체(파운드리), 드론, 항공	SMIC 등 60개사
2021. 4. 8	국가안보	반도체(슈퍼컴퓨팅 반도체 설계)	Tianjin Phytium 등 반도체 설계회사 7개사
2021. 6. 24	인권	반도체, 에너지	HoShine Silicon Industry 등 5개사

출처 : 연원호, '미중갈등과 중국의 반도체 산업 육성전략 및 전망', 세계경제 포커스 Vol. 4 No. 39. KIEP (2021)

표 11 **미국의 중국 반도체 기업 인수합병 불허 사례**

연도	피인수 대상	분야	인수 주체	결과
2015	Micron Technology	메모리	Tsinghua Unigroup	불허/철회
2016	Western Digital Corporation	메모리	Unisplendour Corporation	불허/철회
2016	Aixtron SE	증착 장비	Fujian Grand Chip Investment Fund	불허/철회
2017	Lattice Semiconductor Corp.	팹리스	Canyon Bridge Capital Partners	불허/철회
2018	Qualcomm	팹리스	Broadcom	불허/철회
2018	Xcerra	테스트 장비	UNIC Capital Management Co.	불허/철회
2021	마그나칩	팹리스	와이즈로드 캐피탈	미 재무부 불허/ 대통령 허가 대기

출처 : 연원호, '미중갈등과 중국의 반도체 산업 육성전략 및 전망', 세계경제 포커스 Vol. 4 No. 39. KIEP (2021)

미 화웨이, 하이크비전 등이 기술과 설비 이전을 금지당하고 있으며 중국 반도체 산업의 상징과도 같은 SMIC도 ASML의 노광장비를 수입하지 못해 공정개발에 어려움을 겪고 있다.

중국 기업의 미국 반도체 기업 인수도 사실상 불가능하다. 〈표 11〉은 미국의 중국 반도체 기업 인수합병 불허 사례를 정리해 보여준다.

10
반도체 GVC의 관문들 : TSMC, 인텔, 삼성전자, ASML

TSMC의 성장은 어떻게 가능했나

규모의 경제라는 이점도 특정 기업의 전략적 위상을 자동적으로 보장하는 것은 아니다. 시장환경과 기술은 동태적으로 변화하는 것이기 때문에 언제라도 경쟁에 의해 도태될 수 있다. TSMC의 역사는 스스로의 노력이 얼마나 중요한 것인지를 잘 보여준다. 1987년 창립된 TSMC는 초기에는 평범한 위탁생산자에 불과했지만 2012년 아이폰에서 사용되는 칩 생산을 애플과 계약하면서부터 세계적인 기업으로 발돋움하기 시작한다. 세계에서 가장 까다로운 고객이라 할 수 있는 애플의 기술적 요구를 충족시키면서 TSMC는 다른 스마트폰 제조사의 주문도 수주하게 되고, 이제는 세계 최첨단인 5나노 비메모리칩 생산의 80%를 상회하는 점유율을 차지하고 있다. 그리고 2010년까지 세계 시장의 대부분을 점유하던 인텔은 사실상 시장에서 퇴출되고, 유일하게 삼성전자만이 유의미한 경쟁자로 남게 된다.

경쟁 승리의 비결은 과감한 투자였다. 경쟁자에 앞서는 최신의 기술과 설비에 대한 과감한 투자가 고가의 최첨단 제품에서

그림 8 **시스템반도체 파운드리 글로벌 시장 매출액 비중**(2021. 3분기 기준)

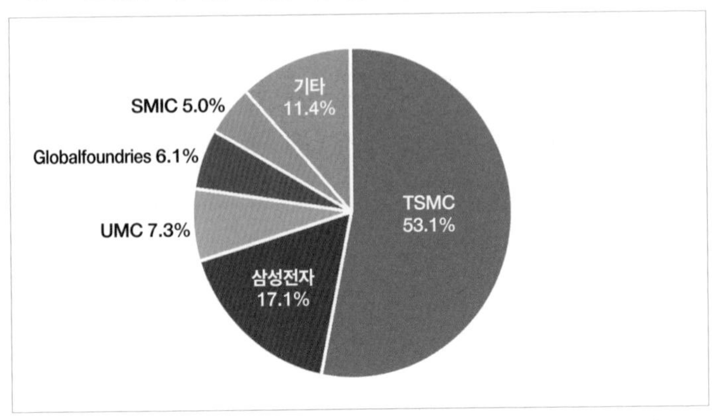

출처 : TrendForce (https://www.statista.com/statistics/867223/worldwide-semiconductor-foundries-by-market-share/)

막대한 이윤을 가져오고, 그 이윤이 다시 거대 규모의 투자로 이어지는 선순환(positive feedback loop) 관계를 TSMC는 구축하고 있는 것이다. 중요한 것은 이러한 선순환 사이클이 점차 빨라진다는 점이다. 최첨단 칩이 TSMC의 매출에서 차지하는 비중이 20%에 도달하는 기간을 기준으로 볼 때 2009년 당시 최첨단이던 40~45 나노미터 칩의 경우 약 4년의 시간이 소요되었지만 2020년 5나노미터 칩은 불과 6개월이 소요되었다고 한다. 그 과정에서 TSMC의 영업이익은 약 8% 수준에서 15%수준으로 증가하였다.

TSMC의 시장지배는 칩 디자인 업체나 기타 관련 분야 기업들과 TSMC 간에 형성된 일종의 '기술생태계'에 의해 더욱 공고해지는데, 기술이 발전하고 다른 기업과의 격차가 존재할수록 TSMC 생태계에서 벗어나 다른 업체와 협력하는 것이 경쟁에 불리하

표 11 **시스템반도체 업체별 글로벌 시장 점유율**(2019년 1분기~2021년 3분기)

TSMC	Samsung Electro -nics	Global foundries	UMC	SMIC	Tow TSMCer Jazz	VIS	Hua Hong Semi	Power -chip Techno -logy	Dongbu HiTek	Other
48.1	19.1	8.4	7.2	4.5	2.1	1.5	1.7	1.5	0.9	5
49.2	18	8.7	7.5	5.1	2	1.4	1.3	1.5	0.9	4.4
50.5	18.5	8.3	6.7	4.4	1.7	1.3	1.3	1,3	0.8	5.2
52.7	17.8	8	6.8	4.3	1.6	1.2	1.2	1,2	0.8	4.4
54.1	15.9	7.7	7.4	4.5	1.6	1.4	1.3	1,1	0.8	4.2
51.5	18.8	7.4	7.3	4.8	1.6	1.4	1.5	1,1	1	3.6
53.9	17.4	7	7	4.5	1.5	1.3	1.4	1,1	0.9	3.9
55.6	16.4	6.6	6.9	4.3	1.5	1.3	1.4	1,2	0.9	3.9
54.5	17.4	5.5	7.1	4.7	1.5	1.4	1.6	2,5	0.9	3
52.9	17.3	6.1	7.2	5.3	1.4	1.4	1.8	2,6	1	3
53.1	17.1	6.1	7.3	5	1.4	1.5	1.9	2,8	1	3

출처 : TrendForce (https://www.statista.com/statistics/867223/worldwide-semiconductor-foundries-by-market-share/)

기 때문이다. 더구나 TSMC는 오로지 생산에만 특화함으로써 칩 디자인 기업들과 이해관계의 충돌도 없다. 따라서, TSMC의 시장지배는 혁신적인 신기술의 대두나 미세 공정(즉 무어 법칙)이 한계에 부딪히는 경우가 아니면 뒤집어지기 어려운 것이 현실이다.

TSMC라는 국가적 자산을 보호하기 위한 대만 정부의 전략도 눈여겨 볼 필요가 있다. 대만 정부는 해외 생산지 정부의 간섭을 회피할 수 있게 최첨단 파운드리 생산이 가급적 자국 내에서 이루어지도록 암묵적으로 지지하고 있다. 해외 생산은 곧 해당국과의 전략적 동반을 의미하지만 전략적 덫(strategic trap)이 될 수도 있는 것이다. TSMC의 전략적 위상은 미·중 모두 TSMC에 대한 직접적인 영향력 행사 시도를 억제하도록 하는 기반으로, 최첨단 생산기지 및 인력을 자국에 유지하는 것이 위상 유지에 유리한 것이다.

그림 9 **시스템 반도체 공정별 생산비중**(2020년 기준)

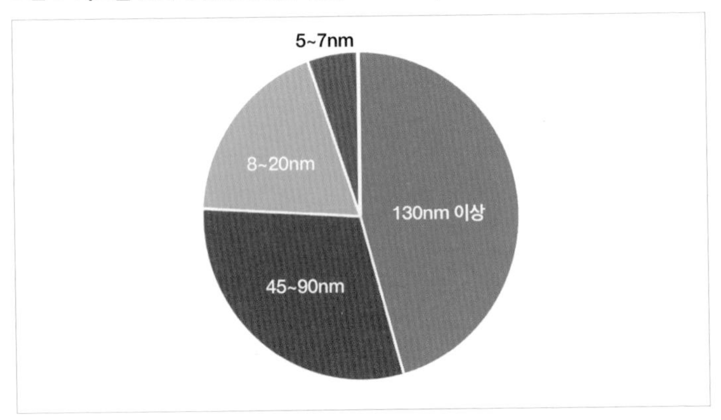

출처 : Gartner

그림 10 **시스템 반도체 공정별 매출비중**(2020년 기준)

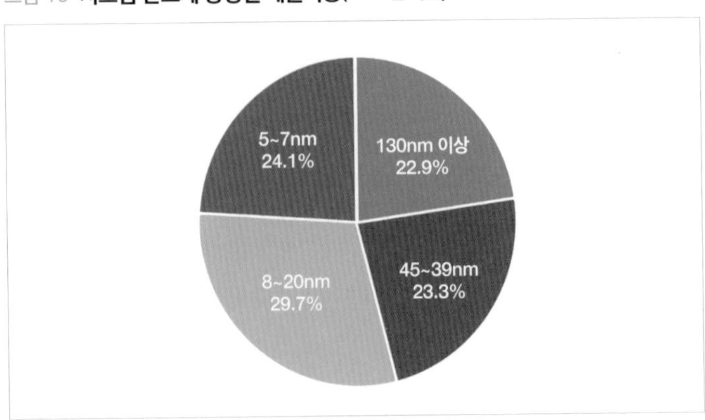

출처 : Gartner

인텔의 야심

TSMC의 경쟁자는 삼성전자와 인텔이다. 먼저 인텔을 살펴보자. 인텔은 사실 첨단 파운드리 경쟁에서 도태된 상태였다. 하지만 인텔의 새로운 CEO 펫 겔싱거는 설계에서 생산까지 모두 담당하는 기존의 수직 모델(IDM)을 더욱 강화한다는 "IDM 2.0" 전략의 일환으로 인텔 파운드리 서비스(Intel Foundry Service) 사업 추진을 선포하고, 아리조나에 200억 불(한화 약 24조 5,900억 원)을 투자하여 2개의 팹을 건설하고 2025년까지 나노 단위보다 더 미세한, 앙스트롬(angstroms) 단위•의 칩 개발을 추진할 계획이다. 하지만 단순히 기술을 개발하고 공장을 건설하는 것으로 끝나는 것은 아니다. 파운드리 사업의 성공은 i) 관련 생태계와의 협력, ii) 고객과 경쟁하지 않는다는, '이해관계의 충돌' 문제•• 해결이 중요하고 이 두 가지 문제는 삼성이나 인텔이 향후 풀어야 할 과제라고 할 수 있다.

인텔의 장점은 무엇보다도 미국 정부의 지원이다. 인텔의 미국 내 파운드리는 첨단 생산기지의 부재라는 미국의 지정학적 문제를 원천적으로 해결해 줄 수 있는 대안이기 때문에 거대한 규모의 보조금 지원을 기대할 수 있다. TSMC나 삼성전자의 미국 생산기지 투자도 보조금 혜택의 대상이지만 역시 자국 기업

• 앙스트롬은 빛의 파장의 측정 단위로 1밀리미터의 1,000만분의 1

•• 설계기업은 설계도 담당하는 파운드리 기업에 생산을 위탁함으로써 자기 디자인을 베낄 것이라는 의심이 가능

의 육성이 미국 입장에서는 최선이 아닐 수 없는 것이다.

삼성전자, 독특한 위상

우리나라 입장에서도 4차 산업혁명의 시대, 모든 것을 아우르는 거대 생태계가 대두할 미래에 그 중요성이 더해가는 파운드리가 전략적 자산이 아닐 수 없다. 같은 기술블록 내에 속한 기업들이라도 미래 첨단 파운드리 산업의 승자독식 구조에서는 치열한 경쟁이 불가피하다. 파운드리 시장은 TSMC, 삼성전자, 인텔의 삼국지가 전망되며 현재는 3나노 칩이 경쟁의 최전선이다. 삼성전자는 글로벌 ICT 생태계에서 참으로 독특한 위상을 차지하고 있다. 삼성전자는 거의 모든 미래 컴퓨팅 영역에서 주역이자 극한 경쟁에 내몰리고 있는 기업이기 때문이다. 메모리, 설계, 파운드리, 스마트폰, IoT(가전 포함)가 모두 삼성전자의 사업 영역이며 지구상에 이런 기업은 없다.

멀티플레이어로서의 삼성전자는 기술블록 내에서도 경쟁 상대는 물론 (알파벳과 같은) 잠재적 협력상대가 많다는 사실이 기업전략에 반영된다. 예를 들어, 서비스에 치중하려면 스마트폰 협력사인 알파벳과 충돌이 불가피하기 때문에 이를 포기하고 대신 향후 자동차, 가전 등 사물, 디바이스에서 안드로이드 진영 내 독보적인 위상을 유지하는 것이 더 나은 전략일 수도 있는 것이다. 사실 과거에 삼성이 OS를 장악하지 못했다는 것을 비판하던 의견들도 많았지만, 삼성의 OS가 우수해도 다른 스마트폰 경쟁자들이 채택하지 않았을 것이기 때문에 네트워크 효과가 중요한 OS 시장에서 성공하기는 쉽지 않았을 것이다. 만약 메타버스 디바이스 시장이 스마트폰만큼이나 중요해 진다면 삼성전자도 자신만의 OS를 바탕으로 서비스 생태계를 구축하는 전략을 고려해 볼 수 있을 것이다.

삼성의 독특한 위상은 파운드리 산업에서도 예외가 아니다. 삼성전자는 2025년까지 2나노 칩 양산을 선언해 TSMC와의 경쟁 의지를 명확히 하였다. 하지만 삼성이 설계와 파운드리는 물론이고 스마트폰도 생산한다는 사실은 애플과 같은 고객과의 이해관계 충돌을 야기할 수 있다. 반면 이해관계의 충돌이 없는 엔비디아. 테슬라 등과는 계약 체결이 상대적으로 유리할 수도 있다. 즉, 다양한 분야에서 사업을 하기 때문에 고객과의 이해관계 충돌이 언제나 문제인 것이다.

향후 시장의 성장추세를 감안하면 결국 삼성전자의 장기적 반도체 전략은 비메모리 분야 강화에 우선순위가 놓여야 하는 것은 분명하다. 아직 TSMC에 상대적으로 기술적 열위에 놓여 있다는 평가가 적지 않지만 대만을 둘러싼 지정학적 갈등이 심화되는 환경은 어쩌면 삼성전자에 유리하게 작용할 수도 있다. 반면, 인텔이 미 정부의 강력한 지원에 힘입어 파운드리 경쟁력을 확보할 수 있다는 점은 새로운 위협 요인이다. 메모리 산업에서 마이크론의 경쟁력 강화도 삼성전자와 SK하이닉스에게 위협이 될 수 있다. 핵무기와 반도체는 모두 특정 국가의 전략적 자산이지만, 핵무기와는 달리 반도체는 전략자산 보유국의 위치에서 언제라도 탈락할 수 있는 것이다. 같은 기술블록, 협력관계에 속한 국가들 간에도 전략분야 장악을 위한 경쟁이 치열해질 수 있다는 것이 기술패권 시대의 불편한 진실이다.

ASML의 성장은 어떻게 가능했나

반도체 미세공정에서 빛을 활용해 회로를 그리는 리소그래피 공정을 가능하게 해 주는 장비 시장은 네덜란드의 ASML이 지배하고 있다. 일본의 니콘, 캐논도 리소그래피 장비를 생산하지만 7나노 이하의 미세공정을 가능하게 해주는 EUV(Extreme Ultraviolet light) 노광장비는 ASML만 생산할 수 있기 때문이다. 연간 50대 미만으로 생산되는 ASML의 노광장비를 확보하지 못하면 TSMC, 삼성전자와 같은 파운드리 업체도 7나노 이하 반도체 제조가 불가능하기 때문에, ASML도 반도체 GVC의 관문이라고 할 수 있다.

ASML이 독점적인 위상을 차지한 것은 우연이 아니다. 극자외선을 이용한 미세공정에 미래를 걸고 위험을 안고 과감한 투자를 한 것이 결실을 맺은 것이다. 사실 ASML 장비가 본격적으로 거대 파운드리 업체에 활용된 것은 7나노 칩이 시장에 출시되고 미·중 갈등이 본격화된 2018년부터이다. 즉, ASML 장비가 첨단 파운드리 업체에 필수적인 장비가 되면서 그 전략적 중요성이 부각된 것이다. 대당 180톤이 넘고 대형버스보다 큰 ASML의 EUV 장비는 그 자체가 수많은 공급자로부터 부품을 조달받아야 하는 복잡한 공급망 구조에 속해 있다. 그리고 ASML의 R&D

지출을 TSMC, 삼성전자와 같은 파운드리 업체가 지원하면서 이해관계를 맺고 있기도 하다.

미국은 이미 ASML EUV 장비의 중국으로의 수출을 규제하고 있는데, 이는 중국의 반도체 산업 발전에 심각한 제약 조건으로 작용할 공산이 크다. 중국이 장기적으로 ASML EUV 장비를 대체할 수 있는 능력을 갖추게 될 때까지는 미세공정을 통한 첨단 반도체를 스스로 확보하기가 어려울 것이기 때문이다. 문제는 ASML이 우리의 경쟁기업(즉, TSMC)과 상대적으로 더 강한 협력관계를 구축하는 경우이다. 파운드리 시장 점유율이 높은 기업에 더 많은 장비를 제공하는 것이 ASML의 이해관계에 부합되기 때문에, 이는 결코 기우(杞憂)가 아니다.

11
주요국 반도체산업 현황

미국

미국은 반도체 가치사슬의 대부분의 단계에서 원천, 핵심기술을 보유하고 있고 특히 시스템 반도체 분야를 선도하고 있다. 컴퓨터 및 서버 CPU 시장의 인텔, 통신용 반도체 시장의 브로드컴, 무선 통신과 모바일 프로세서의 강자인 퀄컴, 인공지능이나 암호화폐 채굴 등에 필요한 연산작업 수행에 장점을 가진 GPU 시장의 강자 엔비디아 등 굴지의 기업들이 대부분 미국 기업인 것이다. 애플, 마이크로소프트, 알파벳과 같은 빅테크는 자신들의 생태계가 요구하는 기능 구현을 위해 반도체 설계분야에 직접 뛰어들어 팹리스 산업에 지각변동을 일으키고 있다. 메모리 분야에서도 마이크론이 삼성전자, SK 하이닉스와 함께 3강 구도를 형성하고 있다.

미국의 유일한 문제는 GlobalFoundry, 인텔이 TSMC, 삼성전자에 비해 경쟁력 열위에 있어 첨단 미세공정 생산기지가 취약하다는 점이다. 하지만 미국은 단순히 시장 점유율이 큰 기업들을 보유하고 있는 것뿐만 아니라 반도체 설계 자동화의 핵심인

EDA(Electronic Design Automation)• 기술을 사실상 독점하고 있으며 ADSL의 첨단 미세공정 장비분야에도 원천기술을 보유하고 있어 TSMC, 삼성전자, ASML과 같은 우방국 기업들이 자신들의 의사와 관계없이 각종 제재조치에 따르도록 할 수 있는 힘을 갖추고 있다.

즉, 미국은 반도체 산업 대부분의 생산단계에서 관문을 보유한 국가이며 미래의 컴퓨팅 스텍, 전산업을 아우르는 거대 생태계를 주도할 빅테크들이 반도체 분야에 본격 진출하면서 향후에도 반도체 슈퍼파워 위상을 유지할 가능성이 높다. 비유하자면, 미국은 달러기반 기축통화국임과 동시에 4차 산업혁명의 전개과정을 지배할 수 있는 '기축 반도체국'인 것이다.

표 11 **CHIPS for American Act**

주요 내용	세부 내용
세금 면제	– 미국소재 반도체 제조장비 및 생산시설 투자 세금 면제
R&D 지원	– 반도체 기계설비 유지 및 자동화를 위한 연구 지원 – 반도체 조립·테스트·패키징 역량 개발, 제조 관련 교육훈련에 각각 1억불 지원
재정지원	– 주(state) 단위 반도체 제조 촉진 계획 지원 자금 마련 – 국방부 R&D 재정지원
기타 지원 조치	– 다자기금(7.5억불) 승인을 통해 마이크로 전자제품 공급망 안전 확보 – National Semiconductor Technology Center 수립(30억불) – NSF 등 공공기관 반도체 기초연구 지원(50억불) – 표준 개발이나 패키징 기술개발 및 인력훈련 프로그램 지원(50억불)

출처 : 이효영, '미국 바이든 행정부의 반도체 공급망 정책 현황과 전망', (21. 6. 24)

• 반도체의 설계, 검증은 EDA 소프트웨어를 통하여 상당 부분 자동화가 가능하며 미국의 시놉시스(Synopsys), 케이던스(Cadence), 독일의 지멘스EDA 등 3개 기업이 글로벌 시장을 주도하고 있음

표 12 American Foundries Act of 2020

주요 내용	지원 규모(달러)
반도체 생산, 조립, 테스트, 패키징, R&D 재정지원	150억
국가안보 관련 국방부 및 정보기관, 핵심 인프라 부문 사용에 가능한 반도체 제조 및 R&D 시설 건립·현대화	50억
DARPA의 '전자산업 부흥계획' 확대 지원	20억
NSF, DOE, NIST의 초소형 전자분야 연구지원	30억
중국정부 및 공산당 또는 적성국의 소유나 통제 하에 있는 외국기업에 대한 자금 지원을 금지	

출처 : 이효영, '미국 바이든 행정부의 반도체 공급망 정책 현황과 전망' (21. 6. 24)

미국은 반도체 산업의 현재 위상을 강화시키기 위하여 산업육성, 공급망 안전성 확보에도 매진하고 있다. 바이든 행정부의 반도체 산업 정책으로는 'CHIPS for American Act'에 주목할 필요가 있다.

또한 대표적인 관문인 파운드리 분야 지원정책도 'American Foundries Act of 2020'을 통하여 추진 중이다.

유럽과 일본

유럽의 반도체 생산 글로벌 비중은 10% 내외에 머물고 있다. 유럽은 반도체 기초 연구 분야나 제조 장비 등 일부 분야•에서 역량을 보유하고 있지만 최첨단 미세 공정이나 첨단 반도체 설계,

• ASML은 물론, ASML 장비에 사용되는 렌즈 생산(Carl Zeiss SMT)이나 웨이퍼에 화학층(layer)을 입히는 기술 보유기업(Aixtron) 등이 반도체 생태계에서 중요한 위상을 확보

패키징, 시험 영역에서 경쟁력이 높지 않아 글로벌 반도체 GVC를 선도하지는 못하고 있다. Infineon, NXP, STMicroelectronic 등 유럽 주요 기업들이 대부분 소비자 가전이나 자동차, 센서 등에 필요한 칩의 공급에 치중하고 미국 엔비디아와 같은 첨단 칩 디자인이나 TSMC의 미세공정 팹 분야에서 뒤쳐져 있다. 이에, 2022년 2월 8일 EU는 'Chips Act'를 발표하고 총 430억 유로의 민·관 반도체 투자계획을 추진하기로 하였다. 이 가운데 중점 투자 대상은 역시 팹 분야로, 약 300억 유로를 투입하여 미세공정에서의 열위를 극복하려는 의도를 보이고 있으며 칩 설계 플랫폼 구축에도 110억 유로를 투입할 계획이다. 구체적인 정책 지원은 주로 보조금의 형식을 취할 것인데, 인텔이나 TSMC와 같은 기업들도 유럽에 생산기지를 건설해 보조금의 수혜를 받는 것도 가능할 전망이다.

한때 세계 반도체 산업을 주도하던 일본은 아직도 반도체 장비 등 몇몇 분야에서 독보적인 위상을 갖추고 있어, 반도체 GVC에서 대체 불가능한 급소를 여전히 보유한 국가라고 할 수 있다. ASML 장비의 핵심 협력업체가 일본 기업들이며, Keyence는 반도체 표면의 흠 발견에 특화된 센서에서, SMC는 반도체 제조과정의 공기압 제어장비에서, Lasetec는 웨이퍼에 씌우는 포토마스크 검사 도구에서 사실상 독점적인 위상을 갖추고 있다.

중국

중국은 반도체 GVC에서 패키징/어셈블리 분야에서 시작해, 점차 설계/제조 분야로 올라가는 과정에 있다. HiSilicon(화웨이 소유) 및 Tsingghua Unigroup은 매출액 기준 세계 10위권에 포함되는 반도체 디자인 회사로서, HiSilicon의 Kirin 스마트폰 칩은 서구의 그것과 동등한 위치에 도달한 것으로 알려져 있다.

겉보기에 중국의 반도체 굴기는 큰 문제가 없어 보인다. 2020년에 반도체 제조장비 출하액에서 중국은 세계 1위를 기록하였다.• 하지만 이런 수치는 가전, 자동차 등에 범용적으로 필요한 수요 충족에 머문 것으로, 초미세 공정을 통한 첨단 반도체는 중국 내 생산이 불가능하며 이런 상황은 향후에도 개선되기 어려운 것이 현실이다. 물론 중국도 SMIC 등 일부 기업이 선도국을 추격하겠지만 격차를 좁히기는 쉽지 않다.

중국은 모바일 컴퓨팅, 클라우드 컴퓨팅에서 ARM 디자인에 의존하고 있으며 첨단 미세공정에서 경쟁력을 보유하고 있지 못하다는 점이 치명적인 약점이다. 앞서 지적하였듯이, 미세공정은 방대한 규모의 투자를 통한 규모의 경제를 요구하며, 이러한 특성으로 인해 승자독식이라는 특성을 갖는다. 승자독식의 시장구조에서 기술력 열위의 상태에서는 시간이 지날수록 TSMC, 삼성전자의 아성을 무너트리기 어렵다.

• 중국 187억불, 대만 172억불, 한국 161억불, 일본 76억불, 미국 65억불, EU 26억불 (국제반도체제조장비재료협회;SEMI)

그리고 반도체 장비 분야의 급소인 네덜란드 ASML의 첨단 노광장비와 같은 핵심 장비 도입은 기술패권 경쟁이 심화되면서 지속적으로 봉쇄될 것이다. 삼성전자, TSMC, ASML이 모두 미국의 우방국 기업이라는 점, 그리고 이들 기업들도 수많은 미국 특허 기술을 사용하고 있다는 점에서 설사 중국과 거래를 원한다고 하더라도 독자적으로 행동하기 어렵다.

중국도 오래 전부터 반도체 육성을 국가 전략으로 추진해 온 것이 사실이다. 2014년부터 국가반도체대기금을 조성해 1차 반도체대기금 200억불, 2차 반도체대기금(2019년 10월부터) 290억불을 투입하고 있으며 중국의 나스닥이라고 할 수 있는 커촹판도 반도체 기업들에 대한 주요 자금 공급원의 역할을 담당하고 있다.

하지만 중국 반도체 자급률 추이는 2014년 14.5%, 2016년 13.6%, 2018년 15.9%로 중국 정부의 목표에 한참 미치지 못하고 있으며, 2025년에도 19.4%에 그칠 것으로 예상된다.• HiSilicon(Huawei의 반도체 자회사), UniSoc, MLS, Bitmain 등 팹리스 업체가 주로 정부의 정책적 지원과 더불어 자국 수요가 확대되면서 시장 점유율이 증가하고 있지만 세계 시장에서의 비중은 높지 않으며 반도체 소재, 생산 장비의 해외의존도 높은 것이 현실이다. 알리바바, 바이두, 텐센트와 같은 거대 플랫폼 기업들도 칩 설계에 뛰어들고 있지만 아직 첨단 수준에는 도달하지 못하고 있다.

중국 반도체 산업의 실상은 단순한 생산 자급률뿐만 아니라 중국의 대표적인 반도체 기업인 SMIC의 생산라인 투자가 28나

• IC인사이트, 대외경제정책연구원

노 제품에 머무르고 있다는 사실에서도 드러난다. ASML 첨단 노광장비도 구매하지 못하고 첨단 해외기업 인수도 사실상 봉쇄된 상황에서 중국의 반도체 굴기는 현실적으로 쉽지 않다.

하지만 반도체의 중요성을 감안할 때 중국이 반도체 굴기를 포기하기는 어렵다. 중국 정부의 14차 5개년 규획 및 2035 중장기 목표에서는 반도체를 중점 과학기술분야로 선정하고 구체적으로는 반도체 설계 소프트웨어(EDA), 고순도 소재, 주요 장비 및 제조기술과 차세대 반도체 개발에 집중하려는 정책 의지를 표명하였다. 문제는 공정이 무려 200여개에 이르는 반도체 생태계를 독자적으로 구축하는 것이 대단히 어려운 과업이라는 점이다. 물론 자체 노력으로 수준을 향상시킨다고 해도 관련 교역, 투자가 제한되고 해외 고급인재가 유출되는 환경에서 지속적으로 혁신을 하는 선도국과의 간격을 좁히기 어려운 것이다.

즉, 반도체 분야야말로 근본적으로 지식·아이디어의 흐름을 차단하는 상호의존성 무기화의 극적인 예라고 할 수 있다. 중국의 반도체 산업이 언제나 선도국가에 비해 1~2세대 뒤쳐진 수준의 제품에서 반도체 수급을 해결해야 한다면, 궁극적으로 중국은 기술패권 경쟁에서 불리한 위치에 머물게 되는 것이다. 한편, 중국의 희토류 무기화는 호주와 같은 대체국이 존재하는 한 장기적 효과를 거두기 어렵고 미국은 중국의 약점을 십분 활용하면서 반도체 GVC의 재구축을 강력히 추진할 전망이다.

12
주요국간 합종연횡과 시사점

반도체 공급망, GVC 재배열은 엄청난 비용을 요구하지만 기술 패권 시대의 관문인 반도체 부문의 중요성 때문에 미국이 집요하게 추진할 것이고 주요국의 산업정책도 여기에 집중될 가능성이 높다. 물론 GVC의 재배열은 쉽지 않은 일이고 따라서 미국과 동맹국간 협력이 중요하다. 2021년 6월에 발족한 미국과 EU간 교역 및 기술 협력체(EU-US Trade & Technology Council)가 동년 4월 29일 공동성명에서 글로벌 반도체 공급망의 재배치 협력을 천명한 사실•은 반도체 GVG재구축이 이미 진행되고 있음을 보여준다.

국제적인 차원에서의 다자간 협력보다 단기적으로 더욱 효과적인 것은 관문을 보유한 소수 정부간 협력이다. 미국과 일본이 자국 특허를 기반으로 네덜란드 ASML로 하여금 중국 SMIC에 첨단 노광장비를 수출하지 못하도록 조치한 것이 대표적인 예이다. 문제는, 단기 효과를 위한 강한 조치가 국제적 협조를 광범위하게 얻기에는 오히려 불리할 수 있다는 점이다. 반면에 많은 국가가 참여하고 명확한 규범에 기반하는, 그리고 약한 조치에

• 'EU-US Trade & Technology Council Joint Statement', ('21. 9. 29)

기반하는 공급망 재편에는 시일이 소요되지만 장기적 효과를 기대할 수 있다.

결국, 현실적인 타협책으로 일정 수준 이상의 칩 공급만 제한하고 범용적이고 기술 수준이 높지 않은 칩은 개방하는 접근방식이 가장 가능성이 높다고 판단된다. 예를 들어 5G 장비나 최신

삼성이 눈독 들이는 EUV노광장비. 미국과 일본이 자국 특허를 기반으로 네덜란드 ASML이 중국 SMIC에 첨단 노광장비를 수출하지 못하게 조치한 것은 효과적인 관문을 보유한 소수 정부간 협력의 대표적 사례이다. 삼성이 눈독 들이는 네덜란드산 EUV 노광장비는 미래 반도체 기술의 변곡점이다. 사진은 EUV노광장비(위)와 2021년 7월 13일 네덜란드 에인트호번에 위치한 반도체 장비업체 ASML를 방문해 생산 과정을 살펴보는 이재용(왼쪽 두 번째) 삼성전자 부회장(아래 사진). [삼성전자]

스마트폰, 자율주행과 같은 일부 전략분야가 필요로 하는 첨단 칩의 공급만 제한한다면 첨단분야를 제외한 나머지 산업에서 중국 교역시장을 잃지 않으면서 중국이 첨단 신산업에서 한세대 이상 뒤처지게 되는 효과를 기대할 수 있는 것이다. 한편, 그렇게 작동하는 기술동맹 GVC 내에서도 반도체 부분의 첨단기술 경쟁이 치열할 것이고 (한국을 공격한 일본의 예를 보라) 그 과정에서 반도체 산업도 변모할 것이다.

이러한 소용돌이 속에서 우리는 i) 상호의존성의 무기화로 블록화가 촉진되고 ii) 블록 내에서도 외교·안보적 이해관계가 상대적으로 깊은 국가간 협력이 더 가능성이 높고 상대적으로 그렇지 못한 국가, 대체성이 높은 기술 보유 국가일수록 동일 블록 내에서도 불리하다는 것을 인식할 필요가 있다. 그리고 블록 내에서 소외될수록 기술우위 유지도 어려워지고 결국에는 경쟁에서 도태될 수 있는 것이다.

인텔의 파운드리 시장 재진입과 이를 지원하는 미국 정부의 정책, TSMC와 일본과의 협력을 주시할 필요가 여기에 있다. 첨단 파운드리와 같은 대체 불가능한 관문을 최대한 자국에 보유하고 연구개발을 통하여 경쟁력을 제고시키면서 국제협력도 강화하는 것이 우리의 국가적 과제인 것이다. 2차 세계대전에서 영국이 미국의 도움을 받은 것은 영국이 그만큼 강했기 때문이기도 하다. 남에게 줄 것이 없는 약자에게는 좋은 친구가 없다.

6장

인공 지능

13
4차 산업혁명의 대표적인 범용기술로서의 인공지능

우리는 지능을 모방해 데이터를 해석하고 자신의 목적에 맞게 활용 가능한 컴퓨터 프로그램을 인공지능이라고 부른다. 전통적인 소프트웨어 프로그램은 컴퓨터가 해야 할 일들을 일일이 코딩을 통하여 완결된 형태로 지시하는 것으로, 오래전에 인공지능을 대표하던 규칙기반 전문가 시스템도 이 범주에서 벗어나지 않는다. 규칙기반 전문가 시스템은 어디까지나 사전적으로 순차적·반복적인 절차가 규정된 알고리즘에 의거해서 문제를 해결하기 때문이다.

하지만 오늘날의 인공지능 프로그램이란 명확한 지시사항이 없이 해결하고자 하는 것을 예시를 통하여 제시하면 컴퓨터가 데이터의 학습을 통하여 알고리즘, 즉 문제의 해결을 위한 학습모델을 스스로 만들어 나가는 것을 의미한다. 따라서 인공지능이란 일종의 프로그래밍의 자동화라고 할 수 있는데, 컴퓨팅 파워의 획기적인 증대와 빅데이터의 대두라는 두 가지 변화가 이를 가능하게 하였다.

방대한 양의 데이터에서 패턴을 발견하고 문제의 해결을 위한 학습모델을 구축하는 것은 빅데이터라는 재료와 이를 처리할 수 있는 컴퓨팅 파워 없이는 불가능하기 때문이다. 따라서, 인공지능은 컴퓨팅 파워를 지원하는 반도체, 빅데이터를 처리하는 클라우드, 빅데이터를 산출하는 서비스 플랫폼을 포괄하는 전체 컴퓨팅 스텍이 발전한 결과물이라고 할 수 있다. 이와 동시에 인공지능이 맞춤의료, 금융 컨설팅, 외부세계 인식과 같이 인터넷에서 작동하는 다양한 서비스 플랫폼들의 과제를 해결해줄수록 해당 플랫폼 자체의 고도화와 더 많은 빅데이터의 산출을 기대할 수 있다. 인공지능, 빅데이터, 그리고 인터넷은 하나로 결합되어 전체 컴퓨팅 스텍을 진화시키는 것이다.

인공지능은 프로그래밍의 자동화이기도 하지만 우리가 하는 일들을 대체하거나 보완해 줌으로써 산업 전반의 자동화를 촉진하는 도구이기도 하다. 자동화를 촉진한다는 것은 노동생산성의 향상이라는 말과 같은 의미인데, 네트워크로 연결된 세상에서는 추가 비용이 없이 수많은 로봇, 수많은 작업, 수많은 플랫폼에서 인공지능을 이용할 수 있기 때문에 수확체증의 법칙을 강화시키면서 경제성장을 촉진시킬 수 있다. 인공지능은 전 산업에 적용되는 범용기술로서, 반도체와 더불어 4차 산업혁명의 성패를 결정지을 수 있는 쌍두마차인 것이다.

인공지능이라는 표현은 사실 고도의 연산 기계라 할 수 있는 대상을 의인화한 것이라고도 할 수 있다. 즉, 인공지능은 인간의 두뇌가 세상을 인식하고 추론하고 해석하는 것과는 전혀 다른 방식으로 문제를 대하며, 통계적 근사치를 통해 패턴 인식과 분류, 빅데이터 기반의 예측과 같은 문제에 결과를 제시함으로써 인간의 지적 작업의 일부를 대체·보완할 뿐이다.

하지만 이러한 작업이 수행 가능하다는 것만으로도 그 응용 분야는 광범위하고 기업은 생산성 향상과 효율화를 기대할 수 있는 것이다. 4차 산업혁명의 시대가 본격화되면 인간과 인공지능 간 일의 분업, 대체, 보완은 아래 도표와 같이 다양한 형태가 가능하며, 각 영역에 속하는 일도 동태적으로 변화할 것이다.

인공지능의 발전에 따라 많은 일들이 ③에서 ④로 이동하고, 인간은 자유로운 시간이 늘어나면서 ②를 확대하고 새로운 일이 ②에 추가된다. 그 과정에서 기존에 ②에 속하던 일들이 점차 ③, ④로 이동하고 궁극적으로 ①로 이동한다. 이러한 과정이 계속 일어나면서 경제와 사회가 발전하는 것이다.

현재 인공지능은 금융, 운송, 상거래, 생산 공장, 교육 및 의료, 신약 연구 등 다방면에 널리 이용되고 있으며 이를 통하여 자동화에 따르는 효율성, 비용 절감과 새로운 재화의 개발이라는 측면에서 비즈니스 경쟁력의 핵심 요소로 자리 잡고 있다. 이미 규

그림 11 **인간과 인공지능간의 분업관계**

① **인공지능만이 할 수 있는 일 (예: 완전한 자율주행 자동차)**	② **인간만이 할 수 있는 일 (새로운 스타일의 문학 작품 창작, 직접 대면 상담)**
④ **인공지능을 인간이 보조 (단순 사실 위주 기사 작성, 딥러닝 기반 의료 진단시 인간이 사전적으로 딥러닝 프로그램 훈련)**	③ **인간을 인공지능이 보조 (단순 법률 문서, 금융 보고서, 심층 기사 작성, 레스토랑의 로봇 도우미)**

출처 : '알파고의 충격: 인공지능의 가능성과 한계', KISDI 프리미엄 리포트, 2016. 2. 최계영

모가 큰 비즈니스, 산업은 거대한 정보를 효율적으로 처리하는 데 인공지능의 도움을 필요로 하는 단계에 도달한 것으로 보이며, 인공지능의 활용도는 앞으로 계속 증대할 것이다. 자연어처리/기계학습으로 인간과 컴퓨터 간의 보다 자연스러운 상호작용, 결과적으로 인간의 전문성과 인지(cognition) 능력을 증진시키고 다양한 분야에 범용적이고 인간을 능가하는 창조적인 인공지능이 가능한가에 대한 논의는 아직 결론을 내리기 어렵다. 하지만 일단 투입된 것에 비해 많은 것을 할 수 있는 인공지능은 그 한계에도 불구하고 충분히 우리의 삶을 변화시키고 경제 혁명을 가능하게 할 것이다.

지정학적 경쟁 또는 기술패권의 차원에서 인공지능의 의의는 인공지능이 다양한 산업의 경쟁력은 물론 군사·안보상의 우위를 가져올 요소 기술이라는 사실에 있다. 이미 미국과 중국의 거대 빅테크들이 빅데이터를 축적하는 이유는 타겟광고나 개인 맞춤형 서비스 제공 차원을 넘어선다. 이들은 음성·사물인식에서 자율주행차·드론에 이르기까지 모든 종류의 미래 '인지'(cognitive) 서비스를 제공하는 인공지능 기업이 되고자 하는 것이다. 이들이 추구하는 것은 더 많은 데이터가 더 나은 인공지능, 더 나은 서비스로 이어지고 이는 다시 더 많은 데이터로 이어지는 선순환 효과를 통해 다양한 분야에서 지도적인 위상을 갖추는 것이라고 할 수 있는데, 이는 국가 차원에서도 마찬가지이다.

최고 수준의 인공지능 플랫폼을 갖춘 국가는 한번 구축된 우위를 선순환 효과로 인해 지속적으로 강화시킬 수 있다. 이는 군사·안보나 국가행정에서의 인공지능 이용에서도 마찬가지이다. 인공지능을 군사기술로 활용하면 자동화된 무기, 로봇, 드론 시스템이 가능해지고, 감시·통제 기능에 활용하면 인권에 반하는 정치의 도구가 될 수도 있다. 모든 종류의 '인지 컴퓨팅'은 비즈니스, 군사, 감시(surveilance)에 적용이 가능하기 때문이다. 인공지능이 경제·군사·체제를 아우르는 기술패권 경쟁의 최전선에 자리 잡고 있는 것은 우연이 아닌 것이다.

14
미국의 인공지능 분야 현황과 전망

미국은 누구나 인정하는 인공지능 선도국이다. 미국의 대표적인 빅테크인 알파벳(구글)의 알파고로 인해 비로소 우리나라에도 인공지능이라는 용어가 대중화되었던 것을 상기해 보자. 인공지능은 컴퓨팅 스텍 전반에 걸친 혁신의 산물이기 때문에 전체 컴퓨팅 스텍의 각 계층(layer)를 장악하고 있는 미국이 인공지능을 선도하는 것은 자연스러운 현상일 수밖에 없다. 인공지능 생태계에는 빅테크는 물론 수많은 스타트업이 참여하고 있지만 그 중심에는 역시 알파벳, 마이크로소프트와 같은 빅테크가 있다.

이들은 인공지능을 작동시키는 클라우드 컴퓨팅, 빅데이터를 축적하는 서비스 플랫폼을 모두 갖추고 있기 때문이다. 이미 2000년대 초반부터 알파벳의 공동창업자인 래리 페이지와 세르게이 브린이 자신들의 궁극적 목표가 인공지능임을 천명하였다는 것을 상기하면, 빅테크들의 비전과 지향점이 일찍부터 인간의 지적 작업의 보완과 자동화라는 컴퓨팅 스텍의 장기적 진화 방향을 염두에 두고 있었음을 알 수 있다.•

검색에서부터 OTT의 콘텐츠 추천, 자율주행에 이르기까지 거의 모든 플랫폼 서비스가 인공지능에서의 경쟁력 우위를 바탕

분산형 혁신 시스템. 알파벳의 TensorFlow나 메타의 PyTorch와 같은 개방적 인공지능 플랫폼은 참여하는 스타트업에 인공지능 학습데이터와 알고리즘의 얼개, 컴퓨팅 인프라를 제공하면서 참여기업이 자신이 추구하는 목적에 특화된 인공지능을 개발하도록 지원하고 있다. 개방형 인공지능 플랫폼은 누구에게나 공개하고 저비용으로 누구나 자체 기술/서비스/비즈니스를 운용할 수 있게 해 주는 분산형 혁신(Fully Distributed Innovation) 시스템의 특성을 갖는다.

으로 진화하고, 이것이 다시 미국의 컴퓨팅 스텍의 우위로 연결되는 선순환 관계야말로 장기적으로 미국의 우위를 강화시키는 메커니즘이다. 여기에는 인공지능 기술 생태계에 참여하는 다양한 스타트업의 역할도 빼놓을 수 없지만, 스타트업의 활성화에도 빅테크가 제공하는 개방적 인공지능 플랫폼이 큰 역할을 하고 있다.

알파벳의 TensorFlow나 메타의 PyTorch와 같은 개방적 인공지

• Larry Page, presentation at Standford University, (2002. 5. 1), http://edcomer.stanford.edu/authorMateriallinfo.html?mid=1091&author=149 그리고 Rachael Hanley, "From Google to Google", Stanford Daily (2003. 2. 12) 참조할 것

능 플랫폼은 참여하는 스타트업에게 인공지능 학습데이터와 알고리즘의 얼개, 컴퓨팅 인프라를 제공하면서 각 참여기업이 자신이 추구하는 목적에 특화된 인공지능을 개발하도록 지원하고 있다. 이들 기술 플랫폼들은 중앙의 통제가 거의 없이 컴퓨팅 자원, 데이터, 라이브러리를 국내외를 막론한 누구에게나 공개하고 저비용으로 누구나 자체 기술/서비스/비즈니스를 운용할 수 있게 해 주는 분산형 혁신(Fully Distributed Innovation) 시스템의 특성을 갖는다.

이미 알고리즘이 일정 수준 정립이 되어 있는 상황에서, 참여기업들은 서비스 제공 영역별로 데이터, 이용자 피드백, 개발 경험 공유, 오픈소스 라이브러리화 등을 통해 자체 플랫폼의 업그레이드 및 다양한 각 분야에 대한 대응이나 이용 확산이 가능하다. 한편, 인공지능 플랫폼을 제공하는 빅테크는 외부 개발자 포섭과 같은 이점을 누릴 수 있고 전체 인공지능 관련 시장의 확산도 도모할 수 있다.

즉, 빅테크 자체의 기술혁신과 이들이 지원하는 스타트업 생태계의 활성화라는 두 가지 요소가 인공지능 선도국으로서의 미국의 지위를 강화시키고 있는 것이다. 여기에 더해, 미국의 빅테크들은 세계 각지의 인공지능 유망 스타트업의 인수합병에도 적극적이다. 알파고를 개발한 딥마인드가 원래 영국 기업이었다는 것을 기억하자.

미국 인공지능의 발전에는 공공부분의 기여도 빼놓을 수 없다. 미국 정부의 인공지능 국가전략 기조는 미국 인공지능 이니셔티브(The American AI Initiative)의 6대 원칙에 나타나 있다.• 6대 원칙은 ①인공지능 R&D 투자, ②데이터 등 인공지능 자원 공급, ③인공지능 혁신에의 장벽 제거, ④인공지능 혁신 국제 협력, ⑤신뢰할 수 있는 인공지능의 공공 이용, ⑥인공지능 이용인력 훈련 등으로, 자체 혁신을 통하여 인공지능에서 선도적 위치를 강화하는 것은 물론 인공지능의 윤리적 사용도 중요시하고 있음을 알 수 있다.

인공지능의 기술적 돌파구는 통계적 패턴을 찾는 수준에 머물러 있는 인공지능을 문맥이나 상황변화를 파악하고 대응할 수 있는 맥락추론(contextual reasoning) 인공지능의 개발에 있다. 여기에 성공할 경우, 미래의 인공지능은 유동적인 환경에서도 스스로 문제를 파악하고 보다 일반적인 문제 해결이 가능한 인공지능(AGI: artificial general intelligence)에 한발 더 나아갈 수 있을 것이다.

미국 국방고등연구계획국(DARPA)이 5년간(2018~2022년) 20억불을 투입해 추진하고 있는 차세대 인공지능 사업(AI Next Campaign)은 맥락추론 인공지능에 다가서기 위한 대표적인 연구개발 사업이다.•• DARPA 외에도 국립과학재단, 나사(NASA), 에너지부, 그리고 국방부(Department of Defense)의 육·해·공군 부서들이 독자적인 인공지능 연구개발 사업을 추진하고 있어 미국이 인공지능을 군사·안보 측면에서도 중요하게 인식하고 있음을 알 수 있다.

• The American AI Initiative, (2020, 6. 11), https://oecd.ai/en/wonk/the-american-ai-initiative-the-u-s-strategy-for-leadership-in-rtificial-intelligence

•• DARPA (2019). 'AI Next Campaign', www.darpa.mil/work-with-us/ai-next-campaign

표 13 **글로벌 인공지능 인덱스 상위 10개국**

종합 순위	실행(Implementation)				혁신		투자	
	국가	인재	인프라	운영 환경	연구 수준	개발	정부 전략	벤처 현황
1	미국	100.0	100.0	80.4	100.0	89.4	68.5	100.0
2	중국	15.8	93.1	89.4	52.0	100.0	100.0	34.4
3	영국	31.8	78.1	100.0	37.8	20.0	88.2	22.6
4	캐나다	32.8	62.9	80.9	29.4	20.3	96.7	15.2
5	독일	23.4	73.3	77.2	33.3	19.5	96.0	8.7
6	프랑스	24.6	52.9	96.5	27.2	23.0	95.6	11.0
7	싱가폴	41.8	85.9	36.2	24.5	18.6	30.4	12.8
8	한국	11.4	84.9	47.1	22.4	73.1	23.1	3.3
9	일본	12.2	68.9	59.5	32.2	24.0	74.1	10.9
10	아일랜드	29.3	98.7	48.2	20.1	27.0	3.8	4.4
10개국 평균		32.3	79.9	71.5	37.9	41.5	67.7	22.3

출처 : 세계 경제포럼(WEF, 2020. 2. 13)

빅테크와 스타트업으로 구성된 인공지능 기술 생태계와 공공 연구개발 투자의 성과는 세계경제포럼이 발표하는 글로벌 인공지능 인덱스에서 가름해 볼 수 있다. 세계경제포럼의 2020년 글로벌 인공지능 인덱스에 따르면, 미국은 인공지능 연구수준과 인력, 벤처 현황에서 2위 국가와 압도적인 격차를 보여주고 있다.

하지만 인공지능 부문을 선도하고 있는 미국에서조차, 연구계·학계의 인공지능 연구 인프라 지원 요구가 증대하고 있다. 대표적인 예가 국가 연구 클라우드 이니셔티브(National Research Cloud Initiative)로서,* 그 핵심은 학계가 거대 플랫폼 기업의 클라우드를 저가에 이용해 거대 컴퓨팅 자원을 확보함으로써 자연어 처리 등 단기 이윤 추구가 아닌 영역에서 거대 학습모델을 구축·개선하는 것을 가능하게 하고, 플랫폼 기업의 데이터에도 접근할 수 있는 공공-민간 파트너십을 구축하는 것이다. 국가 연구 클라우드 이니셔티브에는 이미 구글, 아마존, IBM 등 주요 기업들이 협력 의사를 표명하고 있으며, 인공지능 연구에의 비용 급증을 감당할 수 있는 유일한 대안으로 기대를 받고 있다.

기술의 윤리적 활용에 대한 규범은 컴퓨팅 스텍을 둘러싼 기술패권 경쟁의 중요한 구성 요소이다. 2019년 미국 상무부가 소수민족 인권탄압을 이유로 발표한 무역금지 블랙리스트에 다수의 중국 인공지능 기업이 포함된 것은 이러한 맥락에서 이해할 수 있다.

표 14 **미국의 블랙리스트 등재 중국 인공지능 기업**

기업명	사업분야	세부 내용
iFlytek	음성인식	대다수 중국산 스마트폰에 음성인식 기술 공급
SenseTime	안면인식	소프트뱅크, 알리바바 등에서 6억 달러 투자 유치
Megvii	안면인식	세계 최고 수준의 얼굴 인식 기술 보유
Yitu	안면인식	60여개 얼굴인식기술 기업 중 1위(표준기술연구소 선정)
Hikvision	안면인식	세계 최대의 비디오 감시 장비 제조업체
Dahua	영상인식	중국 2위의 비디오 감시 장비 제조업체

출처: SPRI AI Brief "美 정부, 中 AI 기업이 다수 포함된 무역금지 블랙리스트 발표" (2019. 11. 5)

• Stanford Univ. 'National Research Cloud' (2021. 2) https://hai.stanford.edu/policy/national-research-cloud

미국은 중국 정부의 신장지구 이슬람인 탄압에 협조한 28개 블랙리스트 기관 및 기업에 대하여 미국으로부터의 부품 및 소프트웨어 수입과 기술이전을 금지하였는데, 블랙리스트에 포함된 중국 인공지능 기업은 중국 정부의 차세대 인공지능 발전계획에서 선정한 기업들이었다. 아이플라이텍(iFlytek, 科大讯飞), 센스타임(SenseTime, 商汤科技), 메그비(megvii, 旷视科技), 이투(YITU, 依图科技), 하이크비전(HIKVISION, 海康) 등 블랙리스트 인공지능 기업은 총 6개로 이들 기업의 가치는 무역금지 조치의 발표 당시 기준으로 약 750억불에 달하였다.•

• SPRI AI Brief "美 정부, 中 AI 기업이 다수 포함된 무역금지 블랙리스트 발표" (2019. 11.5)

15
중국의 인공지능 현황과 문제점

앞서 지적되었듯이 지정학적 경쟁, 기술패권 경쟁에서 인공지능이 중요한 이유는 인공지능이 자율주행, IoT 및 인터넷 플랫폼 서비스는 물론 전 산업의 디지털화를 지원하는 범용기술이기 때문이다. 만약 말레이시아 스마트 시티를 알리바바가 건설하고 모든 데이터가 알리바바를 거치게 되면 중국이 (그곳에서 활동하는 미국 기업포함) 말레이시아의 데이터, 정보에 접근하게 되면서 경제뿐만 아니라 정치, 안보 측면에서도 우위를 차지할 수 있는 것이다.

결국 인공지능 선도국은 컴퓨팅 스택에 기반한 모든 산업과 관련 비즈니스를 지배할 수 있다. 중국이 인공지능을 일정 수준 주도하는 것을 막을 수 없다면 글로벌 차원에서 중국 주도의 스택도 어느 정도 불가피할 것이다. 글로벌 차원에서 스택의 분리는 중국과 이해관계나 가치를 공유하는 국가, 예를 들어 러시아가 인공지능 의료 서비스에서 미국기업을 배제하고 중국기업에 의존하거나 러시아 스타트업이 러시아인의 의료정보를 중국 플랫폼 기업과 공유하면서 협력하는 것을 자연스럽게 할 것이다.

블랙리스트 등재 중국 인공지능 기업들의 면모를 보면 중국 인공지능 분야의 현주소를 알 수 있다. Megvii은 세계 최고 수준의 안면인식기술을 보유하고 있는 것으로 평가받고 있으며 Hikvision은 안면인식기술을 기반으로 하는 세계 최대의 비디오 감시장비 제조사이다. iFlytek은 대다수의 중국산 스마트폰에 음성인식기술을 제공하고 있으며 무역금지 조치 이전까지 SenseTime은 미국 MIT와 공동연구를 추진하고 있었다.

중국의 인공지능 기업들은 현존하는 기술을 상용화하고 확산시키는 데에 장점을 가지고 있는 것으로 간주되고 있으며 일각에서는 컴퓨터 비전, 드론, 안면/음성인식, 번역과 같은 일부 분야의 상용화에서 중국이 미국과 경쟁할 수 있다고 평가하기도 한다. 카이 푸 리와 같은 중국 우위론자들에 따르면 비록 최첨단 연구분야에서는 미국에 뒤쳐지더라도 낮은 수준의 규제와 정부의 지원, 빅데이터 우위로 인하여 실제 산업계가 요구하는 문제 해결이나 맞춤형 서비스 제공과 같은 일반 소비자의 요구에 신속하게 대응하는 능력에서 중국이 우위에 설 수 있다는 것이다.•

Hikvision이나 SenseTime과 같이 미국의 제재를 받은 기업들도 중국 정부의 지원을 통하여 계속 성장 중이다. 특히 바이두, 알리바바, 텐센트와 같이 중국 컴퓨팅 스택을 떠받들고 있는 기업들은 자신들의 빅데이터를 바탕으로 각각 자율주행, 의료·헬스케어, 스마트시티과 같은 정부의 인공지능 프로젝트를 추진하고 있다. 이들은 정부가 산업정책 차원에서 지정한 빅데이터·인공지능 분야의 국가 챔피언(national champion)인 것이다.

세계경제포럼의 인공지능 인덱스에서 중국은 종합적으로 세

• AI Superpowers : China, Sillicon Valley and the New World Order, Kai-Fu Lee

계 2위에 위치하고 있다. 인공지능 인프라, 운용환경, 상용화 개발에 있어서는 미국과 대등한 수준에 도달한 반면, 아직 고급인력이나 연구수준, 벤처 생태계 측면에서는 미국과 상당한 격차를 보여주고 있다. 중국 정부의 인공지능 분야 지원은 차세대 인공지능 발전 계획•(2017년)에 집약되어 있는데, 이에 따르면 2030년까지 의료, 선박, 국방 분야 등을 인공지능 중점 투자 분야로 선정하고 2030년까지 1500억 위안을 투자하여 미국을 추월할 것을 목표로 하고 있다. 여기에는 미국 빅테크들과 유사한 개방적 인공지능 플랫폼 구축과 핵심인재 양성에 관한 내용도 포함되어 있어, 중국 인공지능 분야의 취약점인 고급인재 및 벤처 생태계를 육성하려는 의도를 알 수 있다.

하지만 두 가지 측면에서 중국에 한계가 존재한다. 첫째, 최고수준의 인재확보에서의 열위를 극복하기 쉽지 않다. 중국의 인공지능 분야 논문 발표 건수는 미국을 능가하지만 질적 수준은 미국이 우세하다고 평가되는데, 그 근본 이유는 고급인재가 중국보다는 미국에 집중되어 있기 때문이다. 인공지능 고급인력들에게 미국과 유럽이 상대적으로 보다 매력적임은 미국 씽크탱크 마르코폴로의 조사에서 드러났다.••

이에 따르면, 2019년 기준으로 전세계 고급 인공지능 인재의 1/3이 중국 출신이지만 그 가운데 10% 만이 중국에서 일하고 있

• 중국 국무원, 「차세대 인공지능 발전계획」('17.7.)

•• MacroPolo, The Global AI Talent Tracker, https://macropolo.org/digital-projects/the-global-ai-talent-tracker/

그림 12 **전세계 고급 인공지능 인재의 활동 국가 분포**

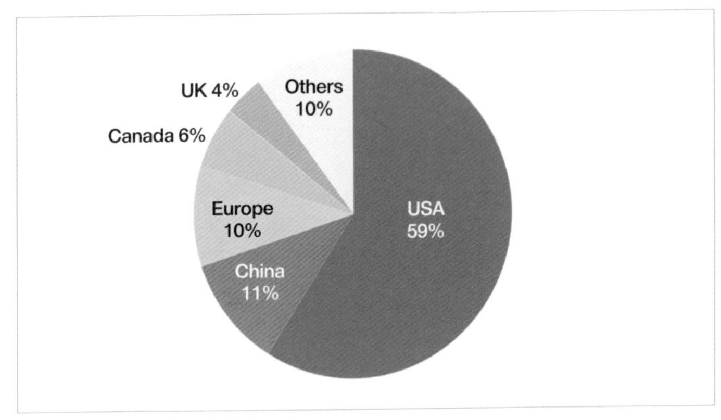

출처 : MacroPolo, The Global AI Talent Tracker

그림 13 **미국내 활동중인 고급 인공지능 인재 출신국 분포**

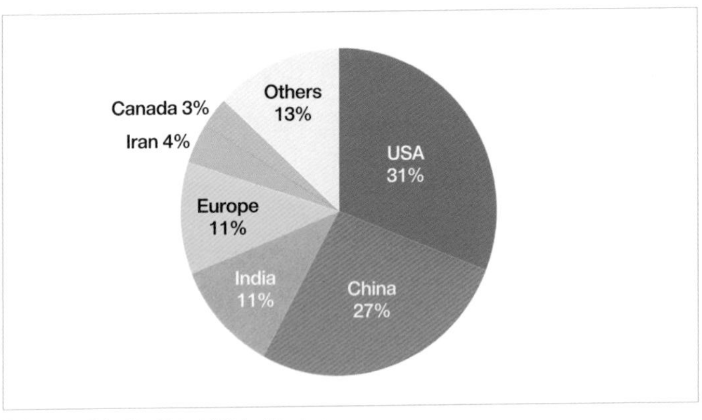

출처 : MacroPolo, The Global AI Talent Tracker

는 반면 미국에는 전세계 고급 인재의 60%가 일하고 있고 이 가운데 2/3는 외국 출신인 것으로 나타났다. 중국이 아니라 미국이 전세계 인재를 흡수하고 있다는 사실은 중국과 미국 간의 인공지능 기술수준 격차가 좁혀지기 어려울 것임을 시사한다.

여기에는 체제나 가치관 등 여러 요인이 있겠지만 두 번째 문제인 거대 인공지능 학습모델의 구축, 진화를 가능하게 해 줄 첨단 반도체에서의 제약도 영향을 미칠 수 있다. 최첨단 성능을 갖춘 반도체가 없으면 거대 학습모델을 구축해 인공지능의 역량을 강화시키는 데에 한계가 있을 수밖에 없는 것이다.

이러한 문제점들은 단순히 정부의 지원이나 민간 투자의 확대로 해결될 수 있는 것이 아니다. 그리고 인공지능에서의 기술적 열위는 자율주행이나 바이오, 제약 등 인공지능을 응용하는 첨단 산업에서의 열위로 이어지게 되는 것이다.

7장

컴퓨팅 스텍의 인프라 및 응용

반도체와 인공지능은 4차 산업혁명을 주도하는 컴퓨팅 스텍에서 핵심적인 기술이다. 컴퓨팅 스텍의 나머지 분야들인 네트워크, 클라우드 및 이들을 이용하는 미래 플랫폼 서비스들은 서로 간에 상호 연계되어 반도체·인공지능과 함께 광의의 기술 생태계를 이루고 경제·안보·가치를 포괄하는 기술블록을 구성한다. 이제 이들을 차례로 살펴보기로 하자.

16
통신 네트워크

미국의 화웨이 제재에서 드러났듯이 5G 네트워크는 기술패권 경쟁의 최전선이자 상호의존성 무기화가 본격적으로 적용된 사례이기도 하다. 이용자당 최대 20Gbps까지 전송할 수 있는 5G 네트워크는 홀로그램이나 AR/VR과 같이 실시간 대용량 전송이 요구되는 서비스를 가능하게 하며, 전송 지연을 1ms 수준으로 낮추어, 실시간 반응 속도가 필요한 자율주행 서비스의 기반을 제공한다. 또한 1km 당 최대 1백만 개의 연결이 동시 지원이 가능하도록 설계되어 본격적인 사물인터넷 시대를 앞당길 수 있다.

이처럼 4차 산업혁명의 핵심 요소인 5G 네트워크 분야에서 중국의 화웨이가 글로벌 선두주자라는 점은 기술패권 경쟁국인 미국으로서는 받아들이기 어려운 현실이 아닐 수 없다. 통신 네트워크가 발전하여 더 많은 대상을 연결할수록 이에 수반되는 데이터의 축적, 관리도 통신 네트워크를 지배하는 자에 의존하게 된다는 사실도 통신 네트워크를 둘러싼 기술패권 경쟁에서 간과할 수 없다.

중국은 주요 통신사, 장비·단말 제조사, 주요 연구기관들을 망라한 5G 촉진그룹(Promotion Group)을 구성하고 애플리케이션 조기 실험, 투자 촉진을 위한 중소 통신사 인수합병, 인터넷 플랫폼 기업의 통신사 투자 등 이해당사자 간 협력을 정부가 이끌면서, 5G 산업생태계를 구축하였다.[*] 이미 화웨이, ZTE와 같은 중국기업들은 5G 특허 등 각종 지표에서 세계를 선도하고 있어 통신망 세대가 진화할수록 이러한 우위가 고착화되고 안보위험도 커진다는 위기의식이 트럼프 행정부의 화웨이 제재로 나타난 것이다.

트럼프 행정부가 통신 네트워크에서 중국이 주도적인 위상에 오르는 것을 얼마나 심각하게 생각했는지는 엑시엄(Axiom)이 폭로한 백악관 메모에서 드러났다.[**] Axiom에 드러난 트럼프 행정부의 5G 국유화 검토 메모는 중국을 정보영역에서 지배적인 위치를 차지한 국가이자 악의적 대상(malicious actor)이라 표현하고, 미국의 국가안보 확보 및 중국에 항구적 제약(disadvantage)을 주기 위한 조치로 5G 국유화를 주장하는 내용을 담고 있다. 5G 국유화는 실제 실현되지는 않았지만, 메모의 내용은 핵심 인프라의 외국 의존에 따르는 안보, 보안 문제, 네트워크 셧다운 리스크는 물론 핵심 인프라 산업 미래 주도권을 둘러싼 우려를 반영한 것으로 이해할 수 있다. 미국이 취한 실제 조치는 주로 중국의 통신장비 업체에 대한 제재의 형태로 나타났다.

- • 바이두, 알리바바 등 인터넷 기업이 China Unicom 지분 참여(120억불 상당)해 네트워크 투자에 기여하고 자율주행차 컨소시움에 참여하고 있으며, 통신사들은 5G 시험망(trial network)에서 주요 도시 자율주행차, AR/VR, 스마트 물류시험을 수행 중임.
- •• AXIOS (2018, Jan 29). Scoop: Trump team considers nationalizing 5G network, https://www.axios.com/trump-team-debates-nationalizing-5g-network-f1e92a49-60f2-4e3e-acd4-f3eb03d910ff.html

미국은 중국 2위 네트워크 장비업체인 ZTE가 미국 업체의 통신장비를 제재 대상국가인 이란에 재판매한 혐의로 미국 기업과의 거래를 금지하고, 최종적으로 14억불의 과징금과 경영진 교체에 합의한 바 있다. 하지만 미국의 주공격 대상은 에릭슨, 노키아 등 서방의 전통적인 글로벌 통신장비업체를 누르고 세계 최대 장비업체로 부상한 화웨이였다. 2018년 8월, 미국은 국방수권법에 의거하여 미국 정부 기관 및 기업이 화웨이 장비와 서비스를 구매하지 못하도록 명령하고, 2019년에는 미국 상무부의 허가 없이 미국 기업의 부품이나 기술 조달을 금지하는 목록에 화웨이 및 68개 계열사를 추가함으로써 미국의 소프트웨어, 하드웨어를 이용하는 제3국 업체도 화웨이와의 거래가 제한되도록 하였다. 이러한 조치는 관문를 지렛대로 하여 전체 GVC에 제한을 가하는 전형적인 상호의존성 무기화의 사례라고 할 수 있다.

상호의존성 무기화의 효과는 참여하는 국가들이 많을수록 커진다. 일본, 호주 등 미국의 전통적인 우방들은 미국의 화웨이 제재에 동참하였지만 문제는 저비용으로 5G를 조기에 구축해 미래 신산업에서 미국과의 격차를 좁힐 기반을 마련하려던 유럽 주요국들과의 조율이었다. 미국의 최대 우방국이라는 영국조차 화웨이 장비에 자국 네트워크 시스템의 일부 기능이라도 맡기려 하였지만 최종적으로는 화웨이의 전면 퇴출을 결정하게 된다.

이후 화웨이 퇴출의 파도는 다른 유럽 국가에까지 확대되어 결국에는 중국과의 경제관계를 중시하던 독일까지도 동조하게 되지만, 그 배경에는 유럽이 위그르, 홍콩 탄압이나 공격적인 대외관계 추구 정책을 지켜보면서 중국을 경계하기 시작한 점도 간과할 수 없다. 추구하는 가치가 상이하면 신뢰도 떨어지고 결국에는 경제적 이익도 포기할 수 있는 것이다.

화웨이 사태는 미·중 관계에서 안보와 경제를 분리하는 투트랙(two-track) 정책을 추구하던 우리 정부에도 딜레마를 남겨준 사건이다. LG U+의 화웨이 장비 도입이 뜨거운 감자로 부각되었을 때, 우리 정부의 입장은 민간기업의 결정 사항을 정부가 간여할 수 없다는 것이었지만 중국의 반발을 의식한 것임을 많은 사람들이 추론한 것도 사실이다.•

유럽이 초반에 주저하는 모습을 보인 것은 기술패권 경쟁의 복잡한 양상을 드러낸 것이기도 하다. 통신 네트워크는 4차 산업혁명의 다양한 산업의 플랫폼이 의존하는 컴퓨팅 인프라의 핵심 요소이다. 5G 구축이 지체되면 유럽이 4차 산업혁명에서 미국을 따라잡을 기회를 상실할 수도 있다는 우려가 화웨이에 대한 미련을 버리지 못하게 한 것이다. 화웨이 배제를 에릭슨, 노키아와 같은 유럽 기업들이 대체할 수 있더라도 통신 네트워크 기술의 장기적 추세는 미국에 유리한 방향으로 움직이고 있다는 점도 중요하다. 유럽 입장에서는 중국도 걱정스럽지만 미국의 통신 네트워크 지배도 달가울 수 없는 것이다.

• 민간 자율권이 우리나라보다 더 강하다고 할 수 있는 영국은 화웨이의 글로벌 시장에서의 장기적 입지가 불안정하다는 이유로 통신사업자가 자발적으로 사업적 측면에서 화웨이와 단절한다는 형식을 취하였지만 그 배경에는 영국 정부가 있다고 보아야 할 것임

미국, 중국, 유럽 등 주요국간 통신 네트워크를 둘러싼 경쟁과 갈등이 향후 어떤 양상으로 전개될 것인지는 통신 네트워크 분야의 거대 기술발전 추세에 달려있다. 전통적인 통신 네트워크는 거대한 통신 트래픽을 처리하는 통신장비의 고도화에 따라 진화해 왔지만 그 과정에서 하드웨어로서의 통신장비 자체의 역할이 점차 줄어들고, 소프트웨어가 가상의 네트워크에서 대부분의 기능을 수행하는 방향으로 기술이 발전하고 있다.

흔히 인용되는, '소프트웨어가 세상을 집어삼킨다(software eats the world)'는 슬로건이 통신 네트워크의 세계에서도 예외 없이 적용되고 있는 것이다. 5G 네트워크의 혁신성은 단순히 대용량의 트래픽을 빠른 속도로 전송·처리하는 데에 그치지 않고, 소프트웨어가 사실상 네트워크의 대부분의 기능을 담당하는 '소프트웨어 정의 네트워크(SDN : Software Defined Network)'에 한발 더 나아갔다는 것에 있다.

현재 미국에서 중요한 통신사업자로 부상하고 있는 디쉬 네트워크(Dish Network)는 특별히 디자인하거나 주문하지 않고 일반적인 규격품으로 구매할 수 있는 최소한의 장비에만 의존하고 대부분의 네트워크 기능은 클라우드에서 작동하는 소프트웨어를 통해서 충족시키는 방식으로 네트워크 서비스를 구현할 수 있다. 이러한 가상화 기반의 네트워크 서비스 접근방식은 일본의 라쿠텐(Rakuten)도 채택하여 발전시키고 있다.

소프트웨어 기반의 네트워크는 각 산업의 고유한 기능에 특화된 네트워크의 발전도 촉진시킨다. 마치 스마트폰 운영체계(OS)

별로 특화된 소프트웨어 응용이 해당 생태계를 풍부하게 하듯이, 5G가 본격화된 환경에서는 소프트웨어를 이용해서 각 산업에 특화된 네트워크 기능이 파생되어 발전할 수 있는 것이다. 예를 들어, 드론간의 통신이나 중앙 제어자의 드론 제어가 용이해지거나 인공지능 프로그램을 이용해서 자연재해나 대규모 콘서트 트래픽과 같은 특수 상황에도 네트워크가 적절히 대응할 수 있는 기능을 갖출 수 있는 것이다. 스마트폰 생태계가 OS라는 공통된 프레임과 클라우드 인프라에 기반하듯이, 소프트웨어 기반의 5G 생태계가 발전하기 위해서도 공통의 표준과 클라우드 서비스가 요구된다.

미국 정부는 하드웨어 장비가 수행하던 기능들을 점차 가상화되도록 하는 표준인 O-RAN(Open Radio Access Network)을 지원기금 조성•을 통해서 적극적으로 지원하고 있다. 더 중요한 움직임은 클라우드를 장악하고 있는 미국 빅테크들의 통신 네트워크 산업 진출이다. 네트워크 기능이 클라우드에 의존할수록 클라우드 산업과 전통적인 통신 네트워크 산업 간의 융합도 일정 수준 불가피하다.

마이크로소프트, 알파벳, 아마존 등 3대 클라우드 기업 모두 통신기능 소프트웨어 기업 인수나 통신사업자와의 제휴, 사설

• 기술패권 경쟁을 위한 패키지 법안인 혁신경쟁법에 반도체 및 O-RAN 지원을 위한 예산을 비상책정하는 내용을 포함시킴. 이에 따르면 무선 공급망 혁신을 위해 15억 달러의 지원기금을 조성하여 미국 광대역 시장에서 오픈 아키텍처(open-architecture), 소프트웨어 기반 무선기술 등 혁신적 차세대 기술들로의 이동을 촉진하기 위해 기금을 사용하게 되어 있어 미국이 O-RAN 표준의 조기 정착을 도모함을 알 수 있음

5G 구축 지원사업 등을 통해 점차 네트워크 분야에 진입하고 있으며, 이러한 추세는 6G와 같은 차세대 통신 네트워크 시대에도 이어질 전망이다.

6G도 네트워크의 다양한 기능을 소프트웨어, 클라우드에 의존할 것이지만 네트워크의 물리적인 구성은 지상 이동통신과 저궤도 인공위성 통신간의 연결로 하늘, 바다까지 연결되는 3차원 통신을 목표로 한다. 6G는 5G보다 최대 50배 빠른 속도를 바탕으로 지금 우리가 알고 있는 플랫폼 서비스들의 고도화는 물론이고 에어택시, 드론, 무인선박과 같은 무인 이동체 산업의 폭발적 성장을 가능하게 할 수 있을 것으로 기대된다.

이미 미국은 스페이스X와 같은 민간 기업들이 엄청난 수의 위성을 띄우고 있으며, 2022년 2월 기준 무려 2769개의 위성이 우

6G 시대 위성통신망 구성도. 6G는 지상 이동통신과 저궤도 인공위성 통신간의 연결로 하늘과, 바다까지 연결한 3차원 통신이 목표다. 6G는 5G보다 최대 50배 빠른 속도이고, 에어택시, 드론, 무인선박과 같은 무인 이동체 산업의 폭발적 성장을 가능하게 한다. [과학기술정보통신부, 2021. 6. 18]

주 공간에서 운용되고 있다.• 결국 소프트웨어와 클라우드의 역할 증대, 그리고 위성 통신망의 대두라는 통신 네트워크의 장기적 기술발전 추세는 미국이 한때 위협받던 통신 네트워크의 패권을 다시 되찾는 방향으로 진행되고 있는 것이다. 하지만 미국에 이어 462개의 위성을 운용하고 있는 중국도 6G 시대에 자체적인 통신 네트워크를 구축할 수 있는 역량을 보여주고 있어, 이미 진행 중인 통신 네트워크 기술블록간의 분리는 더욱 심화될 전망이다.

• 스페이스 X는 스타링크 프로젝트를 통해 1만2000대의 위성발사를 승인받아 이미 2000대 이상의 위성을 발사하였고 아마존의 카이퍼 프로젝트도 3236대 위성발사를 승인받았다고 알려져 있음. 2022년 2월까지 각국의 위성 발사 현황은 미국 2769대, 중국 462대, 영국 345대, 러시아 165대, 일본 84대에 달하는 반면 우리나라는 18대에 불과하다고 함. 뉴시스, '6G시대 패권은 '하늘기술'에…위성 적은 韓, 돌파구는?', (2022. 2. 2)

17
클라우드·빅데이터

클라우드 인프라는 컴퓨팅 스텍의 핵심이다. 클라우드는 여러 개의 개별 컴퓨터를 하나의 거대한 컴퓨팅 공장으로 기능하게 하는 소프트웨어 기술이 그 핵심으로, 빅데이터·인공지능이 집적되고 작동·개선되는 곳이며 정보의 흐름과 통제를 기술적으로 관장하는 곳이기도 하다. 우리가 스마트폰으로 무엇인가를 검색하거나 구매할 때 실행작업은 대부분 스마트폰이 아니라 클라우드에서 이루어지며 우리의 검색과 구매 정보는 클라우드에 저장되어 해당 클라우드를 운영하는 기업의 인공지능을 더욱 스마트하게 만드는 데 기여한다.

컴퓨터 시스템의 모든 물리적 요소들은 디지털로 작동되기 때문에, 하드웨어의 모든 기능들을 소프트웨어가 복제·대체할 수 있다는 것을 염두에 둔다면, 클라우드가 어떻게 작동하는지 이해하기 쉽다. 컴퓨터 시스템의 모든 하드웨어는 소프트웨어가 시뮬레이션할 수 있다. 수많은 서버들이 클러스터를 구성하고, 다시 여러 개의 클러스터들이 모여 클라우드를 형성하게 되는데, 이처럼 중앙집중화된 컴퓨팅 시스템으로서의 클라우드는 앞서 언급된 가상화 소프트웨어 기술을 기반으로 고객(기업과 개인)

의 요구에 맞추어 서비스를 제공한다. 클라우드가 제공하는 서비스는 쿠팡의 상거래, 넷플릭스의 OTT, 개인이 업로드할 수 있는 유튜브 채널 등 사실상 거의 모든 인터넷 플랫폼 서비스를 총망라한다.

기업이나 개인의 클라우드 서비스 이용은 마치 각자가 독자적으로 가상의 컴퓨터를 임대해 서비스를 이용하는 것과 마찬가지인데, 이는 거대한 서버 클러스터들의 집합인 클라우드를 다양한 소프트웨어 기술들이 수요자가 요구하는 작업을 통합, 역할분담, 조율하도록 함으로써 가능하다. 예를 들어, 대표적인 클라우드 서비스 가운데 하나인 구글 검색 서비스는 데이터베이스에 인터넷 정보 전체를 지속적으로 복사해 특정 키워드와의 관련성에 따라 분류해 색인(index)을 형성하고, 이용자의 검색 요구를 클러스터가 컴퓨팅 자원을 적절히 분배·조정해서 병렬처리 함으로써 완성된다. 이러한 작업은 컴퓨터 시스템의 기능들을 다양한 소프트웨어 기술로 처리하는 클라우드 기업의 역량에 달려있다.

플랫폼 서비스가 고도화되고 자율주행이나 메타버스와 같은 혁신 서비스가 발전할수록 빅데이터의 축적도 가속화되고 클라우드에의 기술적 요구도 높아질 것이다. 그 과정에서 클라우드에의 기술적 요구를 보완해 줄 수 있는 혁신적인 소프트웨어 스타트업도 지속적으로 등장하면서 클라우드 산업은 거대한 기술 생태계를 이루고 전체 컴퓨팅 스텍 기술블록간의 경쟁력을 좌우하게 될 것이다.

글로벌 클라우드 시장은 우리에게 익숙한 아마존, 마이크로소프트, 알파벳, 알리바바와 같은 소수 기업에 집중되어 있다. 클라우드 서비스 등장 초기에는 많은 기업들이 여전히 자체 컴퓨팅 시스템을 통해 서비스를 제공하고 데이터도 직접 관리하였다. 하지만 외부에서 필요한 데이터는 물론 스스로 축적하는 데이터가 많아질수록 자체 설비로 처리하기 어려워지기 때문에 거대 클라우드 기업에 의존하는 것이 불가피해진다.

아마존과 같은 클라우드 전문 기업은 비용 효율적인 확장성(cost-effective scalability)을 갖추고 있어 기업들은 클라우드 기업에 아웃소싱하는 것이 유리하기 때문이다. 이러한 추세가 강화되고 데이터 규모가 커질수록 클라우드 간 데이터 이동도 어려워지기 때문에 데이터 기반 플랫폼 서비스도 특정 클라우드를 벗어나기 어려워진다. 이는 각각의 데이터 집합이 함께 처리되어야 더 많은 가치 창출이 가능하다는 사실과 동전의 양면이라 할 수 있다.

그리고 데이터가 지리적으로 가깝거나 집중될수록 데이터 기반 서비스 제공시 컴퓨팅 시스템의 처리 지연(latency)•과 처리율(throughput)•• 측면에서 유리하기 때문에 이미 거대 데이터를 집적하고 있는 클라우드의 경쟁 우위는 계속 강화된다. 거대 클라우드 기업들이 학습데이터나 컴퓨팅 자원을 제공함으로써 고객

• 하나의 데이터 패킷을 한 지점에서 다른 지점으로 보내는데 소요되는 시간

•• 네트워크 상의 어떤 노드나 터미널로부터 또 다른 터미널로 전달되는 단위 시간당 디지털 데이터 전송으로 처리하는 양

기업들이 이용할 수 있는 다양한 인공지능 플랫폼을 제공하고 있다는 점도 이들의 경쟁우위를 더욱 강화시킨다.

이러한 현상은 컴퓨팅 스텍의 핵심 계층인 클라우드에서 소수 기업에 의한 시장 지배현상이 향후에도 심화될 가능성이 높다는 것을 의미한다. 개별 서비스 플랫폼들은 데이터의 양이 커질수록 점차 거대 클라우드, 인공지능 플랫폼에 의존하게 되고 他 클라우드로의 전환비용도 커져서 거대 클라우드로의 집중 현상이 강화되는 것이다.•

기술패권의 관점에서 보면, 거대 클라우드 기업들이 주로 미국과 중국기업들이라는 점은 의미심장하다. 특정 국가·기업의 클라우드에 의존하는 플랫폼 서비스 기업들은 다른 국가·기업 클라우드로의 전환비용이 높은 환경에서 국가간 지정학적 갈등 가능성까지 고려한다면 리스크 관리 차원에서 잠재적 갈등 국가의 기업에 의존하기 어렵다. 더구나 데이터라는 4차 산업혁명 시대의 새로운 경제적 자원까지 고려한다면 클라우드 시장은 서로 경쟁관계에 있는 기술블록, 스텍 간에 분리되고 이에 따라 데이터도 지역적·국가적 블록으로 분리될 가능성이 높다.

데이터 세계가 기술블록간의 분리와 함께 진행될 경우 각국은 데이터 블록간 선택의 문제에 봉착하게 되는데, 이 경우 정치 체제, 안보상의 이해관계가 경제적 이해관계와 더불어 선택의 결정 요인으로 작용하게 된다.

• 물론 거대 클라우드 기업이 누리는 높은 이윤이 경쟁을 촉발할 수도 있으며, Snowflake나 HashiCorp와 같은 신규 진입자가 어느 수준의 성과를 거둘 것인지 지켜볼 필요가 있음

글로벌 플랫폼 기업, 특히 거대 클라우드 기업들은 사실상 데이터 헤게모니를 장악하고 있다. 클라우드 서비스 시장은 미국의 아마존, 마이크로소프트, 알파벳과 중국의 알리바바, 텐센트가 상위 10대 기업에 포진하고 있다. 이들은 기존의 시장 우위를 기반으로 방대한 데이터를 보유하고 있으며 이를 처리할 수 있는 기술력과 인프라를 구축하면서 클라우드 시장 지배력을 강화하고 있다.

클라우드가 군사·안보에서도 중요한 인프라로 자리 잡고 있다는 점도 주목할 필요가 있다. 무기 체계가 점차 빅데이터·인공지능 기반의 자동화 시스템으로 진화되고 정보수집·분석이 중요해질수록 빅테크의 클라우드가 국가의 중요한 기반 인프라가 될 수밖에 없는 것이다. 마이크로소프트와 미 국방부간의

그림 14 **세계 클라우드 서비스 % 점유율(2020년 4분기 기준)**

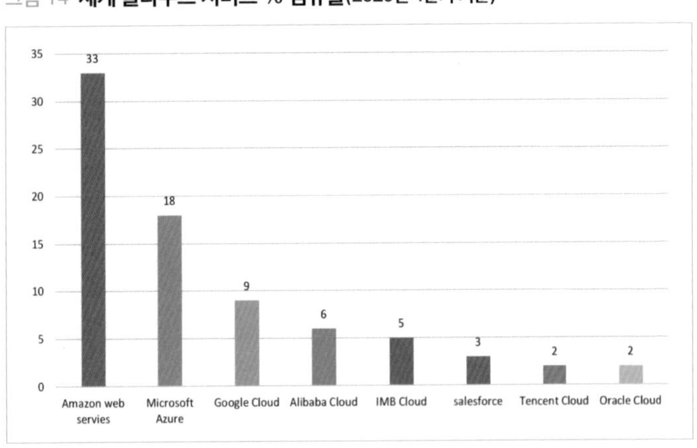

출처 : Statista (https://www.statista.com/chart/18819/worldwide-market-share-of-leading-cloud-infrastructure-service-providers/)

표 15 **클라우드 서비스 상위 3개사**(2020년 11월 기준)

서비스명	Amazon web services (AWS)	Azure	Google Cloud
기업명	AWS Inc.	Microsoft	Google
런칭년도	2006	2010	2008
사업지역	25	54	21
가능구역	78	140(국가)	61
주요제공	컴퓨팅, 스토리지, 데이터베이스, 분석, 네트워킹, 머신러닝, AI, 모바일, 개발자 툴, IoT, 보안, 엔터프라이즈 앱, 블록체인	컴퓨팅, 스토리지, 모바일, 데이터 매니지먼트, 메세징, 미디어 서비스, CDN, 머신러닝, AI, 개발자 툴, 보안, 블록체인, IoT	컴퓨팅, 스토리지, 데이터베이스, 네트워킹, 빅데이터, cloud AI, 매니지먼트 툴, 보안, IoT, API 플랫폼
특허	46	90	
연간 수익	$33B	$35B	$8B

출처: C#corner (https://www.c-sharpcorner.com/article/top-10-cloud-service-providers/)

JEDI(Joint Enterprise Defense Infrastructure)가 대표적인 사례라고 할 수 있다.

한편, 양국의 거대 클라우드 기업들이 장기적으로 미·중 기술 블록의 핵심 컴퓨팅 인프라로 기능하면서 글로벌 플랫폼 서비스 시장의 분리도 서서히 진행될 가능성이 높다. 통신 네트워크와 클라우드의 분리는 결국 이들에 기반하는 플랫폼 서비스 시장 및 데이터의 분리로 이어질 것이기 때문이다.•

• 이미 알파벳(구글), 메타(페이스북) 등 미국의 주요 플랫폼 서비스들은 중국 시장과 분리되어 있으며, 트럼프 행정부의 미국 내 틱톡 사용금지를 둘러싼 논란, 우크라이나 전쟁 이후 러시아에서 미국 플랫폼 서비스 제공 중단과 같이 글로벌 플랫폼 서비스의 분리 현상이 가시화되고 있음

18
양자 컴퓨팅

양자 컴퓨팅은 지금까지 소개된 기술들과는 달리 아직 상용화가 본격화되지 않은, 진정한 의미에서의 신산업 분야이다. 하지만 향후 발전 추세에 따라 기술패권 경쟁의 주역으로 등장할 가능성이 높은 분야이기도 하다.

기술패권 경쟁은 기본적으로 컴퓨팅 기술에 기반한 4차 산업혁명 주도 경쟁이다. 따라서 0과 1, 즉 2진수 기반의 비트를 이용하는 현재의 정보기술의 한계를 극복할 수 있는 기술인 양자기술은 미래 기술패권의 전개 과정에 결정적 영향을 미칠 수 있다. 나노 공학에 기반한 현재의 디지털 기술은 점차 한계에 부딪히게 될 것이지만 원자 단위까지 극소화가 가능한 큐비트(qubit)를 이용하는 양자 컴퓨팅 기술은 정보처리 능력을 기하급수적으로 증가시킬 수 있기 때문이다. 양자컴퓨터의 성능은 큐비트의 개수에 지수적으로 증가하는데, 예를 들어 큐비트가 두 배로 증가하면 성능이 4배, 10배로 증가하면 2의 10승인 1024배로 증가한다.

이처럼 거대한 정보·연산 처리능력이 현실화되면 현재의 수학에 기반한 암호방식이 무력화되는 반면, 무작위(random) 숫자를 쓸 수 있는 양자 암호는 계산을 통해 풀 수 없다. 만약 소수의 국가들만이 양자 컴퓨팅을 활용할 수 있다면 산업 경쟁력뿐만 아니라 군사·안보 측면에서도 비대칭적인 우위를 점할 수 있게 된다.

아직 이러한 가능성의 실현에는 상당한 시간이 소요될 전망이고 양자 컴퓨팅이 현재의 컴퓨터와 같이 모든 분야에 범용적으로 이용될 수 있는 것도 아니다. 하지만 이미 50~100개의 큐비트를 이용해 특정 컴퓨팅 작업에 활용할 수 있는 양자 컴퓨터가 등장하고 있다. NISQS(Noisy, Intermediate-Scale Quantum Computer)라고 불리는 초기 단계의 양자 컴퓨터가 바로 그것이다. NISQS가 충분히 발전하게 되면 현존하는 컴퓨터의 기억, 처리능력을 넘어서서 단순 화학 반응의 시뮬레이션으로 신약이나 배터리를 개발하는데 활용될 수 있다. 그리고 여러 변수를 처리하면서 의도하는 최적의 결과물을 도출할 수 있는, 즉 '최적화'(optimization) 문제의 해결에 활용되면서 운송시의 최적 루트 산출이나 최대의 이익을 가능하게 하는 금융거래, 최적의 자산 포트폴리오 구성이나 거래전략 수립 등 다양한 산업에서 상업적 응용이 가능해진다.

양자 컴퓨팅의 상업적 이용에는 하드웨어의 개발 외에도 인터페이스나 프로그램 언어, 응용 서비스 개발 등 소프트웨어 측면에서의 발전이 요구되지만 일단 안전성과 신뢰성을 갖춘 양자 컴퓨터가 등장하면 소프트웨어를 포함한 양자 컴퓨팅 생태계가 단기간에 조성될 수 있다. 이미 각국 정부와 거대 인터넷 기업, 벤처캐피탈 및 이들에게 지원을 받는 스타트업이 양자 컴퓨팅의 초기 생태계를 형성하고 있다.

양자컴퓨팅 분야에서 가장 앞서있는 국가는 역시 미국으로 알파벳, 마이크로소프트, IBM, 인텔과 같은 기업들이 더 많은 수의 큐비트를 이용하는 양자컴퓨터 개발을 향해 경쟁하고 있다. 특히 알파벳은 2019년 10월에 양자컴퓨터가 기존 슈퍼컴퓨터의 연산능력을 능가하는 상태를 의미하는 양자 우월성(Quantum Supremacy)을 자회사의 53큐비트 양자컴퓨터로 구현하였다고 발표한 이래 가장 앞서나가고 있다는 평가를 받고 있다.•

미국 정부도 2018년 양자정보과학 국가전략(National Strategic Overview for Quantum Information Science)을 발표하여 기술개발 지원방향을 정립하고 상원도 2018년 이후 5년간 12억불 예산지원을 골자로 하는 국가양자주도법(National Quantum Initiative Act)을 통과시켜 국가적 차원에서 '양자 우월성'을 추구하고 있다.

중국의 추격도 주목받고 있다. 이미 중국은 2013년 이후 일본을 추월하여 양자컴퓨팅 분야 특허 출원 개수에서 세계 2위를 차지하고 있으며 2020년에 중국과학기술대학이 양자 우월성을 달성한 것으로 알려져 있다. 중국은 양자물리학에 기반한 또 다른 기술인 양자통신••에서도 성과를 내고 있다. 중국 '양자의 아버지'라고 불리는 판젠웨이가 이끄는 연구팀은 베이징에서 상하이를 잇는 양자 암호망을 구축하고 묵자(Micius)라는 명칭의 인공위성

• 발표 당시 최고의 슈퍼컴퓨터 서밋(Summit)이 10,000년 소요될 연산을 알파벳의 양자컴퓨터가 3분 20초 만에 이행하였다고 하며, 이에 대하여 IBM은 해당 연산이 슈퍼컴퓨터도 가능하다고 반박하는 등 양자 우월성에 대한 논란이 있기도 함. "The Google-IBM Quantum Supremacy feud", MIT Technology Review (2020. 2. 26) 참조할 것

•• 양자통신은 양자 상태에 정보를 기록하여 전송하기 때문에 공격자가 도청을 위해 양자상태를 측정하면 양자 상태가 변화되므로 도청 시도 파악이 가능함

을 통하여 해킹이 불가능한 양자통신에도 성공한 바 있다. 양자 컴퓨팅은 13차 5개년 국가 과학기술혁신 규획(2016~2020)에서 6대 중대과학기술 프로젝트에 포함되어 있으며 중국정부는 2017년 안후이성 허페이시에 양자정보과학국가연구소를 설립해 양자기술 연구를 지원하고 있다. 14차 5개년 규획에서도 양자기술을 7대 과학기술 가운데 하나로 선정하고 있으며, 중국의 빅테크 가운데서는 알리바바와 바이두가 양자컴퓨터 연구소를 운영하고 있다.

미국, 중국 이외에도 일본과 캐나다가 양자컴퓨터 개발에 성공한 바 있다. 물론, 아직까지 개발된 양자컴퓨터는 양자컴퓨터의 잠재력을 본격적으로 보여주지는 못한다. 하지만 더 많은 큐비트를 장착하고 더 많은 양자 알고리즘이 개발되는 4~5년 후에는 어느 국가, 어느 기업이 양자컴퓨팅을 선도하게 될지가 명확히 드러날 것이다.

미국, 중국을 비롯한 각국 정부가 양자 컴퓨팅에 투자하는 이유는 경제적, 산업적 측면뿐만 아니라 안보적인 측면도 중요한 요인이다. 주요국들은 지금보다 발전된 양자컴퓨터가 소인수 분해(prime factorization)에 기반하는 현재의 암호체계를 무력화시킬 가능성에 대비함과 동시에, 양자 컴퓨터가 풀 수 없는 새로운 양자암호작성기술(다항식 응용 등 여러 대안 모색 중) 개발에 매진하고 있다. 이런 기술들을 선점한 국가는 자신은 보호하고 상대방의 정보는 알 수 있는 '양자 우월성'를 향유할 수 있기 때문이다.

경쟁국 견제도 이미 시작되었다. 미국은 중국의 양자기술 분야 발전을 경계하고 있으며 그 일환으로 2021년 11월에 국가안보 위협을 이유로 컨텀C텍 등 12개 중국기업과의 국제거래를 금지하는 조치를 취하였다.•

정보통신기획평가원에 따르면 2019년 기준 우리나라의 양자기술 수준은 선도국의 81.3%에 불과하다고 하며, 연구인력도 미국, 중국 등 기술 선도국이 수천 명에 달하는 데 반해 우리나라는 100명 남짓한 수준에 머물러 있다.•• 이러한 상황에서 지난 두 차례의 한·미 정상회담에서 양자정보기술이 양국 간 기술협력의 대상에 포함된 것은 큰 의미를 갖는다.

• 중앙선데이, "양자컴퓨터 일반화되면 암호화폐 무력화될 수 있다" (2012. 12. 11.)

•• 정보통신기획평가원, ICT 기술수준조사 및 기술경쟁력분석 보고서 (2019)

19
인터넷 서비스 플랫폼과 빅테크 : 컴퓨팅 스텍의 핵심

컴퓨팅 스텍의 최상단에 자리를 잡고 있는 서비스 플랫폼은 FANG(FANG, 페이스북·아마존·넷플릭스·구글), BAT(BAT, 바이두·알리바바·텐센트)와 같은 빅테크가 주도하는 영역이다. 서비스 플랫폼은 데이터와 같은 새로운 경제적 자원을 산출하고, 그 산출된 자원을 다시 활용한다. 서비스 플랫폼 시장을 선점한 빅테크들은 자신들이 장악한 서비스 플랫폼을 기반으로 다른 빅테크들의 영역에 진입하거나 새로운 플랫폼, 신시장을 향한 혁신도 주도하고 있다. 이들이 첨단 반도체 설계는 물론 클라우드, 인공지능을 선도하는 이유도 궁극적으로는 메타버스나 자율주행과 같은 미래 글로벌 서비스 플랫폼의 장악에 있다.

미국과 중국의 빅테크들은 선인과 악인의 두 가지 얼굴을 가진 야누스적 존재이다. 혁신자로서의 플랫폼이 선한 측면을 대표한다면, 이들이 독점기업이거나 우리의 일상을 지배하는 기술규범의 규제자·집행자라는 사실은 플랫폼의 악한 측면을 대표한다. 4절에서는 빅테크의 선한 측면, 즉 혁신자로서의 빅테크가 주도하는 플랫폼의 미래 발전 방향을 미국과 중국을 중심으로 살펴본다. 미국과 중국 빅테크의 또 다른 얼굴, 즉 컴퓨팅 스텍의 가치·규범적 측면에서의 역할은 8장에서 살펴보기로 하자.

1
미국의 빅테크와 서비스 플랫폼의 진화

최첨단의 플랫폼 서비스를 제공하기 위해서는 반도체에서부터 네트워크, 클라우드는 물론이고 인공지능 기술과 같은 컴퓨팅 스텍의 기반 기술들이 뒷받침되어야 한다. 인터넷의 역사를 조망해보면, 플랫폼 서비스들의 발전은 기본적으로 경쟁에서 살아남기 위해 기업들이 기술혁신 경쟁을 전개한 것이 그 원동력이었다고 할 수 있다.

네트워크의 광대역화와 지연(latency) 축소, 거대 데이터 저장·처리 능력의 향상, 고성능 칩을 장착한 디바이스와 클라우드 간 역할 분담을 통해 제공되는 새로운 서비스의 대두가 다시 새로운 칩과 네트워크 수요를 창출하는 선순환, 상호의존적 혁신의 과정이 바로 인터넷, 컴퓨팅 스텍의 역사였던 것이다. 검색, 소셜 미디어, OTT, 상거래, 스마트폰 앱스토어, 핀테크와 같이 우리의 일상을 지배하는 다양한 플랫폼 서비스들은 이 과정에서 탄생하고 지속적으로 고도화되고 있는 것이다.

이러한 발전 과정의 주역들이 바로 애플, 알파벳, 마이크로소프트, 아마존과 같은 오늘날의 빅테크라고 할 수 있다. 이용자 기반의 확대를 통한 데이터 축적과 네트워크 효과의 추구, 이를 통한 시장 주도를 위해 플랫폼 기업들은 미래에도 지속적인 혁신과 서비스의 고도화를 추구할 수밖에 없다. 반면에 거대 플랫폼 기업들이 분야별로 독점적인 위치를 차지하면서 자신이 장악한 시장에서 반경쟁적인 행위를 하고 있다는 우려가 큰 것도 사실이다. 이미 자신이 장악하고 성숙한 플랫폼 시장에서 빅테크는 해당 시장 내에서의 경쟁(competition in the market)을 제약할 다양한 수단을 보유하고 있기 때문이다.•

하지만 최근 미국 플랫폼 시장을 살펴보면 적어도 빅테크들 사이에서는 시장 내 경쟁이 활성화되고 있다.•• 특히 4차 산업혁명 시대의 새로운 서비스, 신시장을 향한 경쟁(competition for the market)이 심화되고 있다는 점은 고무적이다. 메타버스나 모빌리티 서비스는 물론, 바이오·헬스와 같이 전통적인 플랫폼 서비스와는 직접적인 관계가 크지 않아 보이는 미래 신산업들조차 빅테크의 기술과 인프라가 핵심적인 역할을 하고 있다. 물론 혁신적인 스타트업도 지속적으로 등장하고 있지만 플랫폼 서비스의 거대 기술발전 추세를 빅테크들이 주도하고 있음은 부인하기 어렵다.

메타버스

메타버스는 단순히 현재의 인터넷 서비스에 VR, AR 요소가 추가된 3D 콘텐츠 기반의 서비스라는 좁은 의미에서부터 "유용하

• 데이터 우위, 수직결합, 자기 서비스 우대 등 다양한 방법이 가능함

•• 온라인 광고시장에서 알파벳, 메타의 위상을 아마존이 위협하고 있으며, 틱톡과 같은 새로운 소셜미디어가 메타의 위상을 위협하고 있음. 오프라인 기업의 시장 진입도 주목해야 함. 아마존은 오프라인 유통의 강자인 월마트의 도전을, 넷플릭스는 디즈니와 같은 전통 미디어 강자의 도전을 받고 있음.

게 증강된 현실세계와 상상이 실현된 가상세계, 인터넷과 연결되어 만들어진 모든 디지털 공간들의 조합이며, 현실 세계로부터 접속한 다중 사용자 중심의 무한 세계"•에 이르기까지 다양한 정의가 혼재한다. 메타버스가 인터넷 플랫폼의 패러다임에 큰 변화를 가져올 수 있는 전제조건은 이용자 수의 제한이 거의 없는, 실시간 서비스 제공으로 참여자들의 온라인 공간에서의 경험(experience)이 지금과는 전혀 새로운 차원에서 제공될 수 있는 기술적 기반이다.

즉, VR, AR 기술에 기반해서 텍스트, 동영상과 같은 내용물을 넘어서는 3D 콘텐츠 위주의 세계를 고도화된 컴퓨팅·네트워크 인프라가 뒷받침해 줄 수 있어야 한다. 이러한 전제조건들이 충족된다면 메타버스가 발전하는 과정에서 스마트폰과 같은 기존의 이용자 접점과 더불어 오큘러스 헤드셋과 같은 새로운 디바이스도 확산되고 이용자간의 소셜활동을 기반으로 창작자의 디지털 재화 거래와 코인 활성화와 같은 자체 경제시스템이 활성화될 수 있다.

다른 서비스 플랫폼들과 마찬가지로, 메타버스 플랫폼도 많은 수의 이용자가 개발자(및 창작자)를 유인하고, 참여 개발자 증가가 다시 더 많은 이용자로 이어지는 '플라이휠 효과(flywheel effect)'를 창출해야 한다. 빅테크들은 이미 강력한 이용자 기반을 갖추고 있기 때문에 플라이휠 효과를 누리기에 유리하다. 메타버스 플랫폼도 결국에는 현재의 우위를 전이시킬 수 있는 미국 빅테크

• 최형욱, '메타버스가 만드는 가상경제 시대가 온다', 한스미디어, '2021. 6

가 지배할 가능성이 높은 것이다.

빅테크와 함께, 에픽이나 유니티소프트웨어와 같이 3D세계 창조의 범용기술이라 할 수 있는 게임엔진 원천기술 보유기업, 디즈니와 같은 미디어 거인, 로블록스와 같이 신세대의 시간 점유에 성공한 기업에 이르기까지 미국 메타버스 생태계는 빅테크를 비롯한 모든 참여자간에 이미 치열한 경쟁이 전개되고 있다. 에픽이 애플 앱스토어의 과도한 커미션이 반경쟁적이라며 제기했던 소송은 메타버스 진입장벽 철폐를 둘러싼 전쟁으로 해석할 수 있으며• 알파벳, 아마존, 마이크로소프트의 클라우드 게임 진출은 장기적으로 스마트폰 OS의 지배력 약화로 메타버스가 중심이 되는 새로운 시장의 룰을 초래할 가능성이 있다.•• 현실의 시뮬레이션으로 산업현장에서 그 가치가 높은 디지털 트윈 생태계도 엔비디아나 마이크로소프트와 같은 기업들이 선도하고 있다.

메타버스 기술은 군사·안보 분야에서도 주목받고 있는데, 대표적인 사례가 미군이 추진하는 IVAS(Integrated Visual Augmentation System)사업이다. 10년간 219억불이 투입되는 IVAS 사업은 마이

• 에픽-애플 소송은 일단 애플이 승소하였지만 애플이 별도의 지불방법이 가능함을 이용자에 알리고 (써드파티의 웹페이지 등으로) 외부 링크를 허용하도록 함으로써 써드파티가 애플 커미션을 우회하여 결제 수익을 얻을 수 있도록 판결함. 즉 서비스 플랫폼이 OS와 앱결제방식을 장악한 기업의 높은 커미션을 회피하거나 자체 스토어를 통하여 수익을 창출하는 것이 가능해져 메타버스와 같은 혁신 플랫폼의 발전에 큰 의미를 가질 수 있음

•• 장기적으로 이용자들은 여러 디바이스간 실시간으로 이전 용이한(portable & tranferable), 끊김이 없는(seemless) 엔터테인먼트를 기대할 것이기 때문에 디바이스의 제약에서 벗어나 이러한 수요를 만족시킬 수 있는 클라우드 게임이 메타버스의 활성화에 기여할 수 있음

IVAS-미군의 차세대 보병 장구 사업. 군사와 안보 분야 메타버스 기술의 대표적 사례는 미군의 차세대 보병 장구 사업인 IVAS(Integrated Visual Augmentation System)이다. 주변 환경을 3차원적으로 렌더링(rendering)하여 작전 수행하며 GPS, 가속도계(accelerometers) 및 평형상태측정기(gyroscopes)를 동원하여 자신이 어디를 어떻게 이동하고 있는지를 파악하고, 라이더(lidar)를 활용하여 군사작전 지역의 주변 환경을 인식한다. 사진은 알레스카에서 기후 환경 테스트를 진행 중인 미국 육군(위 사진)과 2021년 4월, IVAS를 사용하여 미 육군사관학교 생도들이 훈련하는 모습(아래 사진).

크로소프트의 홀로렌즈(HoloLens) AR 헤드셋과 에저(Azure) 클라우드를 연동하여 전장 주변의 환경을 3차원적으로 렌더링(rendering)하여 작전을 수행하는 것을 목표로 한다. 이를 위해 GPS, 가속도계(accelerometers) 및 평형상태측정기(gyroscopes)를 동원하여 자신이 어디를 어떻게 이동하고 있는지를 파악하고, 라이더(lidar)를 활용하여 군사작전 주변 환경을 인식한다. 클라우드를 통하여 거대한 관련 데이터가 분석되어 실제세계에 증강 제시되고 안면인식·번역과 같은 추가적 서비스도 제공될 수 있다. 군사기술과 민간기술이 구별되기 어려운 추세하에서, IVAS는 미래 AR 플랫폼의 미래상을 제시한다고 할 수 있다.

메타버스는 시장 규모는 물론, 이용자의 관심(attention)과 시간을 장악하기 때문에 국가의 소프트파워 측면에서도 대단히 중요한 미래 플랫폼이며 자체 경제·규범체제를 가지고 진화할 수 있다는 점에서 해당국가의 체제를 반영할 수도 있다. 빅테크를 중심으로 하는 미국 메타버스 생태계의 역동성은 미국이 향후에도 전체 인터넷 서비스 플랫폼을 주도할 것이라는 전망에 힘을 실어준다.

의료·헬스케어 플랫폼

4차 산업혁명의 시대에 생명공학과 의학의 발전은 컴퓨팅과의 융합을 통해서 이루어지고 있다. 개인 유전자 정보나 건강 정보에 기반한 맞춤형 의료 서비스를 제공한다는 이상은 방대한 양의 데이터를 확보, 전송, 분석할 수 있는 컴퓨팅 인프라를 일차적으로 필요로 한다. 인공지능을 이용한 진단이나 새로운 신약개발 및 치료법의 발견, 3D 프린터를 통한 신체 기능의 보완과 같은 혁신도 모두 컴퓨팅 관련 기술의 진보에 의존한다.

유전체 진단이나 DNA 염기서열 분석과 같은 생명공학의 발전이 개인 맞춤형 의료서비스로 실현되기 위해서는 유전자 분석의 대중화와 방대한 유전정보 데이터 플랫폼이라는 두 가지 조건이 충족되어야 한다. 2014년 MIT Technology Review에서 세계 최고의 혁신기업으로 선정된 일루미나(Illumina)는 불과 3일이라는 단기간에 1,000불의 비용으로 유전자 염기서열 분석 판독을 가능하게 하여 유전자 분석 대중화 시대를 열었다. 물론 유전체 정보를 읽더라도 이를 완벽히 해독하기 위해서는 의학지식의 발전도 병행되어야 한다.

이와 관련하여, 빅테크들의 지놈(Genome)• 데이터 플랫폼은 의학지식의 발전에 기여함으로써 생명공학 기반의 본격적 맞춤형 의료 시대의 도래를 앞당겨 줄 것으로 기대된다. 개별 지놈이 아니라 수많은 개인의 지놈 정보를 연결, 비교하면 새로운 의학 지식의 발견이나 신약 개발과 같은 의학 전반에 걸친 혁신을 촉진시킬 수 있다. 문제는 한 개인의 데이터가 약 200 테라바이트에 달하기 때문에 수십만 개인의 지놈 정보를 통합하여 처리, 연구하기 위해서는 거대 규모의 클라우드 서비스가 요구된다는 점

• 지놈(genome)은 한 개인의 모든 유전 정보의 총체로, 무려 30억 개가 넘는 DNA 염기쌍으로 구성되며 725메가바이트의 데이터 파일 형태로 컴퓨터에 저장이 가능함

이다.

이러한 서비스가 가능하다면 의료기관이 지놈 정보 인터넷을 이용하여 다양한 가상 실험이나 개인 맞춤형 신약 개발을 추진할 수 있다. 즉, 신약 개발이나 맞춤형 의료서비스와 같은 의료 수준의 향상이나 새로운 시장의 창출은 방대한 규모의 데이터에 기반한 혁신을 통하여 이루어질 가능성이 높으며, 빅테크들이 추진하고 있는 지놈 데이터 플랫폼 구축도 이러한 맥락에서 이해할 수 있다.

페타바이트급• 데이터를 수초 내 처리할 수 있다는 알파벳 지노믹스(Genomics) 플랫폼을 필두로 현재 아마존, 마이크로소프트와 같은 빅테크들이 지놈 데이터 분석 전용의 클라우드 서비스를 제공하고 있으며 이를 통해 각국의 연구자들이 공동연구를 수행할 수 있다. 저가 유전자분석 선도기술 보유기업과 관련 데이터 클라우드 서비스 제공 기업이 모두 미국 기업이라는 점은 향후 생명공학 기반의 맞춤형 의료서비스도 미국이 선도할 가능성이 높음을 시사한다.••

생명공학, 유전자 정보만이 의료서비스의 발전에 기여하는 것은 아니다. 스마트폰이나 그 밖의 다양한 웨어러블 기기에서 산출되는 개인의 생활 습관이나 주변 환경, 일상적인 신체 기능에 관한 정보, 과거의 의료 진단기록 등 다양한 차원의 데이터도

• 1 페타바이트는 약 100만 기가바이트 해당

•• DNA 서열 변형 등을 용이하게 하여 치료 등을 목적으로 하는 인간 지놈의 조작을 가능하게 하는 크리스퍼(CRISPR) 기술도 미국의 UC버클리, 하버드대, 매사추세츠공대(MIT)를 비롯한 여러 기관의 연구자들이 지난 수년간 개발한 기술임

증거기반의 맞춤, 예방 의료라는 미래 의학의 지향점에 중요한 자산이다. 따라서 애플, 알파벳과 같이 스마트폰 및 다양한 웨어러블 기기를 장악하고 있는 빅테크들이 헬스케어 플랫폼 시장에 진출하는 것은 자연스러운 현상이 아닐 수 없다. 헬스케어 플랫폼은 개인의 건강기록과 같은 데이터를 수집해 관리하고 제휴관계에 있는 의료기관들을 연결해 준다. 애플, 아마존, 알파벳 등 빅테크들의 헬스케어 플랫폼들은 시공간의 제약이 없이 라이프스타일 기반의 맞춤형 헬스케어 서비스를 제공하는 방향으로 발전하고 있는 것이다.

장기적으로 지놈 유전자 해독, 웨어러블 응용 서비스 등이 다양한 개인 정보 플랫폼으로 진화·결합하는 과정에서 새로운 비즈니스, 혁신적인 벤처 생태계가 병행해서 대두할 것이다. 그리고 그 중심에는 클라우드와 인공지능, 데이터를 장악한 미국의 빅테크가 자리잡고 있을 것이다.

모빌리티/자율주행 서비스

카카오의 '타다' 서비스가 우리나라에서 큰 이슈가 되었을 때 사람들은 좀 더 편리한 공유 서비스를 둘러싼 이해당사자들 간의 갈등으로 이해하였다. 하지만 미래 자율주행 기술의 발달과 연계해 보면 모빌리티 서비스는 단순한 공유 서비스 차원을 넘어 미래에 대단히 중요한 플랫폼 서비스로 자리 잡을 가능성이 크다. 우버, 리프트와 같은 미국의 모빌리티 공유 플랫폼들이 장기적으로 지향하는 서비스는 이용자가 택시, 버스, 기차, 자전거 등 거의 모든 이동수단을 하나의 플랫폼을 통해 접근할 수 있는 MaaS(Mobility as a Service)이다. 그리고 MaaS 시장 성장의 열쇠를 쥐고 있는 것은 자율주행 기술이다. 완전한 자율주행에 도달하지 못하더라도 주차·주행 보조 시스템과 같은 부분적 혁신만으로도 모빌리티 플랫폼의 성장에 기여할 수 있다. 그리고 이상적인 로보택시가 가능하다면 해당 플랫폼은 글로벌 시장을 장악하는 데 결정적인 경쟁 우위를 차지할 수 있다.

빅테크들의 역할이 바로 여기에 있다. 자율주행 기술은 인공지능과 5G와 같은 첨단 네트워크의 융합으로 가능한 기술이며, 방대한 데이터를 이용할 뿐만 아니라 지속적으로 업데이트되어야 하는 인공지능 학습모델을 요구한다. 따라서 고성능의 반도체, 데이터, 인공지능, 클라우드와 같은 기반 기술을 갖추고 있는 빅테크들이 중요한 시장 참여자가 될 수밖에 없는 것이다. 이들의 시장 진출 방식에는 알파벳과 같이 직접 자율주행 서비스를 추진하거나, 마이크로소프트처럼 기존 자동차 업체에 클라우드 서비스를 제공하면서 가치사슬에서 부분적인 역할만 수행하는 방식 등 여러 가지 형태가 있을 수 있다. 주목해야 하는 점은, 자율주행기술의 발전과정에서 대표적인 제조업인 자동차 산업도 디지털 전환과 플랫폼화라는 4차 산업혁명의 거대 추세에 합류하고 있다는 사실이다.

테슬라의 전기차 생태계는 제조업 플랫폼화를 가장 극적으로 보여주는 사례이다. 테슬라의 기가 공장(Giga Factory)은 컨베이어

벨트 의존을 최소화하고 소프트웨어 능력이 극대화된 로봇 생산방식을 통해 제품을 공급하고 있다. 이렇게 생산된 차량은 그 자체로 네트워크에 연결된 컴퓨터, 즉 SDV(Software Defined Vehicle)로서 부품에서 차량제어, 자율주행에 이르는 모든 단계가 상호 의존적 혁신으로 연결된 가치사슬을 형성한다.

테슬라 가치사슬은 거대한 자율주행 학습모델, 자율주행 모델의 작동에 최적화된 인공지능 반도체 설계, 주행 데이터 학습에 필요한 초고성능 슈퍼컴퓨터 도조(Dojo), 주행거리 개선이나 차량 열효율 개선과 같은 다양한 차량기능 서비스의 무선 OTA(Over The Air)를 통한 업그레이드, 운영체제, 차량과 서비스 센터를 연

테슬라의 스마트 공장과 자율주행. 2022년 3월 22일(현지시간) 독일 브란덴부르크주(州) 소재 테슬라의 스마트 기가(Giga) 공장 개장식에 참석한 일론 머스크 테슬라 CEO는 "소프트웨어 능력이 극대화된 로봇 생산방식으로 지속가능한 미래를 향한 또 다른 발걸음을 시작했다."고 말했다. [EPA]

결시켜주는 클라우드, 전자제어유닛(ECU), 통신 시스템으로 구성된 자체 완결적인 컴퓨팅 스텍 생태계를 형성하며, 대부분의 기술들을 테슬라가 직접 내재화하고 있다.

이러한 추세에는 GM, 포드, 벤츠, 도요타와 같은 기존 자동차 산업의 거인들도 엔비디아, 마이크로소프트와 같은 컴퓨팅 관련 기업들과의 전략적 제휴를 통하여 동참하고 있어 장기적으로 자동차 산업은 거대 기업들이 주도하는 플랫폼간의 경쟁으로 전환될 전망이다. 여기에 알파벳, 애플과 같이 여러 분야에서 이미 컴퓨팅 스텍의 다양한 기술역량을 보유하고 있는 빅테크들의 진출 가능성까지 고려하면 미국이 모빌리티/자율주행의 미래도 주도할 가능성이 높은 것이다.•

빅테크와 미국의 플랫폼 생태계

메타버스, 의료·헬스케어, 모빌리티 등 새로운 글로벌 플랫폼 시장에서의 미국 우위가 전망되는 이유는 미국 빅테크들이 클라우드나 디바이스, OS 등 현재의 우위를 지렛대로 하여 새로운 분야에 진출하기 유리한 조건을 이미 갖추고 있기 때문이다. 이들은 생존을 위하여 신규 이용자와 데이터를 끊임없이 추구하기 때문에 새로운 플랫폼을 향한 중단 없는 경쟁이 불가피하고 이들 간의 경쟁이 미국 컴퓨팅 스텍의 우위 강화로 이어지는 것이다.

• 즉, 하드웨어로서의 전기차가 중요한 것이 아니라 자율주행, OTA 기반의 SDV가 어느 수준에서 가능한지가 미래 자동차 산업의 경쟁력을 좌우할 가능성이 높음

영국의 시사주간지 이코노미스트는 미국 빅테크들의 R&D, 인수·지분투자 영역, 링크드인의 피고용자 프로파일, 논문 발표 및 특허 자료를 통해 이들이 어떤 분야에 혁신 우선순위를 두고 있는지를 조사하였다.• 조사에 따르면 알파벳, 아마존, 애플, 메타, 마이크로소프트 등 빅5의 R&D는 '19년 이래 34% 증가하였고 이들의 R&D 및 자본지출이 S&P 500 기업에서 차지하는 비중도 32%에서 53%로 증가하였다. 그리고 빅5 R&D의 5~20%가 메타버스, 자율주행, 헬스케어, 우주, 로봇, 핀테크, 암호화폐, 양자 컴퓨팅과 같은 미래 유망분야에 투입되었고 관련 기업에 대한 인수합병이나 지분투자도 활발히 이루어지고 있는 것으로 나타났다. 이들의 인수합병이나 지분투자는 미국뿐만 아니라 유럽, 한국, 일본을 포함한 글로벌 차원에서 이루어지고 있기 때문에 미국 빅테크의 기술 및 재능 확보 노력도 글로벌 차원에서 진행되고 있음을 주목해야 한다.

이러한 노력으로 i) 이용자 접점 확보를 위해서 미래 OS/디바이스 장악, ii) 소프트웨어/서비스 플랫폼에서 네트워크 효과가 실현될 때 미국 빅테크의 미래 글로벌 플랫폼 장악은 더욱 공고해질 가능성이 높다. 최근 우리가 목도하고 있는 애플, 메타, 마이크로소프트의 VR/AR 기기 경쟁이나 알파벳, 애플, 아마존의 자율주행/모빌리티 플랫폼 경쟁, 그리고 애플, 알파벳, 아마존의 헬스케어 플랫폼 경쟁은 우월한 운영체제나 칩 디자인, 양자 컴퓨팅 등의 혁신으로 자신의 플랫폼 컴퓨팅 파워를 강화하려는

• The Economist, 'What America's largest technology firms are investing in' (2022. 1. 22)

그림 16 **미국 빅테크의 미래 유망분야 인수 및 지분투자 현황**

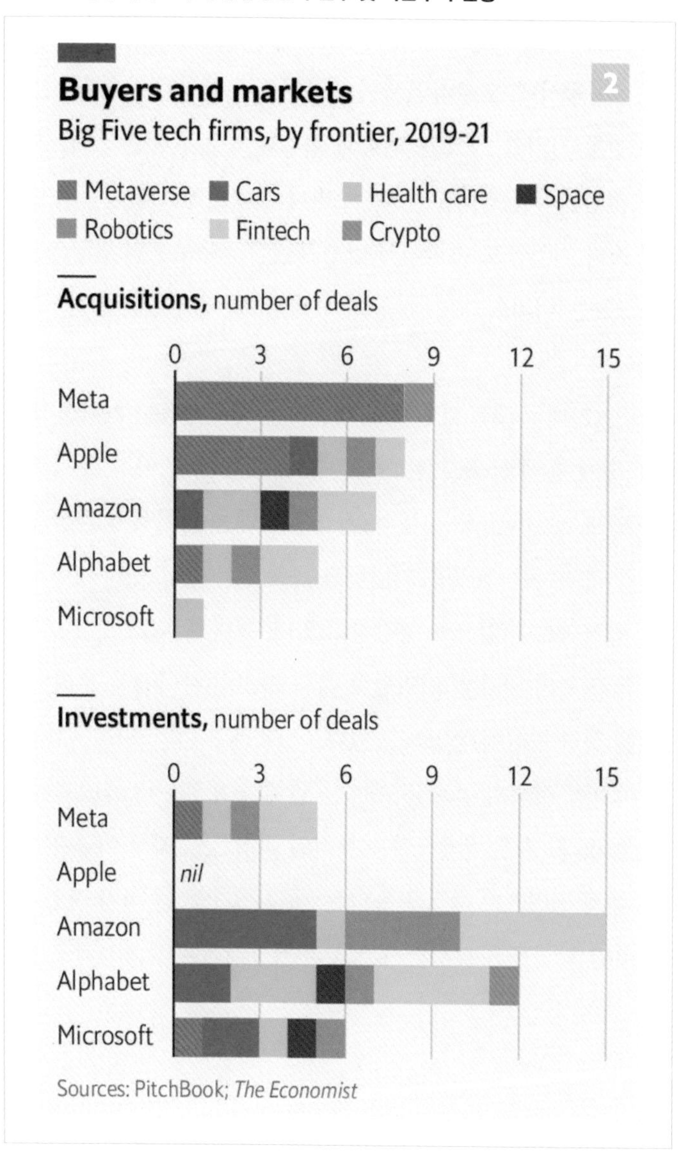

출처 : The Economist, 'What America's largest technology firms are investing in' (2022. 1. 22)

움직임과 더불어 모두 미래 플랫폼을 장악하려는 대전략의 일환인 것이다.

이와 동시에, 오프라인에서 온라인으로 디지털 전환을 시도하는 전통 기업들, 새로운 기술과 아이디어로 무장한 스타트업들도 끊임없이 등장하고 있다. 우버나 에어비엔비와 같은 공유경제 스타 기업들도 미국에서 탄생하였고 금융부분의 탈중앙화를 추구하는 디파이(DeFi; Decentralized Finance)도 미국에서 본격화되고 있다.

주식거래 플랫폼 로빈후드, 빅데이터 기반 부동산 가격설정·거래·중개 플랫폼 질로우, 예술품을 포함한 각종 자산 투자 플랫폼 일드스트리트 등 상품·서비스의 거래를 넘어서서 자산 유동화를 촉진하는 플랫폼 기업들도 주목받고 있고 텔라닥도 글로벌 원격의료 기업으로 성장하고 있다. 월마트, 디즈니, JP모간과 같은 전통의 글로벌 기업들도 각자 자신의 분야에서 온라인 사업을 위한 혁신에 동참하고 있다.

이처럼 미국의 플랫폼 세계는 언제나 새로운 조류를 만들어내고 있다. 결국, 빅테크와 전통적인 대기업, 그리고 이들을 둘러싼 벤처 생태계와 새로운 유니콘, 데카콘 기업들이 4차 산업혁명 글로벌 혁신을 주도하면서 미국의 기술패권을 강화시키고 있는 것이다.

2
중국의 서비스 플랫폼과 BAT

중국의 서비스 플랫폼은 흔히 바이두, 알리바바, 텐센트를 의미하는 BAT로 대표된다. 중국판 빅테크라 할 수 있는 BAT는 검색, 상거래, 금융, 소셜미디어와 같은 서비스 플랫폼 시장을 장악하고 있다. 서비스 플랫폼 사업을 하지 않고 통신 네트워크와 디바이스를 주도하는 화웨이와 함께, BAT는 클라우드 사업을 기반으로 중국의 빅데이터·인공지능 기술까지 주도하는 중국 컴퓨팅 스텍의 핵심 기업들이다. BAT는 각각 사업 초기의 주력 비즈니스에서 점차 다른 플랫폼 시장으로 진출해 대부분의 플랫폼 서비스를 통합적으로 제공하는 '슈퍼 플랫폼'을 추구해 왔다.

검색에서 출발한 바이두, 온라인 상거래에서 금융, 미디어 등 점차 다른 분야로 영역을 확장한 알리바바, 소셜네트워크·메신저에서 게임, 금융으로 진출한 텐센트는 대부분의 플랫폼 서비스에서 치열하게 경쟁해 왔다는 점에서 최근에야 서로의 영역에서 경쟁하기 시작한 미국의 빅테크들과 대비된다.• BAT 외에도 수많은 유니콘, 데카콘 기업들이 중국에서 등장하고 있지만 향후에도 중국 컴퓨팅 스텍 발전의 중심에는 BAT가 자리잡을 가능성이 높다.

• 텐센트가 최대주주인 JD닷컴과 알리바바의 온라인 상거래 경쟁, 결제시장을 둘러싼 알리페이와 위챗페이간의 경쟁, 동영상 플랫폼을 둘러싼 유쿠(알리바바)·아이치이(바이두)·텐센트비디오간의 경쟁 등 거대 플랫폼간의 '슈퍼 플랫폼'을 향한 경쟁이 미국과의 차이점임. BAT의 사업에 대한 자세한 설명은 다나카 미치야키(정승욱 역)의 미중 플랫폼 전쟁(세종, 2019. 10)을 참조할 것.

이들이 클라우드, OS는 물론이고 자신들이 축적하는 빅데이터에 기반하여 인공지능과 같이 서비스 플랫폼의 고도화나 전체 산업의 디지털 전환에 필요한 기반기술들을 중국에서 선도하고 있기 때문이다.

BAT의 성장 배경에는 방대한 내수시장은 물론, 서구 플랫폼에 대한 진입장벽과 그동안 상대적으로 미약했던 개인정보보호 등 중국 당국의 지원도 빼놓을 수 없다. BAT는 그 반대급부로 중국 정부의 산업육성 전략에 적극적으로 협조하고 있다. 인공지능 관련 국책 사업에의 참여가 대표적인 예로서, 알리바바는 교통, 수도, 에너지와 같은 도시정보의 빅데이터에 기반한 인공지능을 활용하여 각종 공공서비스를 지원하는 스마트 시티 사업을 담당하고 있다. 그리고 텐센트는 인공지능을 활용한 영상의료·진단서비스 사업을, 바이두는 자율주행 사업을 담당하고 있다. 즉, 미래 유망 신산업에 대비하는 중국 컴퓨팅 스택 전반의 혁신을 BAT가 담당하면서 이들이 기술패권 시대 중국정부의 기술발전 전략을 추진하는 주역을 맡고 있는 것이다.

중국의 미래 신산업

BAT가 중국인들의 일상에 큰 변화를 가져온 대표적인 분야는 상대적으로 낙후되어 있던 금융과 의료 분야이다. 일반 대중의 접근이 어려웠던 중국의 금융서비스 시장은 이용이 편리한 알리바바와 텐센트의 결제 서비스 도입 이후 폭발적으로 성장할 수 있었는데, 특히 알리바바의 자회사 앤트 파이낸셜(Ant Financial)은 결제 플랫폼의 빅데이터를 기반으로 대출, 자산운용, 보험 등 인접 금융서비스를 포괄하는 원스톱 금융 플랫폼으로 성장함으로써 세계 최대규모의 IPO가 기대되기도 하였다. 중국 핀테크의 발전은 주로 지불결제 시장에 한정되어 디지털 전환이 진행 중인 미국이나 유럽에 비해 인상적인 성과라 할 수 있다.

금융과 마찬가지로, 인터넷 약국이나 원격진료에 대한 규제가 거의 없는 환경에서 중국의 온라인 의료·헬스케어 플랫폼도 기초적인 서비스의 제공을 넘어서서 빅데이터·인공지능 기반의 헬스케어 서비스로 진일보할 수 있었다. 진료·처방·의약품 구매 원스톱 서비스를 제공하는 알리바바의 알리건강 플랫폼이 그 예이며, 길거리 부스에서 빅데이터·인공지능 기반의 원격진료 서비스를 제공하는 것으로 유명한 핑안굿닥터 플랫폼 등 새로운 플랫폼도 지속적으로 등장하고 있다.• 한편, 중국은 생명공학의 이용에 있어서 윤리적 제약이 거의 없기 때문에 생명공학의 지식을 인공지능·빅데이터 플랫폼에 연계시켜 성과를 낼 잠재력도 높다고 판단된다.

중국은 방대한 내수시장은 물론이고 5G, 클라우드와 같은 인프라 기반, BAT 중심의 서비스 플랫폼을 갖추고 있어 메타버스 플랫폼을 발전시킬 역량도 갖추고 있다. 특히 소셜미디어, 게임,

• 최근 중국 보건당국은 인터넷진료 관리감독 세칙을 통해 인공지능 진료 남용 금지, 의사 실명제 실시와 같은 규제 조치로 원격의료 관리감독을 강화할 전망이지만 이러한 조치는 오히려 중국 의료/헬스케어 플랫폼의 장기적 발전에 도움을 줄 수도 있을 것임.

온라인상거래, 가상 화폐 등을 종합적으로 갖춘 텐센트는 메타버스에서 미국의 빅테크에 손색없는 잠재력을 보유하고 있다. 텐센트는 이미 클라우드 게임이나 AR/VR 기술을 활용한 게임들을 제공하고 있으며 에픽과 같이 세계적으로 성공한 게임 타이틀을 보유한 미국, 유럽의 기업들에도 지분을 소유하고 있어 풍부한 콘텐츠 IP기반의 가상세계 구축에 유리한 위치에 있다.

자율주행도 우리가 주목해야 할 분야이다. 이미 중국은 중국제조2025 계획에서 자율주행 분야의 선두가 되려는 포부를 밝힌 바 있다. 아직 중국의 자율주행 관련 특허 수는 미국, 유럽에 비해 뒤처지고 있으나 거대한 인구에 기반하여 미국과 같은 경쟁국에 비해 더 방대한 규모의 데이터를 활용•해 자율주행기술을 시험할 수 있으며 운전자, 탑승자, 보행자 정보를 제약이 없이 분석할 수 있다는 장점도 가지고 있다.

표 16 **캘리포니아 도로 자율주행 테스트 실적**

순위	기업명(국적)	주행거리(km)	얼마 주행할 때마다 사람이 개입(km/1회)
1위	GM 크루즈(미국)	123만 9271	4만 5899(오류 적은 순서 2위)
2위	구글웨이모(미국)	101만 2015	4만 8191(오류 적은 순서 1위)
3위	포니Ai(중국)	36만 2900	1만 7281(오류 적은 순서 4위)
4위	죽스(미국)	16만 4991	2619(오류 적은 순서 7위)
5위	뉴로(미국)	8만 9109	8101(오류 적은 순서 6위)
6위	오토X(중국)	6만 5555	3만 2777(오류 적은 순서 3위)

출처: 조선일보, '도요타·닛산도 앞질렀다… 한국 자율주행 스타트업의 질주' 조선일보, (2021. 3. 18)

• 2019년 기준으로 전세계 우버 이용자가 하루 약 1500만개의 라이드를 수행하는 반면, 디디추잉은 중국내에서만 약 2500만개의 라이드를 수행한다고 알려져 있음

이미 바이두와 같은 빅데이터·인공지능 분야의 대기업은 물론 포니AI와 같은 스타트업도 대두하고 있어 중국의 자율주행 기술 생태계는 장기적으로 서구와의 격차를 줄일 수 있을 것으로 기대되어 왔다. 하지만 바이두와 주요 스타트업들이 미국에서 기술개발이나 시험운행을 해왔다는 점을 감안하면, 미·중 갈등이 심화되는 상황은 중국의 자율주행 기술 발전에 저해요인으로 작용할 가능성도 있다.

방대한 내수시장을 둘러싼 치열한 경쟁과 상대적으로 약한 규제정책은 BAT를 비롯한 많은 플랫폼 기업들이 금융, 상거래, 헬스케어, 자율주행 등 많은 분야에서 빠르게 성장할 수 있었던 배경이었다. 텐센트와 알리바바는 상거래, 핀테크, 게임 등 다양한 분야에서 해외투자도 적극적으로 추진하여, 글로벌 서비스 플랫폼으로서의 면모도 갖추고 있다.• 그리고 BAT外에도 디디추잉, 메이투안디엔핑, 핀듀오듀오와 같은 새로운 거대 플랫폼들이 다양한 분야에서 지속적으로 등장하고 있다는 사실은 중국 플랫폼 서비스 시장의 역동성을 보여준다.

최근 앤트 파이낸셜의 IPO금지와 같은 규제 강화 조치에도 불구하고, 미래에도 중국은 주요 플랫폼 기업들을 정부의 산업정책 목표 달성과 자국 컴퓨팅 스텍의 기술적 토대를 강화시키기 위한 도구로 활용할 것이다. 하지만, 정부의 통제 문제를 둘러싼 중국 스텍의 기술규범과 글로벌 기술규범과의 상이점은 중국

• 알리바바는 온라인 상거래 기업 Lazada에 10억불 지분 투자 등 동남아 지역에 사업을 확장하고, 텐센트는 미국의 에픽 게임, 핀란드의 Supercell 등 서구 게임업계에도 투자를 확대해 왔음

플랫폼이 서구를 아우르는 진정한 글로벌 플랫폼으로 도약하는 데에 제약요인으로 작용할 것이다. 이미 트럼프 행정부 시절 틱톡의 미국 내 이용 제한 논란에서 드러났듯이, 중국 플랫폼의 범위는 유사한 가치·체제를 추구하는 일부 국가들에 한정될 가능성이 높은 것이다.

이제 3부의 마지막 장에서 컴퓨팅 스택의 가치, 기술규범에 대하여 살펴보도록 하자.

8장

체제의 거울 : 컴퓨팅 스텍의 기술 규범

기술의 이용에 대한 규범, 가치는 그 기술에 기반한 제품·서비스를 이용하는 모두에게 피할 수 없는 외부 조건을 부여한다. 기업들이 어떤 게임의 규칙에 따라 경쟁하는지는 시장의 구조나 혁신에 영향을 미친다. 그리고 개인정보가 어떻게 이용되고 누가 접근할 수 있는지, 정보·데이터의 흐름을 누가 어떤 목적으로 관리하는지를 결정하는 기술이용의 규범은 우리가 피할 수 없는 '주어진 환경'이다.

기술의 이용에 관한 규범·가치는 재화를 생산하고 소비하는 방식에도 영향을 미칠 수 있다. 우리는 우리의 개인정보를 남용하는 추천 알고리즘에 따라 구매하고, 우리의 정치 성향에 맞는 뉴스에 편향적으로 노출되는 것이다. 기술의 이용에 관한 규범·가치는 그 자체로 기술의 발전 경로, 혁신과 영향을 주고받으면서 서로 상이한 스텍, 즉 인터넷의 발전 모델간의 경쟁을 규정하게 된다.

이러한 경쟁의 중심에는 거대 빅테크가 존재한다. 우리들에게 미국이나 중국의 빅테크 기업들은 주로 인터넷 서비스 플랫폼을 대표하는 기업들로 인식되어 있지만, 그 자체로 국가의 기능을 일정 부분 수행하는 '컴퓨팅 스택'을 대표하는 존재들이기도 하다. 이들은 애플의 앱스토어와 같은 일종의 경제적 시스템을 갖추고 있으며 플랫폼 참여자들이 따라야 할 규칙을 집행할 뿐만 아니라 프라이버시나 인권의 보호 또는 감시와 같이 체제의 성격을 반영한 기능을 수행하기도 한다.

페이스북이나 유튜브, 로블록스와 같은 서비스 플랫폼에는 개인과 단체가 (국적에 해당하는) 자체 계정을 가지고 참여하고 있으며 그 안에 미디어, 화폐, 브랜드, 자산 등이 포함되어 있다. 플랫폼에서 정보의 생산과 유통, 소비가 이루어지는 까닭에 공공의 담론 형성이나 허위정보의 확산과 남용, 프로파간다(propaganda, 허위나 과장된 선전)도 가능하다. 즉 거대 플랫폼은 그 자체로 국가에 비유될 수 있고 체제의 성격을 반영하는 거울인 것이다.

한편, 서비스 플랫폼을 주도하는 빅테크, 글로벌 플랫폼 기업들은 기술패권 시대 혁신의 주역들이기도 하다. 이들이 플랫폼을 어떤 방식으로 운영하고 어떤 규범을 적용하는지(또는 적용받는지)는 기술패권 시대 글로벌 플랫폼 시장을 누가 차지할 것인지, 더 나아가 4차 산업혁명을 누가 주도할 것인지, 그리고 각 기술블록에서 정보를 어떻게 관리·통제하는 모델이 우세할 것인지를 결정할 중요한 요소 가운데 하나이다. 우리는 이미 3부 5, 6, 7장에서 경제 및 군사·안보상의 우위를 가져올 수 있는 컴퓨팅 스택 핵심 기술들의 현재와 미래 전망을 살펴보았다.

이제 8장에서는 컴퓨팅 스텍을 둘러싼 기술패권 경쟁의 세 번째 측면, 즉 체제의 거울이라고 할 수 있는 스텍 기술의 이용에 대한 규범, 가치를 중심으로 미국과 중국을 비교한다.

20
미국 컴퓨팅 스텍의 규범과 가치

1절에서는 시장 지배자이자 민주주의에의 잠재적 위협자가 될 수도 있는 빅테크를 사회가 어떻게 다루어야 할 것인지, 이들에게 부과해야 할 규제나 사회적 책임은 무엇인가를 둘러싼 논란을 살펴봄으로써 미국 스텍의 장래를 조망한다. 아울러, 정부의 감시·통제라는 문제도 다룬다. 미국의 스텍을 장악하고 있는 거대기업 및 정부를 둘러싼 기술규범이 어떻게 진화하느냐에 따라 우리를 포함하는 글로벌 스텍의 미래도 큰 영향을 받을 것이기 때문이다.

빅테크의 시장지배와 최적 규제의 문제

컴퓨팅 스텍을 구성하는 기술, 산업은 대부분 미국에서 시작되었거나 지금도 미국이 선도적 위치를 차지하고 있다. 미국은 반도체 GVC의 관문을 장악하고 있으며, 글로벌 클라우드 시장도 미국의 빅테크들이 주도하고 있다. 우리의 일상을 지배하고 있는 대부분의 플랫폼 서비스들도 마찬가지이다. 검색, 상거래, 소셜미디어, 핀테크, OTT, 스마트폰 생태계 등 대표적인 플랫폼 서비스들도 미국의 빅테크들이 선도하고 있다.

한마디로 말해 미국의 빅테크들은 미국을 넘어서서, 인터넷 자체를 지배하고 있으며 미국의 컴퓨팅 스텍이 일부 권위주의 국가를 제외한 대부분의 국가들에게 자연스럽게 주어진(default) 글로벌 스텍인 것이다. 그리고 빅테크, 스타트업과 벤처캐피탈, 연구계 등 미국 기술 생태계 참여자들과 규제기관들이 미국이 주도하는 글로벌 스텍의 경제, 군사·안보 및 기술규범에 막강한 영향력을 행사한다.

경제적 측면에서 빅테크가 이룩한 성과는 이미 잘 알려져 있다. 애플, 알파벳, 아마존, 마이크로소프트, 메타의 역사는 사실상 플랫폼 서비스의 발전 역사와 다름이 없다. 이들의 발전 과정이 곧 플랫폼, 더 나아가 인터넷의 진화 과정이라 해도 과언이 아닌 것이다. 월드와이드웹으로 대표되는 초기의 개방적 인터넷은 모바일 시대에 거대 플랫폼이 대두하면서 서비스 기능이 향상되지만 정보를 장악한 빅테크에 의해 이용자가 고착되고 집중화된 인터넷으로 변모하게 된다. OS나 제3자가 자신의 서비스나 데이터를 위탁할 수밖에 없는 클라우드 컴퓨팅이 스텍의 발전과정에서 필연적으로 대두하고 서비스 계층에서도 네트워크 효과 및 데이터 우위가 작용하여 빅테크, 즉 거대 플랫폼이 등장한 것이다.

하지만 플랫폼 시장을 자연독점 시장으로 간주하거나 플랫폼 부문에 시장 경합성이 존재하지 않는다는 주장에는 논란의 여지가 있다. 상거래 플랫폼에는 다수의 기업이 경쟁하고 있고 소셜미디어 시장도 페이스북, 틱톡, 스냅챗와 같이 서로 다른 성격의 플랫폼들이 이용자를 확보하기 위해 경쟁하고 있다.• 메타나 애플의 VR, AR 디바이스 개발이나 마이크로소프트의 게임 사업 강화에서 알 수 있듯이, 메타버스라는 새로운 서비스 시장을 선점하기 위한 빅테크간 혁신 경쟁도 본격화되고 있다.

즉, 네트워크 효과에도 불구하고 기존 플랫폼 시장內에서도 거대 플랫폼 기업간의 경쟁이 일어나고 있고 새로운 시장, 플랫폼을 향한 경쟁도 치열하게 전개되고 있는 것이다. 그럼에도 불구하고 빅테크들이 현재 자신들이 지배하고 있는 플랫폼의 이용자 및 데이터를 지렛대로 하여 경쟁에서 '기울어진 운동장'의 혜택을 누릴 수 있음도 사실이다. 결국, 빅테크의 시장 지배력을 적절히 제어하고 '평평한 운동장'을 만들어 내는 것이 경제적 측면에서 컴퓨팅 스텍 기술규범의 과제라고 할 수 있다.

최근 유럽과 미국에서 논의되는 다양한 빅테크 규제방안은 이러한 맥락에서 이해되어야 하며, 미국 의회에서 발의된 플랫폼 규제 패키지 법안이 최종적으로 어떻게 시행될 것인지를 지켜볼 필요가 있다. 법안의 기초가 된 하원의 '디지털 시장 경쟁 조사(Investigation of Competition in Digital Markets)'(2020)•• 보고서는 알파벳,

• 우리 사회에는 네트워크 효과를 무조건 부정적으로 보는 시각도 있지만, 네트워크 효과는 해당 네트워크의 가치를 증대시키기 때문에 사회 후생도 커짐. 즉, 유사한 플랫폼들이 다수 존재하는 것보다는 하나의 플랫폼이 네트워크 효과를 극대화하되, 혁신의 결과로 차별화된 플랫폼들이 지속적으로 등장하면서 이용자 획득 경쟁이 활성화되는 것이 가장 바람직한 모습임. 소수가 상이한 플랫폼들을 모두 지배하는 것이야말로 진정한 문제인 것이며, 페이스북이 인스타그램과 왓츠앱을 인수한 것이 비판을 받는 이유도 여기에 있음

•• 미 하원, 'Investigation of Competition in Digital Markets' (2020. 10. 2)

메타, 아마존, 애플의 반경쟁적 행위 여부에 대한 일종의 판결문이라 할 수 있다.

메타는 인스타그램, 왓츠앱과 같은 잠재적 경쟁자를 초기에 인수하여 경쟁의 싹을 없앰으로써 낮은 수준의 프라이버시 보호나 허위정보 확산 등 서비스 질의 저하를 초래하였음이 지적되었다. 알파벳은 클라우드, 브라우저에서 OS, 검색에 이르는 인터넷 서비스의 핵심 인프라를 모두 장악하여 그 지배력을 자신이 제공하는 다양한 서비스로 전이하였고 아마존은 물류 시스템과 온라인 마켓의 수직결합을 통하여 자신이 판매하는 재화를 우대하고 아마존 플랫폼을 이용하는 경쟁자를 차별함으로써 이해관계의 충돌을 야기하였다고 비판받았다.

애플도 OS 및 앱스토어 독점을 통하여 경쟁자에 불리한 계약조건 강요나 시장에서의 배제와 같은 반경쟁 행위를 하였음이 지적되었다. 이에 따라, 하원 보고서는 이들의 반경쟁적 행위를 제한하기 위한 시정 조치로 검색 등에서 자기우대 제한, 동일 서비스에 대한 동일 계약조건, 결합 판매 금지와 같은 비차별 원칙과 거대 플랫폼의 구조조정(기업 분할 등) 및 인접 시장에의 진출 제한을 건의한다.•

강력한 플랫폼 규제를 주장해 왔던 리나 칸(Lina Khan)이 32세라는 젊은 나이에 2021년 6월 미국 연방거래위원회(FTC : Federal Trade

• 또한 시장지배적 사업자의 M&A를 반경쟁적이라 추정(Presumptions)하고 지배력 남용 적용 기준도 판매자의 지배력은 시장 점유 30%, 수요자의 지배력은 25%로 정해, 지배력 양적 기준을 명확히 함

Commission) 위원장에 취임하면서 플랫폼 규제가 강화될 것이라는 전망이 제기되었는데, 예상대로 그녀의 주장 대부분이 하원 보고서의 후속 조치인 플랫폼 규제 패키지 법안에 반영되어 있다.•

2021년 6월에 발의된 미 하원의 플랫폼 규제 패키지 법안은 플랫폼 제공자의 자사 재화 판매 중단, 인수합병에 경쟁제한성이 없음을 플랫폼 기업이 스스로 입증하도록 하는 책임 부과, 자사제품의 우대 금지, 플랫폼 간 소셜미디어 데이터 이동성을 보장하는 것을 주요 내용으로 한다.•• 플랫폼 규제 패키지 법안에 이어 추가로 미국 상원에서 발의된 '개방 앱 마켓 법안(Open App Market Act)'••• 은 미국 내 5,000만 명 이상이 이용하는 앱스토어 운영자, 즉 애플과 구글을 대상으로 인앱결제시스템 강제를 금지하고, 제3자의 앱스토어 설치를 허용하도록 규정하고 있다.

이러한 조치들이 최종적으로 어떻게 확정될 것인지는 좀 더 시간을 두고 지켜보아야 하지만, 미국에서 벌어지고 있는 빅테크 규제의 방향성은 특정 집단의 자의적, 일방적 결정이 아니라

• 리나 칸 의장의 아래 세 논문의 주요 내용이 미 하원 보고서의 정책 제언 및 플랫폼 규제 패키지 법안에 반영됨. 계약과 관련한 분쟁 발생시 법원의 재판에 의하지 않고 중재에 의하여 분쟁을 해결하겠다고 약속하는 중재합의(Arbitration clause)를 거대 플랫폼 기업이 남용하고 있음을 비판한 'Arbitration as Wealth Transfer', (Yale Law & Policy Review, 2017. Vol. 35, July, Deepak Gupta와 공저), 독점가격에 따르는 소비자 피해(harm)에만 초점을 둔 기존 경쟁법의 한계 및 그 대안으로서의 플랫폼 규제를 제안한 'Amazon's Antitrust Paradox', (Yale Law Journal, Vol 126, 2017, Jan), 거대 플랫폼 기업의 구조 분리를 제안한 'The Separation of Platforms and Commerce', Columbia Law Review (2019. Jun)를 참조할 것

•• 규제 대상 기준은 ①미국 기반의 활성 이용자 월 5천만명/활성 사업이용자 월 10만명, ②시가총액 6000억 달러 이상, ③온라인 플랫폼에서 재화·용역 판매를 위한 중요한 거래상대방으로, 사실상 하원 보고서가 조사한 4대 플랫폼 기업들이 그 대상임

••• 미 상원, 'Open App Market Act', 2021. 8. 11.

표 17 **미국 하원 플랫폼 패키지 법안 주요내용**

법안명	주요 내용
플랫폼 독점종식법 (Ending Platform onopolies Act)	○ 지정 플랫폼 사업자가 플랫폼 운영 이외에 해당 플랫폼을 통해 재화·용역을 판매하는 행위를 불법적 이해상충으로 규정하고(Section 2) 해당 플랫폼에서 자사의 재화·용역 판매를 중단하도록 함 – 해당 사업부문의 전략적 의사결정에 관여할 수 없도록 지분 25% 미만을 보유하도록 규정(Section 5(4))
진입방해 인수합병 금지법 (Platform Competition and Opportunity Act)	○ 지정 플랫폼 사업자에게 인수합병이 경쟁 제한적이지 않다는 입증책임을 부과함으로써 잠재적 경쟁사업자 인수를 제한
자사제품 특혜제공 금지법 (American Innovation and Choice Online Act)	○ 지정 플랫폼 사업자가 플랫폼을 이용해 자사 제품에 특혜를 제공하거나 사업이용자들을 차별하는 행위를 금지 – 금지행위로는 플랫폼 기능에의 액세스 및 상호운용성 제한, 사업이용자/고객 데이터의 접근 방해나 남용, 자사 재화·용역 우대 등
소셜미디어 이동제한 금지법 (Augmenting Compatibility and Competition by Enabling Service Switching Act)	○ 이용자가 소셜미디어를 보다 쉽게 탈퇴하고 자신의 콘텐츠를 쉽게 가져갈 수 있도록 보장 – 데이터 이동성, 상호호환성 보장 및 관련 기술표준 제정 권한의 FTC 부여
합병신청 수수료 인상법 (Merger Filing Fee Modernization Act)	○ FTC와 DOJ의 예산확충을 위한 인수합병 신청 수수료 인상 법안

출처: '미국의 플랫폼 규제 패키지 법안의 주요 내용 및 시사점', 김현수, 강인규, KISDI Perspectives No.2. (2021. 6)에서 재구성

학계와 법원, 일반 국민과 정치권, 규제 당국, 기업 등 모든 이해당사자들 간 개방된 논의를 통하여 결정되고 있음에 주목해야 한다. 예를 들어, 거대 플랫폼 기업의 분할(break-up)과 같은 강한 조치는 플랫폼 시장이 근본적으로 경합시장이냐의 여부를 둘러싼 논쟁이 어떻게 결론 지어질지에 좌우될 것이다. 모든 이해당사자들이 참여할 수 있는 개방적 논의 과정은 미국 컴퓨팅 스텍

의 규범을 중국과 같은 권위주의 체제의 규범과 차별시키는 특성이라 하겠다.

한편, 글로벌 시장의 1/3을 차지하는 유럽연합의 빅테크 규제도 미국 빅테크에 큰 영향을 미칠 수밖에 없다. EU의 디지털 시장법안(Digital Market Act)은 거대 플랫폼을 우회하는 탈중개(disintermediation) 보장, 거대 플랫폼의 사업 이용자(business user)에 대한 비차별적인 대우 금지 등 미국의 빅테크 규제안과 유사한 내용을 담고 있지만 거대 플랫폼의 데이터 이용 제한이나 검색 서비스에서 제3자와의 데이터 공유의무 부과 등 데이터 관련 규제를 강화한 것이 큰 차이점이다.•

빅테크에 대한 규제와 함께, 웹 3.0을 중심으로 하는 인터넷 자체의 진화도 어느 정도 빅테크의 영향력 약화를 가져올 수 있다. 블록체인 기술을 기반으로 하는 웹 3.0에서는 응용서비스와 데이터가 분리되고 이용자는 어떤 앱이 그들의 데이터에 접근할 것인지를 결정할 수 있다. 블록체인 기술에 기반하는 Dapps(decentralized applications)에서 이용자는 중개자(즉, 플랫폼 기업) 없이 다른 이용자와 직접 상호작용이 가능하기 때문이다.•• 웹 3.0이 얼마나 현재의 디지털 시장구조를 변화시킬 수 있을지는 아

• 디지털 시장 법안의 제6조에서 사업 이용자와의 경쟁을 위해 사업 이용자(및 그 최종 이용자)로부터 산출된 데이터를 이용하는 행위를 제한하고, 익명화를 전제로 검색엔진에서 이용자가 생성한 랭킹, 쿼리, 클릭 데이터에 대한 (경쟁) 검색 사업자의 접근 요구에 따를 것을 의무화하는 내용을 담고 있음

•• 블록체인 기반의 대표적인 응용이라 할 수 있는 비트코인이 거래기록을 신뢰할 수 있는 분산원장(distributed ledger)에 의존하듯이, Dapps는 중개자로서의 플랫폼 기업이 없이도 신뢰할 수 있고 분산화된 데이터 베이스를 갖춘 피어 투 피어(peer to peer) 라고 할 수 있음

직 불확실하지만, 새로운 혁신에 대한 이용자·개발자 커뮤니티의 자발적 참여가 언제나 시장구조나 기술규범의 형성에 큰 영향을 미칠 수 있다는 점이 미국 및 서방세계 컴퓨팅 스텍의 강점인 것이다.

민주주의와 빅테크의 사회적 책임

1971년 노벨 경제학상 수장자인 토머스 셸링은 사소한 동기나 무의식적인 선호의 차이가 집단 간에 뚜렷한 분리를 가져올 수 있음을 보여주었다.• 셸링의 실험은 서로 다른 피부색을 가진 가구들이 섞여 있는 지역에서 동일한 피부색을 가진 이웃의 비율이 50% 이하로 떨어지면 이사를 가는 조건을 부여할 때 최종적으로 어떤 결과가 초래되는지를 보여주었는데, 그 결과는 완벽히 피부색에 따른 지역 간 구분이었다. 즉, 셸링의 실험은 유사한 견해나 선호 성향이 조금이라도 있으면 얼마든지 분열된 커뮤니티를 초래할 수 있다는 것을 보여준 것이다.

사이버 공간이라면 이러한 분리현상이 더욱 용이하게 일어날 것이고, 결국에는 커뮤니티간의 극단적인 분열을 초래할 것이다. 동질적인 집단내의 구성원들은 플랫폼 기업들의 알고리즘의 안내에 따라 듣고 싶고 보고 싶은 정보에 주로 노출되고 집단 간의 괴리와 반목은 더욱 증폭될 것이기 때문이다. 이러한 현상이

• Thomas Schelling, "Dynamic Models of Segregation", Journal of Mathematical Sociology 1 (1971)

민주주의에 역기능으로 작용할 것임은 자명하다. 악의적 콘텐츠, 가짜뉴스나 허위정보의 범람도 문제이다.

모든 정보, 뉴스의 수집자(aggregator)이자 전달자로서 기존 미디어의 힘을 대체하고 있는 소셜미디어가 사회집단 간 편향성을 증폭시키는 현상은 미디어가 곧 메시지라는 마샬 맥루한의 명제를 뒷받침한다. 그리고 자신의 비즈니스 동기에 따라 이러한 현상을 강화시키는 거대 플랫폼 기업에게 사회가 적절한 책임을 부여하는 것이 스텍의 기술규범에서 중요한 의미를 갖게 된다.

이미 이러한 문제들을 해결하는 방법을 둘러싸고 미국과 유럽에서 활발한 논의가 진행 중이다. 디지털 플랫폼 기업의 뉴스 퍼블리셔로서 책임을 면제한 통신 품위법(Communication Decency Act) 230조를 개정하여 빅테크의 정보 유통의 관문으로서의 영향력을 약화시키는 방안이나 미디어가 양질의 콘텐츠를 생산하도록 공적 자금을 지원하자는 제안 등 다양한 방안이 논의되고 있는 것이다. 이 가운데 특히 주목받는 것은 미국의 빅테크에게도 영향력 행사가 가능한 EU의 디지털 서비스 법안(Digital Service Act)이다. 동 법안은 불법 콘텐츠나 잘못된 정보 등에 관한 다양한 플랫폼 규제안을 제시하고 있는데, 특히 유럽지역에서 4,500만 활성 이용자를 보유한 온라인 플랫폼은 높은 수준의 규제를 받도록 하고 있다.

이들이 준수해야 할 의무의 핵심은 불법 콘텐츠, 프라이버시 침해 등 거대 플랫폼 이용에 따르는 구조적(systemic) 리스크를 분석하고 이에 대응하는 콘텐츠 조정 메커니즘(content moderation mechanism)을 갖추는 것이다. 구조적 리스크는 서비스 오용이나 조작, 표현의 자유, 프라이버시, 차별받지 않을 권리 등이 침해될 수 있는 리스크를 의미하며 이의 방지를 위해 거대 플랫폼들, 즉 빅테크들은 자신의 콘텐츠 조정 메커니즘, 알고리즘 추천 시스템, 온라인 인터페이스의 설계와 기능을 강화하거나 수정해야 한다. 동 법안이 효력을 발휘할 경우, 거대 온라인 플랫폼은 공정한 시장경쟁 이외에도 온라인 세상의 구조적 문제, 즉 시민의 권리나 담론의 생성·전파, 불법적인 콘텐츠 유통 등 비(非)경제적인 문제들의 해결에 큰 책임을 지게 될 것이다.

개인정보보호도 기술규범 체계의 중요한 구성 요소이다. 미국에서도 캘리포니아 주의 경우처럼 개별 주(州) 차원에서 강력한 개인정보보호를 시행하는 경우도 있지만 개인정보보호 문제에 더욱 적극적으로 대응하는 곳은 유럽이다. EU의 GDPR(General Data Protection Regulation)은 기업들이 고객 정보를 수집할 때는 반드시 동의를 얻어야 하고 고객 정보를 다른 기업에 유출·판매할 수 없도록 규제한다.

EU의 글로벌 서비스 시장에서의 높은 비중으로 인해 EU 규제는 미국의 대응 입법이 없더라도 빅테크의 개인정보 남용을 제한하는 효과를 갖는다. 한편, 시장의 경쟁이 자체적으로 개인정보에 의거하는 비즈니스 모델의 쇠퇴를 가져올 가능성도 있다. 애플이 iOS 14.5에서부터 적용한 앱 추적 투명성 정책은 메타와 같이 개인정보에 의존하는 플랫폼 기업의 비즈니스에 큰 타격을 주고 대신 구독 서비스 모델의 확산이라는 대안을 추구할 동

기를 부여한다.•

미국 및 서방 세계의 스텍 규범과 관련하여 마지막으로 살펴볼 주제는 정부의 정보 접근·남용의 문제이다. 인터넷 기업이 민간의 이용정보를 수집하도록 하고 정부가 그 정보에 접근하도록 한 미국 정부의 프리즘(PRISM) 프로젝트를 스노든이 폭로한 사건은 안보를 이유로 정부가 시민의 정보에 접근할 수 있는 권한에 대한 논란을 촉발시켰다. 서로 경쟁하는 정치 세력이 존재하고 권력이 분산된 사회에서는 정부의 정보 접근·남용에 한계가 있을 수밖에 없다. 그런 사회에서는 에드워드 스노든과 같은 '공익 제보자'가 언제라도 등장할 수 있고 정부의 비판에도 불구하고 사회가 이를 포용하는 모습도 보여주기 때문이다. 프리즘 프로그램을 폭로한 에드워드 스노든 사건을 둘러싼 PewResearch Center와 USA TODAY의 공동 설문조사 결과는 국가안보와 개인

표 18 **스노든의 폭로에 대한 미국민의 의견**

스노든이 폭로를 통해 공공의 이익에 기여했는가?			스노든을 기소해야 하는가?	
연령	기여했다	아니다	찬성	반대
18~29	57%	35%	42%	42%
30~49	48%	40%	56%	36%
50~64	39%	47%	63%	26%
65세 이상	35%	53%	61%	22%

출처 : USA Today(2014. 1. 22)

• 타겟 광고 제공의 토대가 되는 광고 식별자인 IDFA에 대해 이용자에게 개인정보 수집 동의를 얻도록 하는 앱추적 투명성(App Tracking Transparency, ATT) 정책에 따라 모든 앱은 데이터 수집 관행에 대한 정보를 제출하고 이용자들에게 ATT 프레임워크를 통한 이용자 정보 추적에 대해 명시된 허가를 받아야 함

프라이버시간의 충돌에 대한 미국 국민의 의견이 거의 양분되었음을 보여주었다.

결국 정보수집기관의 통화감찰과 같은 정보수집기관 권한의 일부를 제한하는 조건으로 미국 자유법(USA Freedom Act)이 2015년 5월에 의회를 통과함으로써 스노든 사건이 촉발한 인권침해 논란이 일단락되었다. 하지만 테러방지와 같은 안보상의 이유로 정부가 정보에 접근하는 것은 어느 정도 불가피하기 때문에 앞으로도 정부 권한의 정당성과 범위, 정보기관의 권한 남용 가능성에 대한 논의는 계속될 것이다.

프리즘 사태와 정반대되는 현상, 즉 민간이 정부를 감시하는 행위가 실제로 일어났고 이에 대한 지지도 강하다는 사실은 미국을 비롯한 서방세계 스택 기술규범의 탄력성를 역설적으로 보여준다. 위키리크스(WikiLeaks)는 2006년 개설된 이래 미군의 이라크 국민 살해 등 수많은 정부 미공개 문서를 공개해왔다. 각국 정부들은 국가기밀 누설이나 외교활동 방해 등의 이유로 위키리크스를 비판하지만 지지의견도 적지 않다.

위키리크스는 정부의 투명성 제고와 민주적 의사표현에 공헌하고 있다는 평가로 인해 국제 엠네스티(Amnesty International)에서 미디어 상을 수여받기도 하였다. 우크라이나 전쟁에서 공개출처정보(Open Source Intelligence : OSINT)의 활약도 민간 스스로의 정보 이용에 관한 서구 스택의 유연성, 자유도를 상징적으로 보여준다.

앞으로도 정보수집의 조건, 목적, 감시 절차 및 책임 소재 등 장기적으로 정부의 민간 데이터 활용에 대한 규범·제도를 둘러싼 논란은 계속될 것이다. 이러한 노력이 어떻게 실현될 것인지가 권위주의 체제의 스텍 규범과의 차별성을 결정할 것이고, 건전한 논의와 제도 정착을 통하여 민주주의의 강화, 확산에 기여할 수 있을 것이다.

21
중국 컴퓨팅 스택의 규범과 국가

미국 스택의 규범 형성에서 빅테크가 큰 역할을 하는 것과 반대로, 중국 스택 규범의 주인공은 정부이다. BAT로 대표되는 중국의 빅테크들은 통제자가 아니라 통제를 당하는 자이고 통제 기능을 위탁받아 수동적으로 수행하는 존재이다. 중국 스택의 규범은 당과 정부가 무엇을 어떻게 추구하는가에 따라 결정된다. 우선 중국 당국이 BAT를 비롯한 기술기업들을 어떤 의도로 어떻게 규제하고 있는지를 살펴보고, 이어 스택의 이용자들인 일반 국민들을 어떻게 지도 내지는 통제하고 있는지를 알아보도록 하자.

중국의 빅테크 규제

너무 영향력이 강해지는 플랫폼은 미국은 물론 중국 정부에도 복잡한 딜레마를 제공한다. 특히 정부에 대한 협조 노력에도 불구하고 BAT가 금융이나 미디어와 같이 중국 정부가 통제하고자 하는 분야에서 영향력을 행사하는 것은 갈등을 유발하게 된다. 세계 최대규모의 IPO로 예상되던 알리바바의 자회사 엔트 파이낸셜(Ant Financial)의 IPO 불발 사태는 BAT의 영향력을 제어하려는 중국 정부의 정책 방향을 극명하게 드러낸 예라 할 수 있다. 무엇보다도, BAT가 주도하는 소셜미디어나 동영상 플랫폼의 확산은 언론통제나 검열의 칼날이 겨누는 대상이 될 수밖에 없다. 결국 중국 정부는 거대 플랫폼의 경제적, 사회적 영향력을 줄이고 정부의 통제에 복무하도록 하는 일련의 정책을 시행하게 된다.

'플랫폼 경제 반독점 가이드라인'(2021. 2. 7)은 플랫폼의 시장 지배력 남용에 대한 본격적인 규제에의 신호탄이 되었다. 동 가이드라인에 따르면 플랫폼을 통하여 얻은 민감한 영업정보(가격, 판매량 등) 상호 교환, 기술 수단을 통한 상호 의사 전달, 데이터 등을 통한 행동 조율 등 플랫폼 사업자 간 담합 행위를 경쟁제한 행위로 규정하고 있다. 또한 기술적 수단을 통한 가격 자동설정 행위, 플랫폼 규칙을 이용하여 가격을 통일하는 행위, 데이터·알고리즘을 이용하여 가격을 직간접적으로 한정하는 행위, 시장 지배적 지위를 남용한 강제매매·가격조작 행위, 보조금 남발 행위 등이 독점 농단 행위로 규정되었다.

데이터에 대한 규제도 강화되고 있다. 중국은 데이터를 노동, 자본과 함께 전략적 생산요소로 간주하고 있으며, 산업 전반의 생산성 향상을 도모하기 위해 거대 플랫폼의 빅데이터를 중소기업이 데이터 거래를 통하여 이용할 수 있는 제도적 기반을 마련하였다.•

• 중국의 데이터 안전법(2021. 9) 14조는 '국가는 빅데이터 전략을 실시하여 데이터 인프라 구축을 추진하고, 데이터가 각 업계 및 각 분야에서 혁신적으로 응용될 수 있도록 장려하고 지원한다'는 내용을 담고 있으며, 이는 사실상 기업, 산업간 데이터 공유를 의미하는 것으로 받아들여지고 있음. 정용찬外, KISDI 프리미엄 리포트, '미·중 데이터 패권경쟁과 대응전략'(2021. 11. 30)을 참조할 것.

중국 정부의 거대 플랫폼에 대한 규제는 독점적 기업의 행태를 제한한다는 경제적 이유도 있지만 정보, 미디어 플랫폼의 성격을 필연적으로 가질 수밖에 없는, 그래서 정치·사회적 영향력을 가질 수밖에 없는 거대 기업을 통제한다는 복합적인 의미를 갖는다.

이러한 변화에는 너무 강력해진 민간 플랫폼에의 견제, 통제 강화 등 내부적인 요인도 작용하지만 미국의 지정학적 공세에 대응하면서 기술기업들을 자신들의 산업정책이나 경제성장 전략에 부응하도록 길들이려는 의도도 간과할 수 없다. 최근 부의 재분배를 강조하는 공동부유론(共同富裕論)을 중국 공산당이 강조하면서, 중국 거대 플랫폼의 이익을 재분배하는 것이 공동부유론의 실현방안 가운데 하나로 부각된 것도 플랫폼 규제 강화와 빅테크 스타 기업인들 '자세 낮추기'의 배경이다.

중국 금융 시스템이 낙후되었다고 비판한 것을 빌미로 알리바바의 마윈 전회장이 오랫동안 공식석상에서 사라졌던 일은 많은 사람들에게 중국에서 CEO로 지내는 것이 쉽지 않다는 것을 실감하게 해 주었다.

텐센트의 마화텅 회장도 2021년 초에 반독점 기구인 국가시장감독관리총국에 불려가 독점금지법을 준수하라는 질책을 들었다. 이후 마화텅 회장은 텐센트 계열사인 차이푸퉁(財付通) 대표 자리에서 스스로 물러나는 등 낮은 자세를 보였고 농촌경제 활성화를 위해 500억 위안의 기부금을 내놓는다.

중국 개혁·개방정책의 산물이라고도 할 수 있는 BAT는 예측

중국의 빅테크(BAT) 규제. 중국의 빅테크는 바이두, 알리바바, 텐센트를 뜻하는 BAT다. 검색, 상거래, 금융, 소셜미디어와 같은 서비스 플랫폼 시장을 장악하고 영향력이 강해지면서 복잡한 딜레마를 제공하고, 급기야 공산당과 갈등을 유발한다. 사진은 전자상거래 업체 알리바바의 창업자 마윈(위 사진)과 중국 국가 주석 시진핑(아래 사진). [신화망]

이 불가능한 법·제도 환경, 정치적 압박에 따르는 리스크에서 자유로울 수 없고 궁극적으로는 중국 스텍의 충실한 대변자, 협조자로서의 역할을 맡을 수밖에 없는 것이다. 정부의 빅테크, 기술분야 기업들에 대한 통제는 규제권한을 가지고 있는 중국 사이버공간 관리국(CAC : Cyberspace Administration of China)이 소유한 중국 인터넷 투자기금(CIIF : China Internet Investment Fund)이 자신의 포트폴리오에 다수의 기술기업들을 포함시켜• 경영권에 간여하는 메커니즘에서도 확인된다. 불과 1% 남짓한 지분 소유로도 CAC가 전체 사업모델에 영향력을 행사할 수 있다는 사실은 중국이 일종의 '국가 자본주의'를 향해 나아가고 있음을 보여준다.

반면, 통제 아래 있는 기업들은 인공지능, 양자 컴퓨팅, 로봇과 같이 국가가 우선순위를 두고 있는 분야에 투자하면서 정부의 산업 전략에 복무하고, 반대급부 혜택도 기대할 수 있다. BAT를 비롯한 중국의 첨단기술 분야는 일종의 벤처캐피탈리스트인 정부에 협조하면서 준(準)국영기업화 되는 것이다. 그리고 BAT가 정부가 원하는 스텍의 핵심 참여자가 될수록 외부의 글로벌 스텍과는 단절되고 분리된 기술·시장·가치체제로서 상이한 발전경로를 따르게 되는데, 무엇보다도 앞으로 더욱 강화될 가능성이 높은 정부의 정보통제 · 관리의 집행에서 BAT의 역할이 커질 것이다.

• 틱톡의 모기업인 ByteDance, 웨이보, 인공지능 기업인 SenseTime 등에 지분을 소유하고 있음.

정보의 통제·관리에 대한 중국 스텍의 규범

정보의 통제·관리에 관한 중국 스텍의 진화 역사 및 장기적 비전은 2015년 2월 시진핑 주석이 2차 세계 인터넷 컨퍼런스•에서 천명한 내용에서 함축적으로 드러난다. 이에 따르면 각국은 독자적으로 자신의 사이버 발전 경로를 선택할 권리가 있으며 타국의 간섭은 허용될 수 없다는 것이 중국 스텍의 과거, 현재 및 미래를 관통하는 원칙으로, 이는 사실상 중국이 미국 주도의 인터넷 거버넌스를 거부하고 정부·당에 의해 콘텐츠가 감시되고 관리되는 스텍을 추구할 것임을 천명한 것이라고 할 수 있다. 그리고 이 중앙집권적 거버넌스 환경을 중심으로 스텍 기술의 활용, 전파, 혁신이 이루어지고 정부·당이 원하는 방향으로 정치·사회·경제가 작동하도록 하는 것이 중국 스텍의 비전인 것이다.

중앙집권적 스텍 거버넌스는 만리방화벽이 그 중심이다. 중국의 만리방화벽은 세계에서 가장 큰 규모이자 고도화된 인터넷 검열시스템으로서, 일각에서는 가치·문화·공공의견에서 외부 세계의 영향을 최소화하면서도 지금까지 검색, 금융, 상거래 등 다양한 거대 서비스 플랫폼이 세계 경제와 연계해 성장하도록 했다는 평가를 받기도 한다.

중국에서 인터넷이 민간에 개방된 것은 1995년으로, 그 이후부터 정부의 인터넷 통제의 역사도 시작되었다. 이미 1997년부터 국가안보, 국가 이익에 저해된다고 판단되는 온라인 포스팅

• 2nd World Internet Conference, (2015. 2), https://www.wuzhenwic.org/

중국의 인터넷 검열시스템 만리방화벽. 중국의 만리방화벽은 세계에서 가장 큰 규모이자 고도화된 인터넷 검열시스템이다. 가치·문화·공공 의견에서 외부세계의 영향을 최소화하면서도 지금까지 검색, 금융, 상거래 등 다양한 거대 서비스 플랫폼이 세계 경제와 연계해 성장하도록 했다는 평가를 받기도 한다. 1990년대 말 '황금방패'(Golden Shield) 프로그램은 중국 정부가 어떤 데이터라도 검사·추적하고 특정 사이트를 봉쇄할 수 있도록 하였다.

이 금지되었고 1998년에 린 하이라는 중국인이 미국 민주주의 지지 잡지를 3만개의 이메일 주소에 발송하였다는 이유로 투옥된 이후 유사한 사건이 지속적으로 일어나기도 하였다. 한편, 1990년대 말에 중국 만리방화벽의 아버지라 일컬어지는 팡 빈싱은 '황금방패'(Golden Shield)라고 불리는 소프트웨어 프로그램을 통하여 정부가 어느 데이터라도 검사·추적하고 특정 사이트를 봉쇄할 수 있도록 하였다. 2002년에는 중국 인터넷 접근을 위해서는 해외기업을 포함하여 국내외를 막론한 누구라도 중국의 인터넷 규범에 따라야 한다는 '중국 인터넷 산업 자율통제 공공 서약'(Public Pledge on Self-Discipline for China's Internet Industry)이 도입되

었다.•

자율통제는 애국적 법 준수(Patriotic observance of Law), 공평성(equitableness), 신뢰성(trustworthiness), 정직성(honesty) 등 4대 원칙을 기반으로 하며, 이후 야후를 포함한 많은 해외기업도 중국의 인터넷 거버넌스에 따르게 된다. 2004년부터는 소위 '50센트당'(party)이라 불리는 콘텐츠 포스팅 인력이 공공의 관심을 돌리는 콘텐츠를 연 4.5억 포스트 재개하는 등 현재 중국에는 정부, 사기업, 언론 분야가 고용한 200만 명 이상의 인터넷 콘텐츠 관리자가, 그리고 비슷한 규모의 소셜 미디어 프로파간다 및 허위정보 유포자가 존재한다. 이런 시스템은 정부가 국민, 인터넷 이용자의 관심사를 파악하는 것뿐만 아니라 자신의 목적에 맞게 대중의 의견을 형성하는 능력도 보유하게 되었음을 의미한다. 그리고 사기업도 인터넷 검열에 큰 역할을 담당하고 있다. 2013년 이래 중국은 루머 유포자를 엄단하는 제도를 운영하고 있는데, 당국이 루머라고 판단하는 콘텐츠를 5,000명 이상에 전달하거나 500번 이상 공유하는 자에 최고 3년형을 구형할 수 있다. 2016년 허페이성의 대홍수 사망자, 홍수의 원인에 대한 내용을 유포한 3명의 네티즌이 가짜뉴스를 유포하였다고 기소된 사례도 있다.

다국적 기업이나 금융기관, 유통기업들이 많이 이용하는 가상

• China Daily, 'Public Pledge of Self-Regulation and Professional Ethics for China Internet Industry' (2002. 3. 26) govt.chinadaily.com.cn/s/201812/26/WS5c23261f498eb4f01ff253d2/public-pledge-of-self-regulation-and-professional-ethics-for-china-internet-industry.html

사설망(VPN)도 만리방화벽을 우회할 수 있는 중요한 수단으로 활용될 수 있어 본격적으로 제한되고, 수많은 팔로워를 보유한 셀리브리티에 대한 통제도 강화되고 있다. 일반 시민들의 행위를 데이터베이스에 올려 등급을 부여하고 일상생활에 이익 또는 불이익을 주는 사회신용제도(Social Credit System)의 적용도 확대될 전망이다. 앤트와 같은 중국의 민간 핀테크 플랫폼이 이용자의 구매 데이터로 신용을 평가하는 행위는 서구에서도 찾아볼 수 있는 행태이지만 해당 데이터에 국가가 접근해 일반 시민의 행위를 평가하고 보상 또는 벌칙을 부과한다면 문제가 아닐 수 없다. 중국의 사회신용제도는 아직까지는 지방정부 차원에서 다양한 형태로 운용되고 있지만 머지않은 장래에 전 국가적 시스템으로 정착될 가능성이 있으며, 어쩌면 '빅 브라더'의 현실화를 목도하게 될지도 모른다.•

여기에 더해, 중국 정부가 특정 트래픽 흐름에 대한 차단을 주 기능으로 하는 수동적, 방어적 만리방화벽에 더하여 2015년에 '그레이트 캐논'(Great Cannon)이라 서구에서 명명한 적극적 공격 수단까지 동원하기 시작하면서 인터넷 자체가 무기화되기 시작한다.•• 그레이트 캐논은 디도스 공격 등 다양한 수단을 동원하여 해외의 특정 사이트를 무력화시키고 특정 콘텐츠를 변화·대

• 중국의 사회신용제도에 관해서는 Wired, 'The complicated truth about China's social credit system'을 참조할 것 (2019. 7. 6)

•• 그레이트 캐논의 존재를 처음 밝힌 것은 토론토 대학의 연구팀으로, 중국 정부가 그 존재를 공개적으로 인정한 것은 아님. The Guardians, 'Great Cannon of China' turns internet users into weapon of cyberwar', (2015. 4. 13)

체시킬 수 있는데, 2015년 깃허브를 2주간 공격하여 뉴욕타임즈 및 반검열운동 기관인 GreatFire.org에의 링크를 불가능하게 만든 것이 최초의 사례로 알려져 있다.

어쩌면 향후 중국 정부는 비트코인 등 암호화폐를 규제하고 블록체인 분산원장도 등록하도록 해 정부의 통제권을 유지하고 누가 무엇을 얼마나 보유하고 있는지 알고자 할 수도 있다. 이런 방향은 서구의 웹 3.0과는 전혀 다른 방향으로의 발전을 시사한다. 기업과 일반 이용자에 대한 통제 강화 추세가 계속될 경우, 대표적인 미래 서비스 플랫폼으로 지목되는 메타버스도 콘텐츠 관리, 모니터링, 검열, 익명성 제한에 둘러싸인 디스토피아가 될 수 있다.

중국의 정보통제가 초래하는 가장 큰 위험은 어쩌면 폐쇄적이고 국수주의적인 세대의 등장일지도 모른다. 중국 지방정부의 초기 코로나 대응 문제점을 지적한 팡 팡이라는 작가가 정부가 아니라, 젊은 네티즌들로부터 악의적인 서구의 도구라고 공격받았다는 사실은 단순히 외부 정보흐름의 차단뿐만 아니라 내부적 프로파간다에 영향을 받은 국수주의적인 세대의 탄생을 시사한다.• 이들에게 서구의 정보는 허위정보이고, 서구의 미디어나 플랫폼 서비스는 만리방화벽이 사회의 안정을 위해서 차단하는 것이 합당하다. 통제의 대상이 이제는 정부·당·체제의 버팀목으로 진화하고, 스텍의 상이한 규범·가치는 궁극적으로 세계의 분리를 가속화시키는 것이다.

• Politico, 'In China, the 'Great Firewall' Is Changing a Generation', (2020. 9. 1)

지금까지 살펴본 중국 인터넷 통제의 역사가 성공적인 인터넷 플랫폼 기업의 성장과 병행하여 진행되었다는 점은 특기할 만하다. 그리고 통제와 경제적 성공이라는 두 마리 토끼를 모두 잡아낸 중국의 사례는 인터넷 통제를 원하는 많은 권위주의 체제의 스택에도 영향을 줄 위험이 있다. 러시아는 아직 중국만큼의 통제적 스택에는 도달하지 못했지만 앞으로 중앙집권적 거버넌스 스택을 더욱 강화할 가능성이 있다. 우크라이나 전쟁으로 서방세계와의 정보전쟁이 심화되면서, 통제적인 컴퓨팅 스택이 체제 유지나 내부적 정당성 확보의 버팀목이 될 것이기 때문이다.

문제는 중국 스택의 경제적 성공이 미국의 견제가 없고 사업적 차원에서 본격적인 규제와 간섭도 본격화되기 이전에 이룩한 성과라는 점이다. 외부와의 단절, 지식·기술의 유입 차단과 시장의 분리, 정부의 통제라는 새로운 환경에서 중국 스택이 과거의 성과를 지속할 수 있을 것인지는 4부에서 살펴볼 미국과 중국의 기술패권 장기 전략에 크게 좌우될 것이다.

4부

미국과 중국의 전략, 우리의 미래

미국은 기술패권을 좌우할 4차 산업혁명에서
더욱 강력하고 우월한 생태계 건설을 추진하고 있다.
산업정책과 제재를 통한 경쟁력 강화 전략과
동맹을 확대해 효과를 증대시키는 두 가지 방향이다.
대 중국 전략도 포용(engagement)에서 봉쇄(containment)로
수정해 강력하게 추진 중이다.

9장

미국의 전략 : 봉쇄(Containment)

기술패권 경쟁은 결국 4차 산업혁명에서 두 개의 분리된 컴퓨팅 스텍 간에 더 크고 우월한 생태계를 향한 경쟁이라고 할 수 있다. 더 크고 기술적으로 우월한 생태계일수록 더 많은 개발자, 더 나은 서비스·신산업으로 이어지고 이는 경제·안보·체제 우위로 귀결되기 때문이다. 미국이 이를 실현하기 위해 추진하는 대전략은 중국 포용(engagement)에서 이탈해 조지 케넌이 주창한 이래 냉전 시대 서방세계의 대전략 기조였던 봉쇄(containment)로 회귀하고 있는데, 우크라이나 전쟁은 이러한 추세를 더욱 강화시키는 요인으로 작용할 것이다.

'차가운 평화' 시대의 봉쇄는 상대방의 점진적 약화, 장기적 몰락을 추구하는 장기전이지만 과거 냉전시대와 같은 전반적인 경제적 교류의 단절이 아닌, 선택적 분야에서의 기술패권 경쟁이고 더 혁신적이고 성장하는 국가를 향한 경쟁, 통제가 최소화된 사회의 우월성을 보여주고자 하는 노력이라고 할 수 있다. 봉쇄 전략의 요체는 자국 산업의 육성과 우방국과의 기술동맹 강화, 상대방 배제를 결합하여 반대 진영과의 탈동조화(decoupling)를 추구하는 것이다.

먼저 1절에서는 미국의 산업육성 전략을 뒷받침할 혁신경쟁법의 내용을 살펴보고, 2절에서 기술동맹 강화 전략을 알아보도록 하자.

22
미국의 첨단기술 분야 산업정책

미국의 전략은 크게 산업정책과 제재를 통하여 자신의 상대적인 혁신역량, 경쟁력을 강화시키는 전략과 동맹을 확대시켜 그 효과를 증대시킨다는 두 가지 방안을 축으로 하여 추진된다.

전자의 방안을 대표하는 것이 혁신경쟁법이다. 바이든 행정부는 중국과 같은 권위주의 진영과의 지정학적 경쟁, 기술패권 경쟁을 위한 패키지 법안으로서 혁신경쟁법(The United States Innovation and Competition Act of 2021)•을 발의(2021. 6. 8 상원 통과)하고, 법안에 속하는 여러 세부 법령들을 통하여 미국의 혁신역량 강화를 지원하는 각종 산업정책, 그리고 경쟁국과의 교류를 제한함으로써 상호의존성을 무기화할 수 있는 근거를 마련하였다.

혁신경쟁법 세부 법안으로는 CHIPS 법, ORAN 5G 비상책정, 무한 국경법(Endless Frontier Act), 2021년 전략적 경쟁법(Strategic Competition Act), 미국의 미래 확보법(Securing America's Future Act), 중국 도전에 대한 대응법(Meeting the China Challenge Act of 2021)을 들 수 있는데, 특히 전략적 경쟁법과 중국 도전에 대한 대응법은 직접적

• The United States Innovation and Competition Act of 2021, www.govinfo.gov/content/pkg/BILLS-117s1260es/html/BILLS-117s1260es.htm

으로 중국 견제를 내용으로 하는 법안이다. CHIPS 법과 ORAN 5G 비상책정은 이미 앞에서 설명하였기 때문에 지금부터는 나머지 세부 법안들의 내용을 차례로 살펴보기로 한다.

무한 국경법(Endless Frontier Act)

무한 국경법은 미국 기초과학연구의 첨병인 국립과학재단(NSF)의 개혁이 주요 내용을 이루고 있다. 무한 국경법은 첫째, 기초과학 연구에 치중하던 국립과학재단을 국립과학기술재단(NSTF)으로 변경하고 산하에 기술혁신국을 신설해 2026년까지 약 1100억불의 기금을 투입함으로써 첨단기술 R&D 지원을 대폭 강화하는 내용을 담고 있다.

미국의 첨단기술 혁신경쟁법. 미국의 첨단기술 분야 산업정책은 혁신역량과 경쟁력을 강화하는 것과 동맹 확대의 두 축으로 진행된다. 혁신경쟁법은 CHIPS 법, ORAN 5G 비상책정, 무한 국경법(Endless Frontier Act), 2021년 전략적 경쟁법(Strategic Competition Act), 미국의 미래 확보법(Securing America's Future Act), 중국 도전에 대한 대응법(Meeting the China Challenge Act of 2021) 등이 있다. [이미지투데이]

둘째, 집중적으로 지원을 받을 10대 분야로 인공지능과 머신러닝, 고성능 컴퓨팅(HPC) 및 반도체와 첨단 컴퓨터 하드웨어, 양자 컴퓨팅 및 정보시스템, 로봇공학 등 자동화와 첨단제조 관련 기술, 자연재해 및 인재 방지기술, 통신기술, 지노믹스와 합성생물학 등 바이오 기술, 사이버 보안 및 데이터 관리 기술, 첨단 에너지를 선정하였다. 10대 기술의 대부분이 컴퓨팅 스텍을 중심으로 하는 기술패권 경쟁의 최전선에 있는 기술들임을 알 수 있다. 셋째, 무한 국경법은 상무부에 5년간 100억불을 제공해 전국에 10~15개 지역 허브•를 구축하도록 함으로써 전국적인 차원에서 혁신 역량을 강화시키고자 한다.

미국의 미래 확보법(Securing America's Future Act)

미국의 미래 확보법은 주로 미국 제조업의 강화에 주안점을 두고 있다. 동 법안에 따르면 연방이 지원하는 모든 인프라 프로젝트는 미국 근로자에 의해 생산된 것이어야 하고 연방 고용인 기술 재교육, 사이버 인력 프로그램 개발, 요주의 외국기관이 관여한 무인항공체계 구입·운용 금지 조항, 연방 정보기술 기기들에서 틱톡 제거, 중요 기능 수행에 필요한 인프라 복원 등의 내용을 담고 있다.

• 지역 허브는 연구 사업화 촉진, 기술 도입을 통한 산업 경쟁력 강화, 연구 지원금 제공, 산학연 컨소시움 연구, 기술이전 촉진활동 등을 수행

중국의 도전에 대한 대응법(Meeting the China Challenge Act of 2021)

중국의 도전에 대한 대응법은 금융분야와 국가안보 분야에서 중국에 대응하는 조치들을 담고 있다. 금융서비스 관련 조항에서는 중국의 돈세탁 방지 조치를 촉구하고 중국에서 설립된 회사들에 의한 미국에서의 조직적 시장조작 등 독점금지법에 대한 잠재적 위반을 다룰 실무그룹 설립, 민간부문에서의 중국의 악의적 영향에 맞서기 위한 기업 행동강령(code of conduct)의 개발을 장려하는 내용을 담고 있다. 국가안보와 관련하여서는 중국 제재 및 수출통제에 대한 사항들을 명시하고 있다.

구체적으로는 미국 정부나 민간부문의 네트워크에 사이버공격을 가하는 등 미국의 사이버 안보 기반을 약화시키는 중국 정부의 활동들에 관한 제재, 영업비밀의 절도에 관한 제재, 인권 침해에 이용될 수 있는 품목들의 수출에 대한 통제 및 검토, 특정 외국인이 미국 내 고등교육기관과 체결하는 계약이나 투자에 대한 제한 등을 담고 있다. 이는 지금까지 진행되어온 중국의 합법적 · 비합법적 기술이전 전략을 봉쇄하고 인권과 같은 가치 문제가 제재조치의 근거가 될 수 있도록 하였다는 점에서 중요한 의의를 갖는다.

2021년 전략적 경쟁법(Strategic Competition Act)

2021년 전략적 경쟁법은 중국과의 전략적 경쟁에 관한 미국 정

미국과 유럽은 2020년부터 중국을 구조적 경쟁자로 규정해 왔지만, 우크라이나 전쟁 이후 중국과 러시아 간의 밀착 관계 추이에 따라 적대적 관계가 본격화될 수 있다. 시진핑 중국 국가주석이 2021년 7월 1일 베이징에서 열린 중국 공산당 창당 100주년 기념식에서 인민복 차림으로 연설하고 있다. 시 주석은 "중국은 첫 번째 100년 분투 목표였던 소강사회 건설을 실현했고, 지금은 '사회주의 현대화 강국' 건설의 제2의 100년 분투 목표를 향해 나아간다."고 선언했다. [신화·뉴시스]

책에서의 핵심 목적들을 식별하고 이런 목적들을 달성하기 위해 필요한 미국의 외교, 경제, 군사, 기술 및 정보정책의 핵심 원칙, 전략을 포괄적으로 담고 있다. 동 법안에는 중국과 관련된 공급망 관리에 있어 문제를 겪는 미국 기업 지원에 5년간 7,500백만 불을 배정하는 등 공급망 강화 조항은 물론, 중국정부의 악의적 글로벌 영향력 행사에 대응하기 위한 중국 영향 대응 기금(Countering Chinese Influence Fund) 조성(5년간 15억불), 독립미디어 지원 및 허위정보 퇴치를 위한 언론인 지원에 5년간 8억 5,000만 불 배정과 같이 정보전쟁에의 대응에 관한 내용도 포함되어 있다.

표 19 전략적 경쟁법의 중국 대응을 위한 지역 전략

지역	내용
서반구 (Western Hemisphere)	– (캐나다) 경제, 민주주의 및 인권, 기술, 방위정책 영역에서 협력 증진 – (라틴아메리카 및 카리브해) 이 지역에서 중국의 다자기구에 대한 영향력 행사 활동 및 국가대출 활동에 대응
범대서양 동맹 (Transatlantic Alliance)	– COVID 로부터의 회복, 인권 침해 등 중국 정부가 야기한 민주주의에 대한 위협, 미국-유럽연합 무역협정, 화웨이에 관한 첩보의 공유, 중국에 관한 수출통제 정책의 조정 등 광범위한 협력 추진 – 일대일로 계획에 대한 책임질 수 있는 대안의 개발
남아시아 및 중앙아시아	– 인도와의 포괄적인 전략적 글로벌 파트너십을 형성하고 중국의 도전에 직면한 지역 내 파트너들과의 공동 보조
아프리카	– 아프리카에서의 중국의 정치 부문, 경제 부문 및 안보 부문에 관한 활동 조사 및 평가 – 아프리카에 관한 디지털 보안 협력 – 젊은 아프리카 리더 지원 계획
중동 및 북아프리카	– 북아프리카와 관련한 중국의 영향 및 접근을 저지하고 제한하기 위한 전략 수립
북극권(Arctic Region)	– 북극권 안보전략 개발 및 이행
오세아니아(Oceania)	– 국무부의 오세아니아 관여 강화 전략 수립 – 오세아니아 안보대화(Oceania Security Dialogue) 추진 등

출처 : 2021년 전략적 경쟁법

인도-태평양 지역의 동맹 중시, 쿼드(Quad) 동맹간 협력 강화, 동맹국가와의 기술표준 교류 강화와 같은 동맹국가와의 파트너십 강화도 내용에 포함되어 있다.

군사·안보 동맹강화에 대한 내용도 간과할 수 없는데, 구체적으로는 중국의 군사력 강화를 견제하기 위한 안보 파트너십 강화를 위해 인도-태평양 지역에서의 외국 군사력 지원금융 승인(6억 5,500만 달러), 동남아시아 해양안보 프로그램을 위한 자금 책정(5년간 5,000만 달러)은 물론, 중국 대응을 위한 지역별 전략도 제시하고 있다.

이 법안은 홍콩 민주주의 촉진을 위한 예산 책정, 신장 위구르 자치지구에서의 강제노동 등 인권침해 행위에 대한 제재와 같이 중국의 인권 침해에 대한 강력한 대응도 명시하고 있다.

마지막으로, 이 법안은 중국의 국가 지시형 산업정책에의 대응, 지식재산 절도행위 및 미국에 설립된 기업들이 소유한 기술의 이전에 관여한 중국의 국유기업 목록 발표, 미국 자본시장에 침투한 중국기업들에 관한 연례 검토 등 중국의 경제정책에 대응하는 정책들을 제시하고 있다.

요약하자면, 전략적 경쟁법은 경제, 군사·안보, 가치·체제라는 기술패권의 세 가지 측면을 모두 포괄하면서 상호의존성을 무기화할 수 있는 근거를 마련하였다는 점에서 그 의의가 있다. 주로 미국 자체의 혁신역량 강화를 주 내용으로 하는 혁신경쟁법의 다른 세부 법안들을 보완하면서 기술패권 경쟁시대 미국 대전략의 기본 프레임을 제시했다. 워싱턴의 중국 대사관이 미국 기업들에게 중국 시장에서 피해를 보지 않도록 이들 법안들을 반대하는 로비활동을 하라고 촉구한 것은 놀랄 일이 아닌 것이다.•

• The Guardians, 'Beijing urges US businesses to lobby against China-related bills in Congress', (2021. 11. 12)

23
기술블록을 통한 동맹의 강화 : 강경론과 온건론

미국과 우방국과의 기술협력 정책은 강경론과 온건론으로 구분할 수 있다. 강경론은 무엇보다도 민주주의 가치에 대한 강조를 그 배경으로 한다. 단순히 경제적 이익이나 경쟁력 우위라는 차원을 넘어서서, 권위주의 체제와의 경쟁이라는 가치 판단이 중요할수록 그 대응방안도 과거 냉전 시대의 세계전략이던 강한 동맹과 경쟁 대상에 대한 철저한 봉쇄를 추구하게 되는 것이다. 물론 세계화의 진전에 따라 이미 긴밀히 경제적으로 연결된 권위주의 체제 경제와의 완전한 단절은 현실성이 없기 때문에, 우방국과의 동맹강화와 경쟁 대상국에의 봉쇄는 전략적으로 중요한 일부 분야에 집중되게 된다.

대표적인 강경론자는 바이든 행정부 백악관 국가안보회의(NSC)의 중국담당 선임국장인 러쉬 도시(Rush Doshi)이다. 그는 자신의 저서《기나긴 게임: 미국 질서를 대체하려는 중국의 대전략(The Long game: China's Grand Strategy to Displace American Order)》에서 중국이라는 권위주의적 체제에 대응하는 자신의 전략을 '비대칭적 무디게 하기(asymmetric blunting)'라고 표현하는데, 이는 적은 비용으로 중국의 지정학적 위상을 약화시키는 방법을 의미한다.*

러쉬 도시는 소련이 미국의 경제력에 미치지 못하던 과거 냉전시대와는 달리, 중국 경제가 규모에서 장기적으로 미국을 추월할 것이라는 현실을 반영하여 중국에 비해 적은 비용으로 상대방을 약화시키는 전략이 불가피하다고 역설한다. 예를 들어, 중국이 제3세계에 투자하는 일대일로 사업과 동등한 규모의 해외 사업을 추진하는 것은 부담이 될 수밖에 없는 것이다. 군사적으로는 미국도 '회색지대'에서 저비용 반접근 지역거부(A2/AD) 전략을 추진하고, 정치적으로는 유럽 등 동맹국과의 관계강화로 국제기구에서 중국의 영향력을 억제해야 한다고 도시는 주장한다. 경제영역에서는 투자제한이나 수출통제로 경제적, 군사적으로 중요한 첨단 핵심기술을 중국이 이용하지 못하도록 함으로써 자신의 손해는 최소화하면서 중국의 힘을 약화시킬 수 있음을 강조한다. 이는 앞서 설명한 '상호의존성의 무기화'를 첨단기술 분야에서 적극적으로 추진한다는 전략과 다름이 없다. 러쉬 도시의 전략은 바이든 행정부가 트럼프 행정부와는 달리 권위주위 체제에 대한 민주주의 진영의 대응을 강조하고, 동맹국과의 협력을 통하여 공급망 재편과 기술봉쇄를 강력히 추진하는 정책 기조에 이미 반영되고 있다고 판단된다.

강경론적인 접근방식이 성공하려면 상대 진영의 첨단기술 분야의 역량을 약화시키기 위한 강한 동맹이 무엇보다도 중요하다. 이러한 접근방식의 대표적인 예로는 미 대외관계 자문위원

- Rush Dosi, 'The Long game: China's Grand Strategy to Displace American Order', Oxford, 2021.

회(Council on Foreign Relation)의 '디지털 무역 무기화'(Weaponizing Digital Trade) 보고서를 들 수 있다.[•]

보고서가 제안하고 있는 민주주의 국가간의 디지털 무역 지대(Digital Trade Zone) 창설은 구속력 있는 협정을 통하여 민주주의 국가간 디지털 교역, 투자 자유화와 안보협력 강화를 추구하면서 프라이버시 보호나 민주적 가치에 대한 공통의 규범을 따르지 않는 국가들을 배제하고 규범에서 금지하고 있는 행위를 하는 국가에 대해서는 제재(sanction)를 가함으로써 디지털 분야에 '상호의존성 무기화'를 추구하는 것을 핵심 내용으로 한다. 또한 디지털 무역 지대는 ICT 하드웨어 및 소프트웨어 분야 민주주의 참여국간의 디지털 공급망(democratic digital supply chain)을 구축하고 공통의 산업정책을 추구함으로써 경제 및 안보상의 안전을 강화하는 내용도 담고 있다.

구속력 있는 협정을 통하여 상호의존성을 무기화할 수 있다는 것이 강경론의 핵심이라면, 보다 느슨한 형태의 협력을 추구하는 온건론적인 방식도 가능하다. 온건론의 대표적인 예로는 CNAS(Centre for a New American Security)가 민주주의 국가 간의 기술연합체를 구성하자는 내용을 골자로 하는 커먼 코드(Common Code) 제안을 들 수 있다.[••]

- • Council on Foreign Relation, 'Weaponizing Digital Trade : Creating a Digital Trade Zone to Promote Online Freedom and Cybersecurity', Council Special Report No. 88 September 2020
- •• CNAS, Common Code : An Alliance Framework for Democratic Technology Policy, OCTOBER 2020

커먼 코드는 국가 간 조약의 형식이 아니라 G7과 같은 느슨한 형태의 협력 거버넌스를 추구하기 때문에 국가 간 이해관계의 상충이 존재하거나 한 블록에 명확히 참여하기를 꺼리는 국가도 참여시킬 수 있다는 장점이 있다. 커먼 코드는 느슨한 협력체로서의 기술연합(Technology alliance)을 통하여 인공지능, 퀀텀 컴퓨팅, 바이오, 차세대 통신과 같은 전략 분야에서 i) 안전하고 다양한 공급망, ii) 핵심(critical) 기술의 보호, iii) R&D 및 표준 협력, iv) 투자 증대 등을 주요 목표로 설정하고 있으며 수출규제, 기술이전의 방지, 기술표준 협력을 모색한다. 보다 장기적으로는 공동 R&D, 데이터의 국제적 이동, 허위정보에 대한 대응 및 인적자원 개발에의 협력을 추구하며, 정부 간의 조약에 의거한 다자기구보다는 NGO, 산업 및 표준제정 기구, 학계 등 모든 이해 당사자가 동일 의결권을 갖는 거버넌스를 제안하고 있다.

이러한 두 가지 접근방식 가운데, 어느 방식이 우세하게 될 것인지는 아직 불분명하며, 우크라이나 전쟁 이후 국제 정세에 따라 유동적으로 변화할 가능성이 있음은 물론이다. 지금까지 바이든 행정부가 취한 조치들을 살펴보면, 혁신경쟁법은 자국이 일방적으로 추진할 수 있기 때문에 전자의 접근 방식에 가깝지만 동맹국과의 협력에 있어서는 느슨한 형태의 협력 거버넌스를 추구하고 있다. 미국-유럽 교역 및 기술 협의체(TTC), 미국-일본 간 CoRe 파트너십은 바로 그러한 협력 거버넌스의 예라고 할 수 있다.

유럽과의 기술동맹 : 미-EU 교역 및 기술 협의체(EU-US Trade & Technology Council : TTC)

현재 가시적으로 나타난 기술동맹의 사례로는 미국, 유럽 간의 교역 및 기술 협의체(TTC)를 들 수 있는데, TTC의 취지나 동맹·협력의 대상을 살펴보면 기술패권 추구에 요구되는 모든 영역, 정책이 망라되어 있음을 알 수 있다. EU에는 이해관계가 다양한 국가들이 참여하고 있기 때문에 TTC는 '느슨한 협력체'의 형태를 취하고 있다. TTC는 2021년 9월 29일에 발표된 공동성명(Joint Statement)에서 공통의 민주적 가치에 기반한 대서양 양안의 교역

중국 견제, 미국-유럽 기술동맹. 미-EU 간 기술동맹은 미국, 유럽 간의 교역 및 기술 협의체(EU-US Trade & Technology Council, TTC)이며, 기술패권의 모든 영역과 정책이 포함돼 있다. 민주주의 가치를 증진하는 기술 리더쉽, 지속 가능한 글로벌 공급망 확보, 글로벌 기술표준, 교역, 투자, 환경 이슈에 협력하고, 비시장 경제(non-market economy)의 불공정한 교역 정책이나 관행으로부터 TTC 참여국의 비즈니스와 국민을 보호함을 명시했다. 사진은 2021년 3월 24일(현지 시간) 토니 블링컨(왼쪽) 미국 국무장관과 우르줄라 폰데어라이엔(오른쪽) 유럽연합(EU) 집행위원장이 벨기에 브뤼셀 EU 본부에서 기자회견을 하고 있는 모습. [AP·연합뉴스]

과 경제관계의 강화를 위해 글로벌 차원의 핵심 기술, 경제, 교역 이슈에 공동협력함을 천명한다.• 구체적으로는 민주주의 가치를 증진하는 방향에서 중요분야 기술 리더십, 지속 가능한 글로벌 공급망 확보, 글로벌 기술표준, 교역, 투자, 환경 이슈에 협력하고 특히 비시장 경제(non-market economy)로부터의 불공정한 교역 정책이나 관행으로부터 TTC 참여국의 비즈니스와 국민을 보호함을 추구한다고 명시한다.

즉, 암묵적으로 중국과 같은 '비민주 체제에 대한 경제·기술분야 대응'을 목적으로 함을 알 수 있는 것이다. 미국-EU의 TTC공동의장의 면모를 보면 TTC의 위상을 알 수 있는데, 미국에서는 토니 블링켄 국무장관, 지나 레이몬드 상무부 장관, 캐서린 타이 미국 무역대표부 대표가, 유럽에서는 마르그레테 베스타게르, 발디스 돔브로우스키스 등 두 명의 EC 부의장이 참여하고 있다.

TTC의 출범은 유럽연합의 對中 전략이 향후 어떤 방향을 향할 것인지를 시사하는 중요한 방향타라고 할 수 있다. 사실 트럼프 행정부 시절까지 유럽은 중국과의 경제적 유대를 중요시해왔다. 메르켈 전 독일총리가 중심이 되어 2013년부터 추진해온 CAI(Comprehensive Agreement on Investment)•• 는 2020년 12월에 유럽과

• EC, EU-US Trade & Technology Council Joint Statement, https://ec.europa.eu/commission/presscorner/detail/en/STATEMENT_21_4951

•• 2013년 이후 추진되어 왔던 CAI는 유럽과 중국간 투자, 특히 중국이 유럽 기업들의 중국시장에의 투자에 대한 장벽을 낮추는 내용을 담고 있어, 미국과 중국간의 체제 경쟁에서 벗어나 유럽이 일정 수준의 전략적 독자성과 경제적 이익을 추구해온 결과물이라고 평가할 수 있음. CAI의 주요 내용에 관해서는 https://ec.europa.eu/commission/presscorner/detail/es/ip_20_2542 참조할 것.

중국 간 투자에 대한 기본 원칙에 합의해 유럽·중국 간 경제적 유대 강화가 기대되었다. 하지만, CAI는 신장지역 인권침해를 이유로 양측이 상호 보복조치를 취하면서 아직까지도 최종 합의에 이르지 못하고 있다. 유럽의 '전략적 독자성' 추구가 가치의 충돌이라는 문제에 봉착한 것이다. 우크라이나 전쟁 이후 중국과 러시아간 유대관계가 강화되면 유럽의 경제적 이익을 추구하는 전략적 독자성은 미국과의 가치·안보동맹 강화로 그 방향이 더욱 명확히 전환될 가능성이 높다.

미국 피츠버그에서 발표되면서 '피츠버그 성명'(Pittsburgh Statement)으로도 불리는 TTC 공동성명은 주요 합의 내용으로 6개 분야의 협력을 제시하고 있다. 6개 협력 분야로는 국가안보 관련분야에 대한 투자심사, 민간-안보에 모두 전용 가능한(dual-use) 분야 수출규제, 인공지능 기술의 남용 과 같은 새로운 도전과제 대응, 반도체 GVC의 재편성(rebalancing), 비(非)시장적·교역왜곡 정책에의 대응, TTC 목표 추진과정에서 민간기업 등 모든 이해당사자들의 참여 등이며 이들 협력분야의 가시적 성과 도출을 위하여 10대 실무그룹(Working Group)을 구성하였다.

10대 실무그룹의 협력 내용을 살펴보면, 지금까지 미국이 중국에 대하여 적용해 온 기술패권 추구 정책, 즉 중국 배제 정책 및 핵심 분야 경쟁력 강화정책이 유럽 국가들과의 정책 협력으로까지 확대되고 있음을 알 수 있다. 특히 투자심사나 수출규제, 안전한 공급망 확보와 같은 특정국가 배제 정책은 다른 국가들의 참여가 없으면 실효성이 떨어지기 때문에, TTC의 출범은 큰

표 20 **TTC의 10대 실무그룹**

실무그룹 구분	주요 협력 내용
실무그룹 1	인공지능 등 새로이 대두하는(emerging) 기술에서의 기술표준 협력
실무그룹 2	기후 및 청정 기술 개발, 교역 및 투자 협력
실무그룹 3	청정에너지, 의약품(pharmaceaticals), 중요 소재(materials) 분야 공급망 유연성(resilience) 및 안전성 보장
실무그룹 4	ICT분야 상호운용성, 안전성, 공급망 유연성, 데이터 안전성 및 중요 기술 분야(5G, 6G, 해저케이블, 데이터센터, 클라우드) R&D 협력
실무그룹 5	유해 콘텐츠 규제나 시장 경쟁 촉진 등 플랫폼 정책 협력
실무그룹 6	외국의 정보 조작이나 불법적인 감시(surveilance), 신뢰할 수 있는 인공지능 보장 등 기술의 남용을 막기위한 협력
실무그룹 7	민감한 이중 이용(dual-use) 기술분야 수출 규제 협력
실무그룹 8	투자 분야, 원투자처(origin of investment), 거래 형태(type)등 투자 심사 협력
실무그룹 9	중소기업의 디지털 기술 이용 지원
실무그룹 10	새로이 대두하는(emerging) 기술분야에서의 비시장적 정책이나 관행에 대응

출처 : EU-US Trade & Technology Council Inaugural Joint Statement (2021. 9. 29)에서 재구성

의미를 갖는다. 그리고 기술표준 협력이나 주요 분야 R&D 협력은 하나의 기술동맹 블록으로서의 미국-EU의 기술패권을 더욱 강화하는 효과를 기대할 수 있다. TTC 공동성명의 부속서(Annex)를 자세히 살펴보면 TTC가 특히 중요하게 생각하는 정책공조가 무엇인지가 구체적으로 드러나며, 특히 직·간접적으로 중국이 정책공조의 타겟임을 알 수 있다.

부속서 I은 국가안보 관련 외국인 투자에 대한 심사를 강조해, 교역뿐만 아니라 자본의 이동도 미국-유럽 차원에서 관리할 것임을 시사한다. 부속서 II는 수출통제에 관한 내용으로, 대량파

괴 무기나 재래식 무기 축적의 불균형 방지, 지역 평화 및 인권 존중이라는 목표의 달성을 위해 사이버 감시 기술과 같이 이중용도(dual-use)가 가능한 민감한 기술(sensitive technologies)의 수출을 통제하고 신기술이 제기하는 위험에 대응한다는 내용을 담고 있다.

특히 신기술이 제기하는 위협과 관련하여 특정 기관이 강제적 수단이나 민간과 군이 서로 연계된(civil-military fusion) 정책을 통하여 기술 획득 전략(technology acquisition strategy)을 추구하는 것을 경계하고 있음을 명확히 한다. 이는 중국의 기술이전 전략이 타겟임을 보여 준다고 할 수 있다. 그리고 민간과 공공연구기관이 서로 협력해 수출통제 정책과 조율해야 한다는 것을 명시하고 있는데, 이는 현실적으로 잠재적 통제대상국과의 공동연구나 유학생 유치 등에 영향을 미칠 수 있다고 판단된다.

부속서 III은 인공지능에 대한 내용을 담고 있는데, 특히 인공지능이 사회 평가 시스템(social scoring system)을 통해 사회 전반에 걸친 감시 체제의 작동에 남용되는 것을 반대하고, '신뢰할 수 있는 인공지능'(trustworthy AI) 발전에 협력하는 내용을 담고 있다. 이는 명백히 '사회신용 제도'를 운용하는 중국을 겨냥한 것으로, 중국의 인공지능 관련 기업이나 단체, 연구기관이 미국뿐만 아니라 유럽의 제재 대상이 될 수도 있음을 의미한다.

부속서 IV는 글로벌 반도체 공급망의 재배치(rebalancing)에 관한 내용이다. 사실 그 어느 산업보다도 GVC가 발전하고 상호간에 의존성이 높은 분야를 재배치하는 것은 쉬운 일이 아니다. 그럼에도 불구하고 반도체 GVC에 대한 부속서가 별도로 작성되었다는 사실만으로도 미국과 유럽이 반도체 부문을 얼마나 중요하게 생각하고 있는지를 알 수 있다. 부속서 IV는 반도체를 단순히 산업 제품의 차원을 넘어서는, 안전(security), 프라이버시, 컴퓨팅 파워, 신뢰, 에너지 효율 등 반도체가 내장된 산업제품들의 성격(characteristics)까지 좌우하는 존재임을 강조하면서 반도체 공급망의 다변화와 역내 투자증대로 GVC 재편을 추진하기로 한다.

마지막으로 부속서 V는 글로벌 교역이 직면한 도전에의 대응에 관한 내용을 담고 있다. 특히 비시장 경제(Non-market Economies)가 기술이전 강요, 지식재산 절도, 보조금, 외국기업에 대한 비차별 대우, 국영기업 우대, 강제노동 정책을 추구하는 것에 대응하기로 함으로써 중국을 타겟으로 한다는 것을 알 수 있다.

주목할 점은 미국-EU 간에 신기술분야에 불필요한 교역 장벽을 새로 구축하지 않고, 서로 간의 규제정책의 자율성을 존중한다는 내용이 부속서 V에 포함되어 있다는 것이다. 신기술 분야를 주로 애플, 마이크로소프트, 알파벳과 같은 미국의 빅테크들이 주도하고 있는 현실 아래 유럽의 플랫폼 규제는 미국 빅테크에게 중대한 현안이 아닐 수 없고 유럽과 미국의 이해관계가 충돌하는 분야이다. EU측의 TTC 공동의장이 유럽 빅테크 규제의 선봉장, 설계자로 불리던 베스타게르라는 사실에 주목할 필요가 있다. EU의 거대 플랫폼 기업들에 대한 규제의 집대성이라 할 수 있는 디지털 시장 법안(Digital Market Act)은 주로 미국의 빅테크를 겨냥하고 있기 때문에 미국과 유럽 간의 장기적 협력을 위해서는 이에 대한 조율도 필요한 것이 현실이며, 향후 미국-EU 간

규제정책의 조화 동향을 예의 주시할 필요가 있다. EU도 자체적으로 미국에 경쟁할 수 있는 신기술·산업의 육성을 원하며 동맹內 경쟁도 감안하여야 하는 것이다.

요약하면, TTC의 출범은 비록 강력한 조약의 형태는 아니지만 그동안 미국 단독으로 추진되던 중국 봉쇄정책에 유럽이 참여하게 되었다는데 그 의의가 있다. 그리고 컴퓨팅 스텍 기술들을 중심으로 경제, 안보, 기술규범과 가치에 대한 협력을 모두 담고 있다는 점도 간과할 수 없다. 마지막으로 주목해야 할 점은 TTC에서 기업, 소비자 및 노동단체 등 다양한 이해당사자들의 참여와 정보교환이 강조되고 있다는 사실이다. 이는 기술동맹의 개별 주체들이 정부에 한정되지 않음을 의미하는데, 그 이유는 민간주도 경제에서는 다양한 이해당사자들의 참여가 불가피하고 특히 봉쇄정책의 추진과정에서 기업의 협력이 중요하기 때문이기도 하다.

기술동맹·협력의 시대에는 기업도 자신의 이해관계에 맞추어 변화하는 환경에 적극적으로 대응해야 한다. 예를 들어 생산기지 입지 결정이나 특정국에의 투자 여부, 연구개발에서 협력대상 선정 등 현재는 물론 미래의 GVC에서 중요한 의사결정권자가 되어야 한다. 우리나라가 미국·서구와의 기술동맹에 참여하는 과정에서 삼성전자와 같은 기업은 향후 기술동맹·협력 과정에서 중요한 이해당사자, 참여자가 될 수밖에 없다. 삼성전자 북미법인이 리퍼트 전 주한미국대사를 북미법인 대외협력팀장 및 본사 부사장에 임명하고 스티븐 비건 전 국무부 부장관이 포스코 고문으로 취임한 사례는 단순한 로비강화 차원이 아니라 기술패권 시대의 지정학이 기업 전략에 중요한 고려 사항이 되었음을 반영한다.

미국-일본 기술협력 : CoRe 파트너십

미국은 일본과의 기술협력도 강화하고 있다. 2021년 4월에 발표된 미·일 경쟁력 및 회복력 파트너십(U.S.-Japan Competitiveness and Resilience Partnership : CoRe)은 첨단기술, 방역, 기후 이슈를 모두 포괄하는 협력방안을 담고 있는데,• 특히 우리가 주목해야 할 것은 첨단기술 분야의 연구협력 강화에 관한 내용이다. CoRe에서 강조하는 첨단기술은 인공지능, 정보통신기술, 양자기술, 바이오 및 민간 우주기술로 사실상 컴퓨팅 스텍에서 작동되는 대부분의 기술들이 포함되어 있다.

CoRe는 각 분야별로 구체적인 협력방안을 담고 있는데, 네트워크 분야에서는 ORAN을 포함한 5G 및 6G 네트워크에 미국이 25억불, 일본이 20억불을 지원하고 제3국 진출에도 협력하기로 하여, 서구 중심의 글로벌 네트워크 구축을 향한 의지를 나타내고 있다. 바이오 기술과 관련해서는 지놈 시퀀싱이, 인공지능 및 ICT에 관련해서는 글로벌 표준 협력을, 양자 기술에서는 연구기관간 공동연구 및 연구자 교류 강화 방안을 담고 있다. CoRe는

• 일본 외무성, U.S.-Japan Competitiveness and Resilience Partnership, www.mofa.go.jp/mofaj/files/100177722.pdf

이들 기술분야 연구자 및 STEM 전공 학생 간 국제 교류 프로그램 강화도 담고 있어, 인적자원의 교류를 중요한 협력 아젠다로 간주하고 있음을 알 수 있다.

한·미 기술협력 : 전략적 경제·기술 파트너십 구축

우리나라와 미국 간 기술협력은 2012년 5월 22일 발표된 한·미 정상회담 공동성명•에서 초기 방향성이 제시되었다. 양국의 협력 아젠다는 첨단기술 분야 협력, 공급망 회복력, 기후, 글로벌 보건, 인적교류 강화가 주 내용을 이루고 있어 CoRe와 유사하다. 협력대상 첨단기술로는 최첨단 반도체 및 차량용 반도체, 전기차 배터리, 수소에너지, 청정에너지 및 인공지능, ORAN을 포함한 5G 및 6G 기술, 양자기술, 바이오 기술, 우주항공 기술이 적시되어 있어 협력대상이 주로 우리가 GVC에서 지분을 가진 분야라는 점에 주목할 필요가 있다.

2022년 5월 21일 윤석열 대통령과 바이든 미 대통령 간의 한·미 정상회담 공동성명은 2021년 정상회담에서 한 걸음 더 나아가 기술패권 경쟁시대에 대응하는 양국간의 본격적인 경제·기술 파트너십을 제시하였다.•• 한반도 비핵화 협력과 동일한 비중으로 강조되고 있는 공동성명의 또 다른 핵심은 경제, 안보, 가치 협

• 연합뉴스, '한미 정상회담 공동성명 전문', 2021. 5. 22. www.yna.co.kr/view/AKR20210522035500001

•• 파이낸셜 뉴스, '한미정상 공동성명 전문', 2022. 5. 21 https://www.fnnews.com/news/202205211739388646

력을 기반으로 하는 전략적 경제·기술 파트너십으로서, 사실상 이 책이 기술패권 경쟁에 관하여 지금까지 논의한 내용을 총망라하고 있다.

공동성명은 '핵심·신흥기술과 사이버안보협력 심화'는 물론이고 '공동의 민주주의 원칙과 보편적 가치에 맞게 기술을 개발, 사용, 발전시킬 것을 약속'함으로써 공동의 가치를 강조한 미국-유럽간 TTC와 동일한 맥락의 파트너십을 천명하고 있다. 핵심·신흥기술로 첨단 반도체, 친환경 전기차용 배터리, 인공지능, 양자 기술, 바이오 기술, 바이오제조, 자율 로봇 등이 지목되었다. 이들 분야에서의 투자 촉진과 연구개발, 공급망 회복력, 국방분야 공동개발 및 제조에서도 협력하기로 합의했다. 특히 2021년 공동성명에서는 언급되지 않았던, 핵심기술 분야 해외 투자심사 및 수출통제에서 양국 간 협력에 합의하였음에 주목할 필요가 있다. 원자력·우주분야, 개방적 인터넷, O-RAN 기반의 네트워크, 지역 및 국제 사이버 정책에 대한 협력에 합의한 것도 중요하다.

양국 정상의 공동성명이 2021년 공동성명에서 진일보한 또 다른 내용은 국제적 전략동맹의 추구이다. 무역, 공급망, 탈탄소·인프라, 부패 방지 등을 주요 의제로 하는 인도-태평양 경제 프레임워크(IPEF : Indo-Pacific Economic Framework)에의 참여, 협력은 양국간 협력이 한반도를 넘어서 지역 블록화 추세에서 더욱 긴밀히 이루어질 것임을 시사한다. 한·미 기술동맹의 강화는 무엇보다도 쌍방 간 도움을 줄 수 있는 분야가 있기 때문이다. 바이든 미 대통령의 삼성전자 방문이 첫 방한 공식일정이었음을 상기하면, 우리가 이미 기술패권 경쟁의 최전선에 자리하고 있다는 것을 알 수 있다. 양국 간 협력이 국제적 전략동맹으로 발전하고 있다는 사실은, 우리의 노력 여하에 따라 기술패권 경쟁에서 대한민국의 위상을 강화시킬 수 있는 기회가 무르익고 있다는 것을 의미하기도 한다. 무엇보다도 미국과의 기술협력 기회를 투자, 공동연구, 인적교류에서 중국이 비운 자리를 메꿀 수 있는 방향으로 활용해서 우리의 기술수준을 향상시키고 글로벌 차원에서 우리의 전략적 위상을 제고하는 계기로 삼을 필요가 있는 것이다.

기술패권 최전선에 선 한국. 2022년 5월 21일 윤석열 대통령과 바이든 미 대통령 간의 한·미 정상회담 공동성명은 기술패권 경쟁시대의 두 나라 간 경제·기술 파트너십을 제시했다. 특히 바이든 미 대통령의 삼성전자 방문이 첫 방한 공식일정이라는 사실은 한국이 기술패권 경쟁의 최전선에 자리하고 있음을 보여준다. 경기도 평택시 삼성전자 반도체 공장을 방문한 윤석열과 바이든 두 정상이 삼성전자 이재용 부회장의 안내를 받으며 공장을 둘러보고 있다. [연합뉴스]

봉쇄로 인한 변화 전망

미국의 대전략, 즉 장기적 대중봉쇄라는 전략 기조 아래서 추진되는 자기혁신 강화 및 제재, 동맹 강화는 바이든 행정부 출범 이래 갈수록 강화되고 있으며, 이는 장기적으로 중국의 부상을 가능하게 했던 메커니즘의 약화를 가져올 수 있다. GVC를 통한 지식·기술의 유입, M&A, 인력교류. 기술 절도 등 합법적·비합법적 수단을 총동원한 성장모델이 더 이상 가능하지 않을 것이기 때문이다. 중국의 성장모델이 작동하지 않으면 글로벌 차원에서 첨단기술 분야 주변부(즉 중국)로의 분산(dispersion)효과 약화와 미국·서구로의 집적(agglomeration) 효과가 다시 강화될 수 있는 것이다.

물론 미국·서구의 봉쇄는 4차 산업혁명의 핵심 기술, 컴퓨팅 스텍에 주로 한정될 것이지만 이 기술들이 범용기술로서 경제성장이나 군사 역량의 강화에 핵심적인 역할을 한다는 점에서 장기적 효과를 기대할 수 있다. 마지막으로 강조할 것은 컴퓨팅 스텍의 분리가 인터넷 플랫폼 서비스 및 데이터의 분리도 포함한다는 점이다.

기술패권 경쟁에서 많은 사람들이 반도체나 통신 네트워크를 먼저 떠올리지만, 향후에는 데이터와 서비스 플랫폼도 경쟁 진영 간 주요 전장(戰場)으로 떠오를 것이다.• 글로벌 플랫폼 서비

• 브렘머와 카프찬은 미국·서구와 중국 간 제3국 데이터 영향력 확대 및 상호봉쇄 전략을 19세기 영국과 러시아간의 패권다툼을 지칭하던 '그레이트 게임'에 비유하고 있음. IAN BREMMER, CLIFF KUPCHAN, 'Global data reckoning'. Eurasia Group(2021. 1. 4) 참조할 것.

스는 정보의 흐름, 가치의 전파, 체제 유지나 확산에 중요한 도구이자 중요한 개인정보가 축적되는 공간이기 때문이다. 중국이 오래전부터 해외 소셜미디어나 클라우드를 허용하지 않았던 것과 같이, 미국·서구도 틱톡이나 위챗과 같은 중국과 관련 있는 플랫폼 서비스가 자국 국민들의 개인정보를 축적할 수 있는 가능성을 경계하기 시작하였다. 미국이 주도하는 오사카 트랙(Osaka Track)• 은 서구 중심의 서비스 및 데이터 블록을 시사하는데, 분리된 서비스·데이터는 분리된 스텍의 국민들 간 불신과 대립을 조장하고 '차가운' 평화 시대를 특징짓게 될 것이다.

• 전자상거래 및 데이터의 흐름(flow)에 대한 국제적인 규범 정립을 위해 G20 오사카 정상회의에서 제기되었고(2019. 7. 2) 의료, 산업, 교통 등 다양한 비개인, 비식별·익명 데이터의 국경간 자유로운 이동 보장하기가 목표임. www.mizuhogroup.com/binaries/content/assets/pdf/information-and-research/insights/mhri/mea190726.pdf

10장

중국의 전략 : 방어적 지구전(持久戰)

중국도 그동안 보복관세 부과로 미국에 대응해왔지만 양국 간 상호의존성이 비대칭적이라는 것이 근본적인 한계이다. 지정학적 갈등 심화는 중국에게 성장전략을 수정해야 할 필요성을 제기하지만 중국 경제가 중진국 함정을 벗어나 생산성 향상을 통한 선진국형 성장을 도모해야 하는 단계에 진입한 것도 새로운 성장전략을 추진해야 하는 배경이다. 중국의 성장전략은 통제를 강화해 내부를 결속시키고, 국내 공급망 구축 및 기술자립을 위해 산업정책을 강력히 추진하는 것이 핵심이다.

중국에 불리한 컴퓨팅 스택 첨단기술에서의 비대칭적 상호의존성은 내향적인 성장 전략, 즉 기술패권 측면에서는 방어적 지구전을 전개하는 전략을 불가피하게 한다. 봉쇄전략이 장기적이라면 방어전도 지구전이 될 수밖에 없다. 물론 극단적인 사태만 발생하지 않는다면 GVC 재편은 첨단기술 분야에 한정되고 중국은 여전히 많은 산업에서 세계의 공장으로 남을 수 있겠지만 장기성장과 군사·안보역량을 좌우할 첨단기술 분야에서 서구 세계와의 탈동조화(decoupling)는 심각한 문제가 될 수 있다.

24
중국의 새로운 성장 모델 : 내수를 강화하는 내향적 전략

외부의 봉쇄정책, 이로부터 비롯되는 불확실성은 내향적 성장을 통한 난국의 돌파를 시도하게 만든다. 2020년 7월 30일 중국 공산당 정치국 회의는 "중장기적으로 안정적이면서 지속 가능한 성장 토대를 만들고 각종 리스크를 선제적으로 예방하는 데 힘써야 한다"고 강조했는데,• 이들이 의식하고 있는 리스크는 무엇보다도 미국과의 지정학적 경쟁이라고 할 수 있다. 지정학적 경쟁에 대응하는 경제성장 전략은 2021년 3월 중국의 제14차 5개년 규획(規劃, 2021~2025)에서 명백하게 드러난다. 과거와는 달리, 14차 5개년 규획은 GDP 성장 목표를 제시하지 않으면서 기존의 성장 전략의 전환을 천명하고 있어 주목을 받고 있다.

14차 5개년 규획에 따르면 중국은 2035년까지 "중위급 선진국가(mid-tier developed country)" 수준에 도달함을 목표로 하고 있다. 중국제조 2025에 대한 언급은 없지만 인공지능, 반도체, 양자 컴퓨팅과 같이 기존에 전략적으로 우선시되어 온 분야에의 투자는 여전히 강조되고 있다.

• '14차 5개년 계획 마련 중인 중국…시진핑, 신냉전 속 '자립 경제' 속도', 매경 이코노미 ('20. 10. 5)

쌍순환(dual-circulation) 전략과 신형 인프라 투자

14차 5개년 규획에서 가장 주목해야 할 내용은 향후 중국 경제성장의 기본틀을 형성할 '쌍순환' 전략이다. 쌍순환 전략은 2020년 5월 11일 중국 공산당 중앙 정치국 회의에서 처음으로 제시되었는데, 전형적인 수출주도형 경제체제에서 보다 자립적이고 내수를 중시하는 체제로의 전환을 시사하는 중국 경제의 장기 성장전략이라고 할 수 있다. 첫 번째 순환은 '국제 순환'(international circulation)이다. 국제 순환은 기술기반 고부가가치 제품의 수출 증대로 수출시장에서의 중국이 차지하는 비중을 방어함을 추구한다. 이와 더불어, RCEP와 같은 자유무역 협정의 확대와 금융시장 개방도 추진한다. 두 번째 순환은 '국내 순환'(domestic circulation)으로, 수입 의존도를 낮추는 독자적 공급망을 구축하여 외부에의 의존을 줄이고 민간 소비 확대로 성장을 지원함으로써 지정학적 불확실성에 대응함을 목적으로 한다.

두 가지 순환 가운데 더욱 중요하게 간주되는 것은 국내 순환이다. 내수시장은 언제나 중국 경제성장의 중요한 요소였지만, 14차 규획에서 특별히 강조되고 있는 이유는 역시 미·중 간 지정학적 경쟁이라고 할 수 있다. 국내 순환에 우선순위가 주어진다는 것은 가급적 자립적인 성장전략을 추구함을 의미하며, 공급망에서도 국내에의 의존도가 증가한다는 의미를 내포한다. 자립적인 국내순환은 과학기술의 발전, 공장 디지털화와 같은 디지털 전환은 물론 신형도시화,• 신형 인프라 투자로 가능할 것인

그림 17 **쌍순환 전략의 개념도**

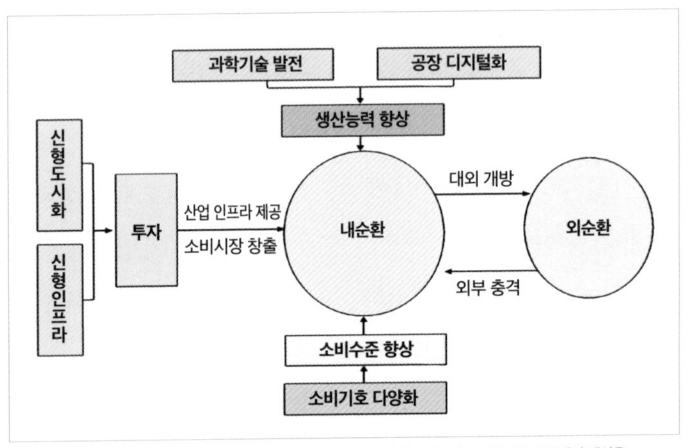

출처 : FT 中文网. '중국 쌍순환 전략의 주요 내용 및 평가'(대외경제정책연구원, 2020. 12. 30)에서 재인용

데, 특히 신형 인프라 투자가 중요하다.

다음 표에서 알 수 있듯이, 신형 인프라는 사실상 컴퓨팅 스텍 및 이를 응용하는 산업과 연구기관을 의미한다. 2025년까지 총 10조 위안을 투자할 계획인 신형 인프라 정책은 알리바바, 텐센트와 같은 중국 빅테크들도 참여하는, 중국판 혁신경쟁법이자 미·중 기술패권 대응정책으로 간주할 수 있다. 이미 중위 소득 국가 수준으로 올라서고 인구 증가율도 정체되어 있는 중국의 현 상황은 생산성 향상을 통한 성장전략을 불가피하게 하는데, 신형 인프라 구축이 순조롭게 진행될 경우 중국 산업 전반에 걸친 디지털 전환과 생산성 향상도 기대할 수 있을 것이다.

- 신형 도시화는 도시의 교육, 의료, 주택과 같은 공공 서비스 및 시설 확충과 보다 자유로운 인구이동을 허용하는 호구제도 개혁을 주 내용으로 함.

표 21 신형 인프라 세부 범위

구분	내용 관련 분야	
정보인프라	데이터 저장, 분석 및 기술개발을 위한 IT인프라	5G, 사물인터넷, 산업인터넷, 클라우드, 블록체인, 인공지능, 빅데이터센터
융합인프라	기존 인프라에 IT기술을 접목한 통합형 인프라	고속철도, 전기차 충전소, 특고압 송전설비
혁신인프라	과학기술 분야 연구개발을 위한 공공인프라 구축	연구개발시설, 혁신 중심의 산업단지

출처: 중국 상무부(2020. 4), '중국 쌍순환 전략의 주요 내용 및 평가'(2020. 12. 30), KIEP에서 재인용

공동부유론

체제의 유지를 위해서는 당과 정부가 국민들에게 비전과 혜택을 제시하는 것이 중요하다. 14차 경제발전 규획, 쌍순환 전략의 밑바탕에는 '공동부유론'이라는 규범적 요소가 깔려 있어 경제성장이 궁극적으로 지향하는 사회상과 가치가 무엇인지를 제시한다. 소수의 사람이 아닌 모든 사람이 부를 공유하자는 공동부유론은 서구 세계가 강조하는 인권이나 민주주의에 대응하는, 사회주의를 표방하는 국가가 내세울 수 있는 가치라고도 볼 수 있다.

공동부유론은 2021년 8월 공산당 중앙재경위원회의 제10차 회의에서 '사회주의의 본질적인 요구이자 중국식 현대화의 중요한 특징'으로 공식적으로 천명되었고, 고소득층과 대기업에 대한 합리적 규제 도입이 그 실현방안으로 제시되었다.• 경제성장 전략이 수출주도 전략에서 쌍순환 전략으로 전환된 것처럼,

• 월간중앙, '글로벌 악재로 떠오른 시진핑의 공동부유론', (2021. 9. 17)

덩샤오핑 이래 중국의 소득분배 철학이었던 '먼저 부자가 될 사람은 부자가 되도록 하라'는 선부론(先富論)이 공동부유론에 그 자리를 내어주게 된 것이다.

공동부유론의 주요 타겟은 '먼저 부자가 된' BAT일 수밖에 없는데, 앞에서 설명한 바 있는 BAT에 대한 규제는 컴퓨팅 스택 통제를 통한 체제 강화임과 동시에 중국의 심각한 소득 불평등 문제에의 해법이기도 한 것이다. 기부를 통한 사회에의 기여가 공동부유론의 실현방안 가운데 하나로 지시되었기 때문에 지금 중국에서는 대기업들의 지역사회 지원 및 기부 경쟁이 치열하다.

알리바바는 저장성 공동부유 시범구 건설 지원, 과학인재 육성, 낙후지역 디지털 발전 지원, 청년 창업지원에 2025년까지 1000억 위안을 투입하기로 하였고 6대 빅테크 기업들•의 2021년 기부금 총액은 2000억 홍콩달러에 달한다고 한다. 하지만, 이념적 압력은 기업가 정신을 억압하고, 축적된 부의 재분배는 혁신에의 동기를 약화시킬 수 있다는 점에서 공동부유론의 장기적 영향을 주시할 필요가 있다.

• 중국의 6대 빅테크는 알리바바, 텐센트, 바이트댄스, 핀둬둬, 메이톼, 샤오미임.

25
서구 세계와의 탈동조화(decoupling) : 새로운 성장 모델의 약점과 중국 컴퓨팅 스텍의 미래

이미 중진국 단계에 들어선 중국이 취할 성장전략은 노동과 자본의 투입보다는 지식·기술이 이끄는 생산성 제고에 초점을 두어야 하기 때문에, 기술개발 및 신형인프라 투자에 방점을 둔 14차 5개년 규획의 전략은 합리적인 방향 설정이라고 할 수 있다. 하지만 그동안 중국의 경제성장을 이끌던 GVC를 통한 지식·기술의 유입이 첨단기술 분야에서 차단되는 환경에서 자체 혁신만으로 지식·기술기반의 고성장을 이루기에는 한계가 있을 수밖에 없다.

자체 혁신의 한계는 중국이 미국·서구가 장악한 관문을 벗어나기 위한 노력의 성과가 미미하다는 사실에서도 드러난다. 중국의 R&D투자는 2021년 R&D 총 4400억불(중국 GDP의 2.5% 수준, 미국은 3%)로 5년 전에 비해 약 20% 증가하였고 민간 항공, 반도체, OS, 국제 지불 시스템 등 다방면에서 투자를 증대시켰지만 아직 뚜렷한 성과는 나타나지 않고 있다. 보잉이나 에어버스의 경쟁자로 육성 중인 COMAC의 민간항공기 C919는 여전히 핵심부품 해외의존도가 높고 국제 경쟁력도 열위에 놓여 있다. 반도체의 경우에도 대표기업인 SMIC의 생산라인 투자가 여전히 선진국의 미세공정 수준에 뒤쳐져 있다.

이 문제의 해결을 위해 ASML 장비 대체 과업을 맡은 상하이 Micro Electronics Equipment Group도 여전히 기술격차를 줄이지 못하고 있다. OS의 경우 화웨이의 HarmonyOS는 네트워크 효과 부재로 인해 개발자가 적고 따라서 이용자도 미미한 수준에 머물러 있다. 이미 경쟁자가 선점한 네트워크 효과를 대체하는 것이 얼마나 어려운가는 가장 강력한 상호의존성 무기화의 영역이라 할 수 있는 국제결제 시스템에서 가장 극명하게 나타난다. 중국이 SWIFT를 대체하기 위해 육성 중인 위안화 결제 시스템 CIPS는 80여개 기관만 가입해 1100개 이상의 금융기관이 참여하고 있는 SWIFT를 대체하기 어려운 것이다.

미국 정부의 직접적인 제재 이외에도, 지정학적 리스크를 인식할수록 해외 투자자의 대중투자가 감소할 수 있고 중국도 자체적으로 해외자본에의 의존성을 낮출 수 있다는 점이 성장에 부정적인 영향을 미칠 수 있다. 내향적 성장, 서구와의 디커플링에 따르는 성장모델 변화는 스스로의 선택이라기보다는 대외환경 변화에 대한 수동적인 대응의 성격을 내포한다는 것이 중국의 고민인 것이다.

디디추잉의 미국 IPO 철회는 중국과 미국 간의 자본시장 분리를 상징하는 사건으로, 양국 간 자본시장 탈동조화는 더욱 심화될 전망이다. 미국 증권거래위원회의 회계기준을 충족시키지 못하는 해외기업을 2024년까지 퇴출시킨다는 방침은 기업의 사업 관련 자료가 국가기밀로 취급되는 중국기업들이 사실상의 퇴출

대상이 될 것이라는 점에서 양국 간 자본시장 탈동조화를 심화시킬 가능성이 높다. 더구나 중국도 자국 기업의 서구 소비자, 기술, 자본에의 의존도 낮추기 위해 가급적 홍콩 증시를 활용할 가능성이 높다. 최근 CAC가 해외 규제기관의 자국 기업자료 심사를 허용할 것임을 시사했지만, 이미 지정학적 갈등이나 자국 기술기업에 대한 중국의 규제 강화 움직임을 인식하기 시작한 해외 투자자들의 마음을 되돌릴 수 있을지는 미지수이다. 알리바바가 미국 역사상 최대 규모의 IPO를 기록하면서 미국 투자자들을 열광시키던 시대가 종언을 고하고 있는 것이다.

미국을 중심으로 글로벌 차원에서 벤처캐피탈의 투자가 전방위적으로 확대된 현 시점에서, 상대적으로 글로벌 벤처캐피탈 자본의 흐름에서 소외되는 중국의 현실도 혁신의 둔화를 초래할 수 있다. 기술패권 경쟁은 새로운 아이디어 간 경쟁과 혁신, 가치의 창출, 그리고 장기적 성장을 향한 경쟁이라고 할 수 있다. 여기에는 아이디어, 지식, 기술의 창출도 중요하지만 이를 지원하는 시스템, 고위험·고수익 아이디어에 대한 투자 환경도 중요하다. 미국은 이런 '아이디어에 대한 아이디어' 즉 벤처 캐피탈이라는 시스템을 선도해왔고 이것이 현재의 기술 패권국으로서의 위상에도 결정적인 기여를 하였다. 팬데믹 사태 이후 많은 기업들이 생존을 위해 더욱 혁신을 추구하게 되고 벤처 투자, 즉 고위험·고수익 아이디어에 대한 투자가 미국은 물론 글로벌 차원에서 크게 증가하고 있다. 하지만 글로벌 벤처투자에서 중국의 비중은 오히려 감소하고 있다. 중국의 비중은 2002년 5%에서 미·중 갈등이 본격화되기 직전인 2018년에 38%까지 증대하다가 2021년에 20% 수준으로 감소한 것이다.•

기술혁신의 시대, 4차 산업혁명 시대의 도래는 기술패권을 촉발시킨 중요한 환경 요인이다. 핵심은, '혁신'이 고위험을 감내할 투자가치가 있느냐의 여부라 할 수 있다. 기술혁신, 4차 산업혁명의 시대는 혁신에의 새로운 기회, 투자에의 기회를 제공하고 기업가 정신을 이끄는 배경이다. 그리고 글로벌 차원에서 혁신에의 투자는 그 자체가 혁신, 아이디어, 첨단기술을 이끄는 기능을 갖는다. 글로벌 혁신 투자 추세에서의 이탈, 즉 스타트업 벤처투자에서의 서구와의 탈동조화는 중국의 경제성장이나 기술패권 추구에 큰 부담으로 작용할 것이다.

글로벌 혁신 투자에서의 탈동조화 문제와 더불어, 기술패권 경쟁의 핵심인 중국의 컴퓨팅 스텍도 네트워크 효과를 이미 미국이 선점하고 있어 해외로 진출하는데 한계가 있으며, 특히 고성능 반도체를 필요로 하는 첨단 미래 플랫폼 경쟁에서도 불리하다. 이런 상황은 더욱 기술자립에의 비효율적 투자를 재촉해 자원의 낭비를 초래하게 된다. 더구나 중국식 컴퓨팅 스텍은 통제적인 스텍 거버넌스라는 특성 때문에 일부 권위주의적 국가에 국한될 전망이다.

빅테크 규제에 관한 내용에서 이미 언급되었듯이, 중국은 정부가(주로 첨단기술 분야) 민간기업에 지분을 확보하거나 국영기업과 민간기업 간 합작투자를 장려하면서 스스로 벤처 캐피탈리

• Economist, 'The bright new age of venture capital'(2021. 11. 27)

스트로서의 역할을 수행한다. 문제는 공동부유와 같은 가치에 기업이 복무하도록 하는 이데올로기적 통제가 심해질수록 기업은 투자에 따르는 이익을 극대화하려는 동기를 잃고 기업 활력 자체가 질식될 수 있다는 점이다.

물론 아직은 공동부유론의 성패를 속단하기는 힘들며, 소득분배가 4차 산업혁명 시대의 중대한 화두(話頭) 가운데 하나임은 분명하다. 하지만 기술의 변화에 따라 자본과 노동이 각각 소득에서 차지하는 비중이 어떻게 될 것인가에 대한 경제학 일반이론은 불행하게도 아직 없다. 공동부유론이 추구하는 성장과 분배 간의 조화가 쉽지만은 않을 것이다. 중앙의 통제와 명령이 초래하는 비효율성은 차치하더라도, 통제하는 측과 통제당하는 측(특히 BAT)간의 유착은 통제자의 정책도구인 분야별 산업 챔피언들을 진정한 경쟁에서 멀어지게 만들 가능성이 높다. 정책 우선순위에 따라 분야별로 육성되는 국가 챔피언은 혁신 경쟁보다는 정부 협조의 대가, 즉 지대(rent)를 추구할 가능성이 높은데, 지대 철폐야말로 성장과 분배를 조화시킬 수 있는 방안이라는 점에서 아이러니가 아닐 수 없다.•

과거 우리나라에서 재벌의 폐해에 대한 비판이 많았던 시절에도, 재벌들은 국제 시장에서 경쟁압력에 직면해 있었기에 지속

• 정부의 보호에 의해 일정 수준의 시장 지위가 보장된다면 완전경쟁시장의 경우보다 높은 이윤을 얻을 수 있음. 즉 혁신경쟁이 없이 정부 정책에 협조하면서 적당한 수준의 이윤에 만족한다면 성장을 희생하고 분배상의 이익도 얻을 수 있는 지대 추구 기업이 되는 것임. 반면 공정한 경쟁 환경으로 경쟁이 활성화되면 성장도 촉진하고 지대가 없어져서 분배 정의도 제고할 수 있음. 지대 철폐를 통한 성장과 분배간의 조화를 역설한 J. Stiglitz, The Price of Inequality, W.W. Norton & Company(2012) 참조할 것

적으로 발전할 수 있었다. 중앙의 통제·보호를 받고 글로벌 시장과도 유리된, 사실상의 준(準)공기업인 중국 컴퓨팅 스텍의 국가 챔피언들이 과거와 같은 혁신성을 유지할 수 있을지는 알 수 없다. 무엇보다도 글로벌 인재를 끌어들일 동기를 제공하지 못한다면 혁신에 한계가 있을 것이지만 미흡한 인재 유치는 중국이 추구하는 가치나 체재의 매력도에 기인하는 구조적인 문제일 수 있기에 그 해결도 쉽지 않다. 더구나 이데올로기적 경도와 정부 통제에의 강요는 외국기업이나 투자자에도 부정적인 영향을 주며, 서구가 중국에의 투자를 정책적으로 제한하지 않더라도 기업들이 스스로 투자를 회피하는 부정적 효과를 초래할 수 있다.

그 결과는 첨단기술 분야의 탈동조화와 기술권역(techno-sphere)의 분리가 될 것이며, 중국의 컴퓨팅 스텍은 미국의 봉쇄로 인해 '적당히' 작동하는 반도체와 인공지능에 기반해 '적당히 작동하는' 스텍이자 글로벌 서비스 플랫폼에서 분리되어 자국민을 통제하는 '권위주의적 스텍'에 머무를 수 있다. 컴퓨팅 스텍이 지식기반 성장의 핵심이라는 점에서, 중국 경제도 '적당히' 성장하면서 정부와 준(準)공기업, 정부와 준(準)시장이 밀착하는 정실자본주의와 사회주의 혼합으로 귀결될 가능성이 있는 것이다. 사실 이것이야말로 미국·서구의 봉쇄전략이 목표로 하는 것이며, 두 진영 간 기술패권 경쟁의 향배는 중국의 내재적 혁신노력이 당면한 문제들 때문에 미국·서구 진영으로 기울어질 가능성이 크다.

독자들의 오해를 피하기 위해 마지막으로 지적할 것은, GVC

에서 중국의 위상은 기술패권 경쟁분야를 제외한 나머지 영역에서는 여전할 것이라는 점이다. 대만 해협에서의 충돌과 같은 극단적인 상황이 벌어지지 않는다는 전제하에서, 서구와 중국 간의 전방위적 탈동조화는 불가능하고 바람직하지도 않다. 미래에도 각국 온라인 시장에서 판매되는 제품의 대부분은 중국산일 것이고 교역량도 줄지 않을 것이며 중국이라는 거대 시장의 매력도 여전할 것이다. 기술패권의 최전선이 아닌 영역에서 상호의존성(interdependency)은 사라지지 않는다.

11장

기술패권과 우리의 미래

26
세계의 분리, 컴퓨팅 스택의 분리

뉴욕 타임즈의 저명한 칼럼니스트 토머스 프리드만은 1999년에 자신의 저서 '렉서스와 올리브 나무'에서 세계화로 모두가 경제적 유대관계를 강화하는 세상에서는 전쟁이 사라질 것이라 예견하였다.[•] 하지만 국가 간 갈등은 멈추지 않았고 체제·가치를 달리하는 강대국 간에 힘의 균형이 변화하면서 지정학적 갈등은 오히려 심화되고 있다. 우크라이나 전쟁은 지정학적 갈등이 폭발한 극적인 사례이고, '분리된 세계'의 본격화를 상징하는 사건으로 역사에 기록될 것이다. 이제 글로벌 경제 네트워크와 상호의존성이 약속하던 장미빛 미래는 더 이상 유효하지 않으며, 지금은 글로벌 경제 네트워크 자체가 전장이 되었다.

냉전 시대의 갈등이 이데올로기라는 외피에 둘러싸여 있었다면, 오늘날의 갈등은 오히려 민족·국가의 영광, 자신만의 이익 추구, 과거의 영광 재현과 같이 구태의연하지만 세계사를 관통해오던 사고방식의 부활이 중요한 원인 가운데 하나이다. 그리고 지정학적 갈등은 힘의 우위를 보장해줄 기술패권 경쟁이라

• Thomas L. Friedman, 'The Lexus and the Olive Tree', Farrar, Straus and Giroux, 1999.

는 모습으로 구체화되고 있다. 이에 따라 세계는 기술패권의 세 가지 모습, 즉 경제, 군사·안보, 가치체계를 대변하는 상이한 기술권역, 컴퓨팅 스텍들로 분리되고 있다. 미국·서구 스텍과 권위주의 스텍간의 분리는 미국, EU 등 총 60여개국이 참여해 2022년 4월 29일에 공표된 '미래 인터넷 선언'(Declaration for the Future of the Internet)이 역설적으로 상징한다. 개방적인 글로벌 인터넷을 비전으로 하는 미래 인터넷 선언은 디지털 기술이 정치적 차별이나 감시, 사회신용제도와 같이 인권과 자유에 반하는 정책에 이용되는 것을 반대하고 정보 조작을 통한 선거 개입이나 정부에 의한 인터넷 셧다운이 없는 신뢰할 수 있는 인터넷이어야 함을 주요 원칙으로 한다.• 이는 사실상 중국과 러시아를 겨냥한 것으로, 컴퓨팅 스텍이 민주주의 진영과 권위주의 진영으로 기술·경제·가치 측면에서 분리될 것임을 시사한다.

세계화를 상징하던 컴퓨팅 스텍이 분리되면서 서로간의 불신은 깊어지는 반면, 경제·지식·문화의 교류는 약화될 것이다. 사이버 공격의 가능성도 증대하고 평화 시에도 상대방에 대한 허위정보 유통과 같은 정보전쟁이 일상화될 수도 있다.

그리고 세계의 분리, 컴퓨팅 스텍의 분리는 각 진영이 자신들의 지정학적 목표를 포기하지 않는 한 장기화될 것이다.

사실 기술패권 경쟁은 신냉전, 차가운 평화의 불가피한 모습이기도 하다. 과거의 냉전은 이데올로기의 대결, 군사·안보상의

• www.whitehouse.gov/wp-content/uploads/2022/04/Declaration-for-the-Future-for-the-Internet_Launch-Event-Signing-Version_FINAL.pdf

대결이었지만 경제적으로는 진영 간 상호의존관계가 미약했다. 반면 세계화의 결과로 중국, 러시아 등 권위주의 체제는 서구와 밀접한 경제적 관계를 맺고 있다. 이러한 상황에서 우크라이나 전쟁과 같은 특별한 상황이 아니라면 세계의 분리는 패권 경쟁의 핵심인 첨단기술 분야에서의 분리에 국한될 가능성이 높다. 전반적인 분리는 그 비용이 너무 크기 때문이다.

완전한 경제적 분리에 따르는 막대한 비용은 회피하면서도, 장기적으로 지정학적 우위를 담보할 수 있는 타협점이 바로 (전통적인 분야, 이미 상호연계가 높은 분야는 제외한) 4차 산업혁명을 좌우할 첨단 신산업에서의 분리, 즉 컴퓨팅 스텍의 분리인 것이다. 그리고 그 분리는 중국과 같은 권위주의, 중상주의적 경제 체제로 일방적으로 흐르던 지식·기술의 이동을 다시 서구로 되돌리는 조치들로 구체화되고 있다.

특히 미국이 컴퓨팅 스텍의 관문, 급소에 있어서 유일한 초강대국이자, 자체 혁신 역량도 가장 강력한 국가라는 사실이 중요하다. 러시아의 우크라이나 침공 이후 관문을 장악한 미국·서구 진영의 제반 조치가 어떤 결과를 가져올지를 전 세계가 예의주시하고 있는데, 그 효과를 단기간에 정확히 알기는 어렵다. 분명한 것은, 중국과 러시아간의 지정학적 협력이 강화될수록 이미 되돌릴 수 없는 추세인 컴퓨팅 스텍의 분리가 가속화될 것이라는 점이다.

분리된 컴퓨팅 스텍은 i) 제조업에서는 GVC의 재편성, ii) 서비스 플랫폼 및 데이터의 분리, iii) 자본 및 인력, 지식·기술 등 생산요소의 진영 간 흐름 축소•라는 세 가지 모습을 띄면서 궁극적으로는 경제, 군사·안보상의 우열과 가치·체재상의 이질성을 명확하게 할 것이다. 이 책의 3부에서 알 수 있듯이 지금 이 순간 전략적 기술들의 혁신 추세를 이끌고 있는 것은 미국·서구 기술블록으로, 미국·서구가 장기적으로 첨단기술을 독과점하고 다른 블록은 '적당히 작동하는' 스텍에 머무르면서 4차 산업혁명을 향한 경주에서 뒤쳐질 가능성이 높다.

미·중 갈등을 이야기할 때 우리에게는 국익 차원에서 항상 선택의 어려움에 직면해있다는 인식이 많다. 하지만 미국이 첨단분야의 관문을 사실상 장악하고 글로벌 혁신도 주도하고 있다는 현실을 직시해야 한다. 기업이나 투자자의 입장이라면 당연히 미래를 선도하는 곳을 선호할 것이다. 국가의 입장에서도 첨단기술 분야의 선도 진영에 참여하고 협력하는 것이 성장 잠재력을 높여줄 수 있는 합리적인 선택이다. 우크라이나 전쟁은 '가치'의 중요성을 재인식시키는 계기가 되었다. 가치를 공유함과 동시에 혁신을 선도하는 진영에 참여하는 것은 명분과 실리를 모두 취할 수 있는 선택인 것이다.

우리나라는 상호의존성 무기화를 이미 두 차례나 경험하였다. 일본의 반도체 소재 수출규제는 함께 서구진영에 속한 국가로부터의 제재이고, 중국의 한한령은 기술패권과는 관계가 없는 영역에서의 교류 제한이라는 점에서 우리의 경험은 특이하다. 현실 세계는 과거사, 정치적 이해관계, 군사적 긴장 등 수많은 요

• 이미 지난 5년간 미국과 중국 간의 FDI 규모는 300억불에서 50억불 규모로 축소되었음

인들이 작용하는 고차방정식의 세계인 것이다. 이러한 문제들을 극복하기 위해서는 고도의 정치력과 외교 역량이 필요하지만, 세계 변화의 장기적 추세와 기술패권 경쟁의 추이가 무엇인지를 인식하고 그 안에서 우리의 위상정립을 올바르게 하는 것이 모든 국가적 의사결정의 대전제여야 한다.

사실 반도체와 같이 일부 분야에서 관문으로서의 위상을 가지고 있는 우리나라는 분리되는 세계에서 중요한 플레이어이기 때문에 원하던 원하지 않던 간에 중요한 역할을 요구받을 수밖에 없다. 문제는 동일 블록內에서도 경쟁이 존재한다는 것이다. 미국이 인텔을 지원하고 자국 생산 중심의 '공급망 회복력'(supply chain resilience)를 강조하고 있음에 유념하자. 중간자적 입장이 가능하다고 할지라도, 중간자는 긴밀한 기술동맹에서 알게 모르게 배제될 수밖에 없고 장기적으로는 신산업 경쟁에서 낙오될 위험성이 있다. 박쥐는 박쥐 취급을 받는 것이 세상 이치인 것이다. 자본, 노동과 같은 전통적 생산요소에 의존한 성장이 한계에 부딪힌 우리나라의 입장에서는 기술동맹에서 중요한 역할을 할 수 있는 위치를 잘 활용하여 미국·서구 중심의 기술동맹 추세에 편승해야 할 것이다.

IPEF(인도-태평양 경제 프레임워크) 등 현재 논의 중이거나 앞으로 구성될 기술동맹/협의체에의 참여는 자본, 인력, 지식·기술, 데이터라는 생산요소의 블록內 자유로운 이동에 우호적인 환경을 만들어줄 것이다. 기술블록에의 적극적인 참여를 통하여 벤처캐피탈을 포함하는 국내외 해외직접투자의 증대, 해외 기술기업

M&A, 고급인력 교류나 해외유학, 세계적 수준의 연구기관·대학과의 공동연구, 기업 간 전략적 제휴. 국내 플랫폼의 글로벌 진출과 같이 블록內 글로벌화가 제공하는 모든 기회를 포착할 수 있는 것이다. 이는 중국이 나간 빈자리를 우리가 차지할 수 있는 기회이자, 글로벌 혁신의 물결에서 낙오되지 않고 안보도 강화하는 선택이며 가치 협력, 가치 외교로 보다 나은 세계의 건설에 기여하는 선택이기도 하다.

잠재적으로 지정학적 갈등이 유발될 수 있는 국가와의 기존 경제 관계는 유지하되. 아직 시장 초기 단계인 신산업, 기술패권의 최전선 영역에서는 지정학적 리스크를 감안하여 투자에 신중한 접근을 취하는 것도 중요하다. 기술패권 경쟁이 장기화될수록 반도체와 같은 첨단 제조업은 물론이고 플랫폼 서비스와 데이터도 분리될 가능성이 높다는 점을 인식하고, 이들 분야에 대한 상호의존성을 최소화함으로써 사전에 상대진영의 상호의존성 무기화 가능성을 차단해야 하는 것이다.

차가운 평화의 시대에는 대외적인 정책만큼이나 대내적인 역량의 강화도 중요하다. 기술 블록에서 큰 역할을 수행하고 선도국가의 일원이 되고자 한다면 우리의 첨단기술 생태계가 혁신을 이끌 수 있는 환경을 조성하는 것이 무엇보다도 중요하다. 이미 많은 국가들이 자국 산업육성과 공급망 재편성에 몰두하고 있다. 특히 반도체 산업에서 미국과 유럽은 보조금 정책으로 자국 챔피언 육성과 해외기업 유치 정책을 강력히 추진하고 있다.

TSMC와 삼성전자의 미국 생산공장 투자, 인텔의 유럽 진출은 모두 이러한 맥락에서 진행되고 있는 현상인 것이다. R&D와 인재양성에도 막대한 자금이 투입되고 있다. 산업정책은 경제적 측면에서 비효율성을 초래할 수 있지만, 기술패권 경쟁의 시대에는 이를 외면할 수 없는 것이 현실이다. 최선의 정책방향은 보조금보다는 R&D와 인력양성에 집중하는 것이고, 기업이나 연구기관간의 국제협력을 외교적으로 지원하는 것이라 판단된다.

전략 관문 보유한 국가와 관계 강화

무엇보다도, 전략분야에서 관문을 보유하고 있는 국가들과의 관계 강화는 우리의 역량를 제고하고 경쟁력을 유지하는 데 유리한 환경을 제공할 것이다. 사실 삼성전자의 미국 현지 파운드리 투자는 우리 입장에서는 미국에 큰 선물을 준 것으로, 동맹의 파트너로서 미국의 유일한 약점을 보완해 준 것이기 때문에 미국과의 기술협력이나 인력교류 사업을 확대할 수 있는 계기로 활용할 수 있을 것이다. 순수한 기술 협력 외에도, 쿼드나 IPEF와 같이 미국이 주도하는 다양한 협력체에 참여하는 것은 스포츠에 비유하자면 메이저리그에 팀 코리아가 진출하는 것과 같으며, 기술패권의 세 가지 얼굴인 경제·안보·가치를 강화하는 계기가 될 것이다.

민주적이고 창의성을 북돋우는 기술규범의 확립도 국가적 과제이다. 실패를 두려워하지 않는 기업가들이 자유롭게 활동하는 스텍 생태계를 위해서는 불필요한 규제의 철폐가 필요조건이다.

반경쟁적 행위에 의한 지대 추구는 규제하되 혁신에 따르는 '성공'은 보상받아야 할 것이다. 정보의 흐름에 대한 규범을 특정 집단이나 정파가 장악하고 자신들에 유리한 방향으로 왜곡시키는 것도 허용되지 말아야 한다.

지금까지 제기된 과제들, 즉 기술패권 경쟁의 시대에 경제, 안보, 가치라는 세 가지 축을 균형 있게 정립하는 과제는 정부, 기업, 국민간의 협력과 공통의 목표를 향한 합의가 있을 때 완수할 수 있다. 이 합의를 '디지털 사회계약'이라고 부를 수도 있을 것이다. 디지털 사회계약으로 대한민국 컴퓨팅 스텍이 '최고 수준으로 작동하면서 세계에 기여'하기를 기원하며 글을 마친다.

찾아보기

2021년 전략적 경쟁법 267, 268, 270, 272
4차 산업혁명 7, 21, 23, 25, 29, 35, 47, 53, 56, 62~67, 69, 80, 82, 84, 101, 103, 104, 123, 126, 134, 138, 139, 152, 157, 169~171, 189, 190, 193, 201, 204, 211, 215, 219, 224, 234, 265, 289, 302, 303, 311, 312
50센트 당(party) 256
5G 네트워크 190, 194
5개년 경제규획 108
6G 네트워크 285
A2/AD 70~72, 275
ARM 137, 138, 140, 141, 160
ASML 136~138, 144, 146, 147, 154, 155, 157~159, 161~164, 300
BAT 89, 209, 225~227, 229, 249~253, 298, 303
CAI 279, 280
CFIUS 115, 119~121
Chips Act 107, 159
CPGS 70
DARPA 158, 177
FANG 209
FIRRMA 119~121
GDPR 245
IVAS 213~215
JEDI 81, 203
NISQS 205
NSF 157, 158, 268
O-RAN 195, 287
OSINT 78, 79, 247
OTA 220, 221
SDV 220, 221
SMIC 122, 123, 145, 146, 148, 149, 160, 161, 163, 164, 299
TSMC 21, 137, 138, 144, 145, 147~149, 151~157, 159~161, 165, 314
ZTE 191, 192

ㄱ

개방앱마켓 법안 240
개방형 혁신 66
게라시모프 독트린 73
공급망 회복력 286, 287, 313
공동부유론 251, 297, 298, 303
국가안보전략 잠정지침 124
국가안보전략 보고서 114
관문(choke point) 97, 98, 126, 135, 138, 144, 147, 154, 157, 158, 163, 164, 165, 192, 236, 244, 299, 311, 312, 313, 315
그레이트 캐논(Great Cannon) 257
글로벌 가치사슬(GVC) 36, 42, 44~52,

55, 58, 62, 68, 74, 75, 95, 97, 98, 101~104, 108, 113, 118, 135, 138, 140, 144, 145, 147, 154, 159, 160, 162, 163, 165, 192, 236, 280, 282~284, 286, 289, 293, 299, 304, 311
기술블록 26, 28, 77, 85, 87, 103, 152, 154, 189, 197, 199, 201, 203, 234, 274, 312~314

ㄴ-ㄹ

낫페트야 74
디디추잉 22, 228, 229, 300
디지털 팬데믹 75, 76, 77
디파이 224
디지털 서비스 법안 244
디지털 무역 무기화 276
디지털 시장 법안 242, 283
리처드 볼드윈 46
리나 칸 239, 240
리퍼트 284
러쉬 도시 274. 275
루넷(Runet) 89

ㅁ

마이크로소프트 40, 81, 82, 139, 156, 174, 195, 200, 202, 206, 210, 213, 217, 219, 221, 222, 237, 238, 283
마이크론 137, 138, 153, 156
메타 78, 106, 139, 175, 203, 211, 222, 237, 238, 239, 245
메타버스 68, 103, 134, 139, 153, 199, 209, 211~215, 221, 222, 227, 228, 238, 258
무한국경법 90, 267, 268, 269
미국의 미래 확보법 267, 268, 269
묵자 206
메이투안디엔핑 229
미국 자유법 247
마이클 필스버리 106
마윈 251, 252
마화텅 251
만리방화벽 88, 254, 255, 257, 258
미래인터넷 선언 310
미국 국방전략 116

ㅂ

바이든 5, 6, 21, 88, 107, 108, 122~125, 145, 157, 158, 267, 274, 275, 277, 286~289,
반도체 5~7, 20, 21, 29, 45, 90, 98, 102, 103, 107~109, 120~123, 126, 133~150, 153~165, 170, 185, 189, 195, 209, 210, 219, 220, 236, 269, 280, 282, 283, 286~289, 294, 299, 302, 304, 312~314
빅테크 66, 78, 80~82, 88, 137, 139, 140~144, 156, 157, 172, 174~176, 178, 183, 195, 202, 207, 209~213, 215~219, 221~225, 228, 233, 234, 236~238, 240, 242~245, 249, 251~253, 283, 296, 298, 302

바이두 89, 161, 182, 191, 207, 209, 225, 226, 229, 252

ㅅ

상호의존성 무기화 97, 99, 101~103, 109, 116, 126, 162, 190, 192, 276, 300, 312, 314
삼성전자 5, 6, 21, 137, 138, 144, 147, 148, 151~157, 160, 161, 164, 284, 287, 288, 314, 315
소프트웨어 정의 네트워크 194
신형인프라 295~297, 299
스페이스X 82,196, 197
스티븐 비건 284
시진핑 252, 254, 271, 294, 297
사이버 전쟁 74, 76
쌍순환 전략 295~297
사회 신용 제도 257, 282, 310
스위프트 27, 99
수출통제개혁법(ECRA) 119, 120
수출관리규정(EAR) 120

ㅇ

아마존 66, 81, 139, 143, 179, 195, 197, 200, 202, 209, 210, 211, 213, 217, 218, 222, 237, 239
알리바바 89, 161, 179, 181, 182, 191, 200, 202, 207, 209, 225~227, 229, 249, 251, 252, 296, 298, 301
알파벳 66, 78, 139, 142, 152, 156, 174, 175, 195, 200, 202, 203, 206, 210, 211, 213, 217~219, 221, 222, 237~239, 283
애플 134, 137~140, 142~144, 147, 153, 156, 210, 213, 218, 221, 222, 234, 237~240, 245, 283
위키리크스 247
웹 3.0 242, 258
인공지능 7, 8, 21, 25, 29, 39, 53, 56, 63~66, 78, 80, 81, 85, 87, 90, 91, 107, 109, 115, 116, 122~124, 136, 137, 139, 142, 143, 156, 169~185, 189, 195, 198, 201, 202, 209, 210, 216, 218~220, 225~227, 229, 253, 269, 277, 280~282, 285~287, 294, 297, 304
이안 브레머 85
양자 우월성 206, 207
양자 통신 206, 207
인텔 138, 145, 147, 151~153, 156, 159, 165, 206, 313, 314
양자 컴퓨팅 90, 204~207, 222, 253, 269, 294
앤트 파이낸셜 227
오사카 트랙 290
우크라이나 전쟁 5, 6, 8, 19, 27, 28, 73, 74, 82, 83, 89, 99, 203, 247, 259, 265, 271, 277, 280, 309, 311, 312
인도-태평양 경제 프레임워크 287, 313
오커스 22

ㅈ

중국제조 2025 52~54, 91, 118, 135, 228, 294
젤렌스키 75
중국 인터넷 산업 자율통제 공공서약 255, 256
중국도전에 대한 대응법 267, 268
지식기반 경제성장 38, 41
지식 스필오버 46, 51
자율주행 서비스 190, 218, 219
조지 캐넌 265
지놈 데이터 플랫폼 217

ㅊ-ㅌ

차세대 인공지능 사업 177
컴퓨팅 스텍 5, 7, 8, 63, 64, 66~68, 71, 72, 75, 76, 80, 83~85, 87, 90, 91, 103, 117, 123, 126, 157, 170, 174, 175, 179, 181, 182, 189, 198, 199, 201, 209, 210, 221, 225, 226, 229~230, 234~238, 241, 243, 249, 259, 265, 269, 284, 285, 289, 293, 296, 298, 299, 302, 304, 309~311, 316
클라우드 7, 53, 63, 64, 66, 80, 81, 84, 85, 90, 98, 103, 107, 109, 134, 140, 143, 160, 170, 174, 178, 179, 189, 194~203, 209, 210, 213, 215~219, 221, 225~228, 236, 237, 239, 281, 290, 297
크루그먼 43
커먼 코드 276, 277
토머스 셸링 243
토머스 프리드만 309
통신품위법 244
테슬라 138, 144, 153, 219~221
텐센트 89, 161, 182, 202, 209, 225, 226, 228, 229, 251, 252, 296, 298
트럼프 19, 20, 27, 106, 113, 114, 117, 121, 123, 125, 191, 203, 230, 275, 279

ㅍ-ㅎ

폴 로머 38, 39, 105
파운드리 137, 138, 142~145, 148, 149, 151~155, 158, 165, 315
플랫폼 규제 패키지 법안 289, 240, 241
플랫폼 경제 반독점 가이드라인 250
푸틴 74, 75
피츠버그 성명 280
핑안굿닥터 227
패럴(H. Farrel) 97, 98
핀듀오듀오 229
프리즘 프로젝트 113, 246, 247
하이브리드 전쟁 25, 69~74, 78, 82
황금방패 86, 255
한·미 정상회담 5, 6, 208, 286, 288
화웨이 27, 66, 97, 120, 123, 138, 146, 160, 190~193, 225, 272, 300
혁신경쟁법 107, 195, 266~268, 273, 277, 296